中国轻工业"十四五"规划教材
学前教育专业（新课程标准）系列精品教材

学前教育政策与法规

主　编◎常　棚
副主编◎张英花　金　鑫
　　　　李倩文　周玉立
主　审◎程广文

中国轻工业出版社

图书在版编目（CIP）数据

学前教育政策与法规/常棚主编. —北京：中国轻工业出版社，2023.10
学前教育专业（新课程标准）系列精品教材
ISBN 978-7-5184-4303-1

Ⅰ.①学… Ⅱ.①常… Ⅲ.①学前教育—教育政策—中国—幼儿师范学校—教材 ②学前教育—教育法—中国—幼儿师范学校—教材 Ⅳ.①G619.20②D922.16

中国国家版本馆CIP数据核字（2023）第111342号

责任编辑：崔丽娜　　责任终审：劳国强　　整体设计：锋尚设计
文字编辑：李寅寅　　责任校对：晋　洁　　责任监印：张　可

出版发行：中国轻工业出版社（北京东长安街6号，邮编：100740）

印　　刷：三河市国英印务有限公司

经　　销：各地新华书店

版　　次：2023年10月第1版第1次印刷

开　　本：787×1092　1/16　印张：11.25

字　　数：270千字

书　　号：ISBN 978-7-5184-4303-1　定价：39.80元

邮购电话：010-65241695

发行电话：010-85119835　传真：85113293

网　　址：http://www.chlip.com.cn

Email：club@chlip.com.cn

如发现图书残缺请与我社邮购联系调换

200766J1X101ZBW

前 言

改革开放以来，我国教育法治建设取得重大进展，逐步形成了以《教育法》为核心的、中国特色社会主义教育法律体系，教育法治、依法治教、依法执教的理念逐渐深入人心。学前教育作为国民教育体系的重要组成部分、基础教育的开端，加强学前教育法治建设，不断推进学前教育立法，也日益成为教育法治建设的重要组成部分。作为未来的幼儿教师，掌握教育法律法规的基础知识、树立依法执教的理念、形成法治思维的方式，不仅是必要的也是必需的。

本书旨在帮助学前教育专业学生掌握教育法律法规及学前教育政策法规的基础知识，了解我国学前教育政策法规的历史发展进程，对学前教育机构运行过程中涉及的各方主体的权利和义务予以重点把握，从而帮助学生逐步树立依法执教的理念、形成法治思维的方式；同时旨在提升学生运用所学政策法规知识分析实践中问题的能力。全书共有九章，内容主要涵盖：教育法的基础知识、学前教育政策法规概述、学前教育的政府职责、学前教育管理体制、学前教育机构的法律地位及设立与运行、学前教育机构的保育与教育、学前教育机构中幼儿的权利与保护、学前教育机构中的工作人员、学前教育机构中的法律责任。

本书编写过程中我们尽力遵循科学性、全面性、完整性、实践性、新颖性的原则。本书每一章中都尽力增加了相关的拓展阅读材料、穿插了新近的案例，旨在帮助学生理解所学基础知识、拓宽视野，并提升学生分析问题、解决问题的能力。尤其是第六章、第七章、第九章的内容有大量的案例作为依托，可以较好地提升学习效果。章节内容结束之后，提供了思考与练习的题目、增加了实践活动与拓展资源，以进一步帮助学生巩固对已有知识的掌握，加深对所学知识的理解。

本书编写分工如下：第一章、第二章由常棚编写，第三章、第四章由张英花编写，第五章由金鑫编写，第六章、第七章由李倩文编写，第八章、第九章由周玉立编写。最后由常棚老师负责统稿，程广文教授对书稿进行审核。

本书编写过程中参考、引用了很多学者的研究成果，尽管文末列出了参考文献，但可能由于疏忽导致有遗漏，在此一并表示感谢。由于编者水平有限，书中难免存在不足之处，恳请读者批评、指正。

编者

目 录

001 第一章 教育法的基础知识
- 003 第一节 教育法的含义及特征
- 005 第二节 教育法的渊源和体系
- 009 第三节 教育法律关系
- 013 第四节 教育法律责任
- 019 第五节 教育法律救济

024 第二章 学前教育政策法规概述
- 025 第一节 学前教育政策法规概述
- 029 第二节 我国学前教育政策法规的发展历程
- 037 第三节 我国学前教育法规体系

042 第三章 学前教育的政府职责
- 043 第一节 学前教育的性质和功能
- 048 第二节 政府发展学前教育的主要职责

055 第四章 学前教育管理体制
- 056 第一节 学前教育管理体制概述
- 058 第二节 学前教育的行政管理体制
- 065 第三节 学前教育机构的内部管理体制

075 第五章 学前教育机构的法律地位及设立与运行
- 076 第一节 学前教育机构的法律地位
- 080 第二节 学前教育机构的权利与义务
- 084 第三节 学前教育机构的设立条件与程序
- 088 第四节 学前教育机构的运行机制

094 第六章 学前教育机构的保育与教育
- 095 第一节 幼儿园保育工作
- 104 第二节 幼儿园教育工作

118 第七章
学前教育机构中幼儿的权利与保护

119 第一节 幼儿的法定权利与义务
128 第二节 幼儿权利保护
136 第三节 幼儿与幼儿园的法律关系

140 第八章
学前教育机构中的工作人员

141 第一节 学前教育机构中的园长
149 第二节 学前教育机构中的教师
158 第三节 学前教育机构中的其他工作人员

161 第九章
学前教育机构中的法律责任

162 第一节 与学前教育机构相关的法律责任
167 第二节 与幼儿教师相关的法律责任
170 第三节 与幼儿相关的法律责任

173 参考文献

第一章 教育法的基础知识

学习目标

① 掌握教育法的含义和特征。

② 掌握教育法的法律渊源。

③ 理解教育法律关系的含义及构成要素。

④ 了解教育法律责任的类型,掌握教育法律责任的归责原则。

⑤ 了解教育法律救济的渠道。

⑥ 在掌握教育法的基础知识之上,逐步树立依法施教的理念,形成法治思维的方式。

本章导读

当前，在全面推进依法治国的社会背景下，依法治教与依法执教也显得尤为迫切与必要。近年来幼儿园虐童案件频发，作为未来的幼儿教师，掌握教育法律基础知识，树立依法执教的理念，不仅是必要的也是必需的。

什么是教育法律？我国教育法律体系是怎样的？幼儿教师需要遵循哪些教育法律法规？一旦发生侵权行为，相关主体需要承担怎样的责任？自身合法权益受到侵害，作为教师有哪些法律救济途径可以选择？本章将对上述问题一一回答。

思维导图

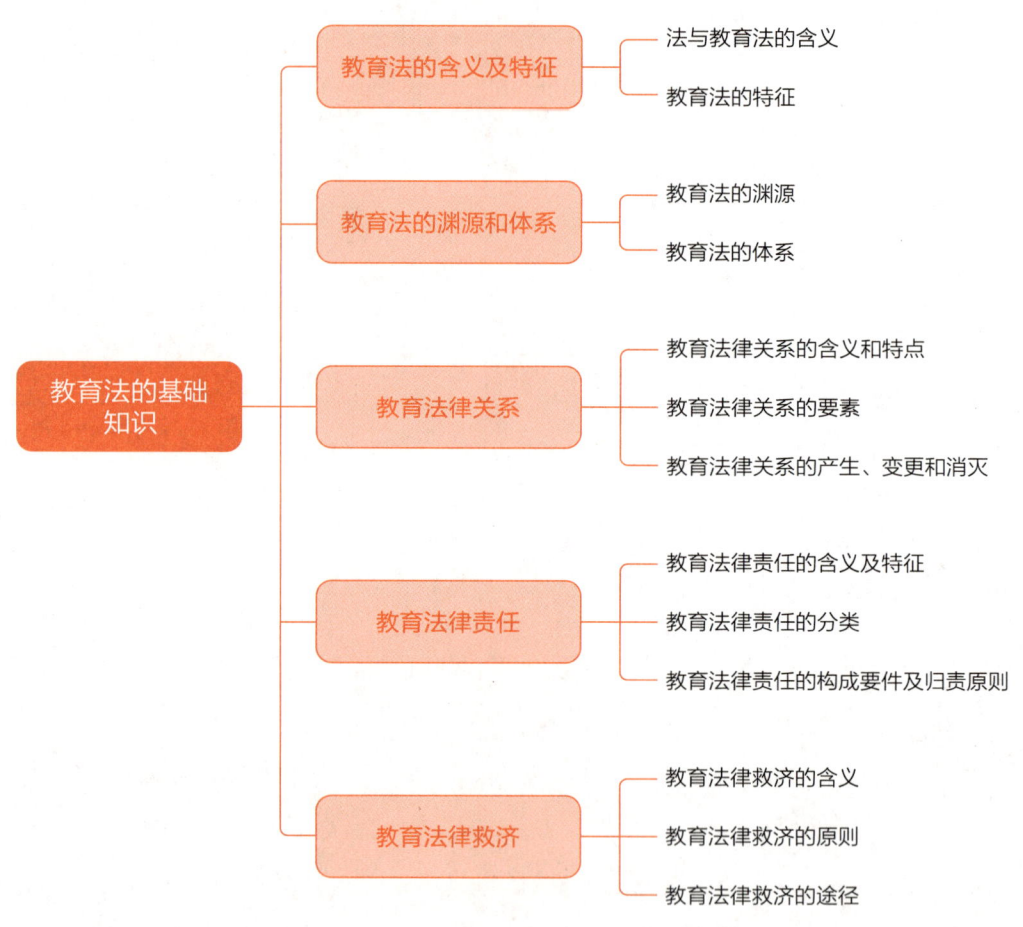

教育法的基础知识
- 教育法的含义及特征
  - 法与教育法的含义
  - 教育法的特征
- 教育法的渊源和体系
  - 教育法的渊源
  - 教育法的体系
- 教育法律关系
  - 教育法律关系的含义和特点
  - 教育法律关系的要素
  - 教育法律关系的产生、变更和消灭
- 教育法律责任
  - 教育法律责任的含义及特征
  - 教育法律责任的分类
  - 教育法律责任的构成要件及归责原则
- 教育法律救济
  - 教育法律救济的含义
  - 教育法律救济的原则
  - 教育法律救济的途径

第一节 教育法的含义及特征

一、法与教育法的含义

想要了解教育法的含义,首先需要了解法的含义。法是由国家制定、认可并由国家保证实施的,反映由特定物质生活条件所决定的统治阶级(或人民)意志,以权利和义务为内容,以确定、保护和发展统治阶级(或人民)所期望的社会关系、社会秩序和社会发展目标为目的的行为规范体系。教育法具有法的一般特征,是统治阶级意志在教育领域的反映,是由国家制定或认可,并由国家强制力保证实施的,用来调整和规范教育活动中各种社会关系的行为规范的总称。

教育法有广义与狭义之分。广义的教育法泛指一切调整和规范教育活动中各种社会关系的规范性文件的总称。在我国,教育法主要包括由各级立法机关、行政机关制定的教育法律、教育法规、教育规章等。具体包括:《中华人民共和国宪法》(以下简称《宪法》)中有关教育的条款;由国家立法机关颁布的教育法律,如《中华人民共和国教育法》(以下简称《教育法》)、《中华人民共和国义务教育法》(以下简称《义务教育法》)等;由国务院制定的教育行政法规,如《幼儿园管理条例》《教师资格条例》等;由地方人民代表大会及其常务委员会制定的地方性教育法规,如《江苏省学前教育条例》;由国务院各部门和地方人民政府颁布的教育规章等。以上都属于广义的教育法的范畴。狭义的教育法与教育法律含义相同,专指由国家立法机关即全国人民代表大会及其常务委员会颁布的用来调整和规范教育活动中各种社会关系的法律文件,主要包括教育基本法律、教育单行法律等。

实践中,我们一般从广义上使用教育法的概念。

二、教育法的特征

教育法是我国法律体系的重要组成部分,其主要特征体现在以下几个方面。

(一)教育法是统治阶级意志在教育领域的体现

法是由社会物质生活条件所决定的,体现社会共同的意志,代表社会的公共利益。统治阶级在掌握政权以后,往往会通过国家政权使本阶级的意志上升为法,并通过法的手段来调整和规范社会关系,以建立、维护和发展有利于自身的社会秩序及其他各项制度。同样,教育法也代表了统治阶级的利益,是统治阶级意志在教育领域的反映。我国是人民民主专政的社会主义国家,教育法不仅代表了统治阶级的利益,同时也反映了广大人民对教育的诉求。

(二)教育法由国家制定或认可并由国家强制力保证实施

从法的产生方式看,法主要通过制定和认可两种方式创制,教育法的创制也是如此。教育法的制定是指国家机关依据法定程序所制定的有关教育的规范性文件,而教育法的认可是指国家机关通过一定的形式赋予已经存在的有关教育方面的习惯、判例等以法的效力,使之成为教育法的一部分。其中,制定是我国教育法创制的主要方式。

从法的实施来看,法主要以国家强制力作为后盾来保证实施,教育法的实施同样也是如此。教育法以国家的名义规定了人们在教育活动中应享有的权利及应履行的义务。一般情况下,绝大部分的学校、教师及学生能够遵守教育法的规定,依法行使自身的权利、履行相应的义务。然而,当其中某些主体的权利遭受侵害或某些主体未能依法履行相应义务的时候,就需要国家强制力的介入，以恢复受到伤害的主体的权利或强制某些主体依法履行相应的义务。

（三）教育法是重在调整教育方面权利和义务的行为规范

法通过对人们权利和义务的规定，来规范人们的行为。教育法也是如此，即通过对相关主体权利和义务的限定，来规范人们的教育行为。因此，教育权利和教育义务是教育法的基本内容。权利，是指法律规定可以做什么；义务，是指法律规定必须做什么或者不得做什么。教育法通过对教育关系中各类主体权利和义务的规定，明确告知各类主体，在教育活动中有哪些行为是被允许的、哪些是被明令禁止的、哪些是必须履行的，为各类主体参与教育活动建立了行为规范。

（四）教育法是调整教育活动中各种法律性社会关系的行为规范

教育法是调整教育活动中各种法律性社会关系的行为规范，这里的教育活动是指有目的、有意识地培养人的活动以及与此紧密相关的其他活动，包括投资、举办、管理、组织、实施、接受和参与教育等。在以上活动中会产生各种各样的社会关系，比如教育行政部门与教育机构之间的关系、教育行政部门与教育者之间的关系、教育机构与教育者之间的关系、教育机构与受教育者之间的关系、教育机构与家长之间的关系、教育者与受教育者之间的关系等。但是，这些社会关系并不是在所有情况下都是教育法的调整对象，只有当教育活动中的某些社会关系以法规范的时候，这些关系才能成为教育法所调整的对象。在非教育活动中发生的各种社会关系，即使有教育行政部门、教育机构或教育者等的参与，也不能成为教育法调整的范畴。比如教师与教师个人之间存在的金钱借贷关系并不属于教育法调整的范畴。

> **拓展阅读 1-1**
>
> 法的概念和特征
>
> 法是指由国家制定或认可，并由国家强制力保证其实施的反映统治阶级的利益和意志的行为规范的总和。法通常具备如下特征。
>
> ①法是调整人们的行为或者社会关系的规范，具有规范性。法的规范性是指法所具有的规定人们的行为模式、指导人们行为的性质。法所规定的行为模式包括三种：人们可以怎样行为（可为模式）；人们不得怎样行为（勿为模式）；人们应当或者必须怎样行为（应为模式）。
>
> ②法是由国家制定或者认可的，体现了国家对人们行为的评价，具有国家意志性。国家的存在是法存在的前提条件。一切法的产生，大体上都是通过制定和认可这两种途径。
>
> ③法是由国家强制力为最后保证手段的规范体系，具有国家强制性。法是以国家强制力为后盾，由国家强制力保证实施的。国家的强制力是法实施的最后保障手段。
>
> ④法在国家权力管辖范围内普遍有效，因而具有普遍性。法的普遍性，也称"法的普遍适用性""法的概况性"，是指法作为一般的行为规范在国家权力管辖范围内具有普遍适用的效力和特性。
>
> ⑤法是有严格的程序规定的规范，具有程序性。法是强调程序、规定程序和实行程序的规范。也可以说，法是一个程序制度化的体系或者制度化解决问题的程序。程序是社会制度化的最重要的基石。
>
> 资料来源：汤毅平，刘新国. 法学概论［M］. 长沙：湖南人民出版社，2009：3.

第二节 教育法的渊源和体系

一、教育法的渊源

法的渊源是法理学中的一个重要概念。对于法的渊源的理解，中外法学家并未形成一致的看法。在我国，法的渊源一般是指法的"效力来源"或者"表现形式渊源"，具体是指由拥有立法权的国家机关制定或认可的，具有不同法律效力和地位的规范性文件的总称。教育法的渊源遵从此逻辑，主要是指由拥有立法权的国家机关制定或认可的具有不同效力与层级的教育法律规范性文件的总称。由于立法机关权限及制定程序的不同，决定了所制定的法律规范文件具有不同的地位与效力，因此形成了不同形式的教育法。

我国教育法主要是成文法，其渊源有：《宪法》中有关教育的条款、教育法律、教育行政法规、地方性教育法规、教育规章等。

（一）《宪法》中有关教育的条款

《宪法》是我国的根本大法，具有最高的法律效力，任何法律法规的制定都不得与《宪法》相违背。《宪法》对我国教育的性质、目的和任务、公民受教育权利等方面都作了规定。如第十九条"国家发展社会主义的教育事业，提高全国人民的科学文化水平"，明确了我国教育的性质。《宪法》是我国法律体系的母法，其中关于教育方面的规定，一方面为我国发展教育事业指明了方向，另一方面也成为我国教育法律法规制定的最高依据。

（二）教育法律

此处教育法律指狭义的教育法律，其地位仅次于《宪法》。我国教育法律分为教育基本法律和教育单行法律。

1. 教育基本法律

基本法律一般是由全国人民代表大会制定并颁布，它用来规定和调整某一类社会关系中普遍性、根本性的问题。我国教育基本法律即《教育法》，是依据《宪法》制定并由全国人民代表大会于1995年通过并施行，目前已经过几次修正，分别是2009年、2015年和2021年。《教育法》是我国教育领域的根本大法，往往被称为"教育宪法""教育母法"。在教育领域中，它的法律地位仅次于《宪法》，任何教育法律法规的制定都不得与其相违背。修正后，《教育法》共十章八十六条，它对我国教育的性质、地位、方针、教育基本制度等方面作了全面规定，另外对教育法律关系中所涉及的主体的权利与义务也作了规定。

2. 教育单行法律

单行法律一般由全国人民代表大会常务委员会制定和发布，它往往规定和调整某一类社会关系中比较具体的问题。教育单行法律是根据《宪法》和教育基本法律制定的调整某类教育或教育的某个部分关系的教育法律，在我国一般由全国人民代表大会常务委员会制定，但也有例外，如《义务教育法》就是先由全国人民代表大会通过并施行，后由全国人民代表大会常务委员会进行修订和修正。目前，我国教育单行法律主要有以下几部。

为了促进我国科学专门人才的培养，1980年第五届全国人民代表大会常务委员会第十三次会议通过了《中华人民共和国学位条例》（以下简称《学位条例》）。《学位条例》是我国规范各类学位授予的部门法，它将我国学位分为学士、硕士、博士三级，对各级学位获得的基本要求、学位授予的领导机构与授予单位、学位评定委员会及学位论文答辩委员会的设立与职责等方面作了规定，共计二十条。该条例在2004年进行了修正。

为了发展基础教育，1986年第六届全国人民代表大会第四次会议通过了《中华人民共和国义务教育法》，并于1986年7月1日起施行。该法共有十八条，主要对义务教育的培养目标、入学年龄、管理体制、法律责任等方面作了规定。为了更好地适应义务教育发展的需要，该法于2006年由第十届全国人民代表大会常务委员会第二十二次会议通过修订，并于2006年9月1日起施行。修订后的条款由原来的十八条增加到六十三条，共八章内容，体现了我国义务教育理念的转变及立法技术的提升，为义务教育的均衡、健康发展提供了保障。后来，该法于2015年、2018年又进行了修正。

为了保障教师的合法权益，促进教育事业发展，1993年第八届全国人民代表大会常务委员会第四次会议通过了《中华人民共和国教师法》（以下简称《教师法》），并于1994年1月1日起施行。该法共九章四十三条，主要对教师的法律地位、权利和义务、资格和任用、培养和培训、考核、待遇、奖励、法律责任等方面作了规定。另外，该法于2009年进行了修正。

为了实施科教兴国战略，发展职业教育，1996年第八届全国人民代表大会常务委员会第十九次会议通过了《中华人民共和国职业教育法》（以下简称《职业教育法》），并于1996年9月1日起施行。该法共四十条，主要对职业教育的体系、实施及保障条件等方面作了规定。该法于2022年进行了修订，修订后共有八章六十九条，并于2022年5月1日起施行。

《中华人民共和国高等教育法》（以下简称《高等教育法》）于1998年由第九届全国人民代表大会常务委员会第四次会议通过，并于1999年1月1日起施行。该法共八章六十九条，对高等教育的发展方针、任务、管理体制、基本制度，高等学校的设立、组织和活动，高等学校的教师和其他工作者及学生的权利和义务、高等学校的投入和条件保障等方面作了规定。该法于2015年、2018年又进行了修正。

为了更好地规范民办教育的发展，2002年第九届全国人民代表大会常务委员会第三十一次会议通过了《中华人民共和国民办教育促进法》（以下简称《民办教育促进法》），并于2003年9月1日起施行。该法共十章六十七条，主要对民办教育的性质、管理，民办学校的设立、组织和活动，民办学校的教育者与受教育者的法律地位、学校资产与财务管理、管理与监督、扶持与奖励等方面作了规定，为民办教育的健康、规范发展指明了道路。后来，该法分别在2013年、2016年和2018年进行了修正。

（三）教育行政法规

教育行政法规是指由国家最高行政机关国务院为管理教育事业，依据宪法和教育法律所制定的规范性文件。教育行政法规在内容上主要围绕某一类教育管理事务而展开，其制定、审定、发布需要经过法定的程序，因此，其形式比较规范，而且也相对稳定，一经制定便不会轻易修改；其效力仅次于宪法和教育法律。

我国现行的教育行政法规主要有《教师资格条例》《幼儿园管理条例》《中华人民共和国民办教育促进法实施条例》（以下简称《民办教育促进法实施条例》）、《中华人民共和国学位条例暂行实施办法》等。教育行政法规名称的确定、审批及发布均依据《行政法规制定程序条例》中的相关规定。

> **拓展阅读 1-2**
>
> **《行政法规制定程序条例》（节选）**
>
> 第五条 行政法规的名称一般称"条例"，也可以称"规定""办法"等。国务院根据全国人民代表大会及其常务委员会的授权决定制定的行政法规，称"暂行条例"或者"暂行规定"。
>
> 国务院各部门和地方人民政府制定的规章不得称"条例"。
>
> 第十一条 行政法规由国务院组织起草。国务院年度立法工作计划确定行政法规由国务院的一个部门或者几个部门具体负责起草工作，也可以确定由国务院法制机构起草或者组织起草。
>
> 第二十六条 行政法规草案由国务院常务会议审议，或者由国务院审批。
>
> 国务院常务会议审议行政法规草案时，由国务院法制机构或者起草部门作说明。
>
> 第二十七条 国务院法制机构应当根据国务院对行政法规草案的审议意见，对行政法规草案进行修改，形成草案修改稿，报请总理签署国务院令公布施行。
>
> 签署公布行政法规的国务院令载明该行政法规的施行日期。

（四）地方性教育法规

地方性教育法规是指省、自治区、直辖市以及较大的市的人民代表大会及其常务委员会制定的有关教育的规范性文件。在我国，根据《宪法》《中华人民共和国立法法》（以下简称《立法法》）等法律的规定，省、自治区、直辖市以及较大的市的人民代表大会及其常务委员会可以根据本行政区域内的实际情况，在不与宪法、法律及行政法规相抵触的情况下，制定地方性法规。地方性法规的效力仅限于本行政区域内，其名称一般采用"规定""实施办法""条例"等。

地方性教育法规一般分为执行性、补充性的地方性教育法规和自主性的地方性教育法规。执行性、补充性的地方性教育法规一般是为了贯彻、执行或补充宪法、教育法律或教育行政法规的精神而制定的。如1999年由江苏省人民代表大会常务委员会通过的《江苏省实施〈中华人民共和国职业教育法〉办法》，就是为了在江苏省更好地贯彻执行《职业教育法》而制定的一部执行性、补充性的地方性教育法规。自主性的地方性教育法规是为了履行宪法或教育法律所赋予的职权而制定的。如目前在没有为学前教育立法的情况下，为了更好地引领、规范本行政区域内的学前教育事业发展，很多省、直辖市制定了学前教育条例，如《山东省学前教育条例》《北京市学前教育条例》等。

地方性教育法规是我国教育法的重要渊源，它具有自身的特点。首先，它不得与宪法、教育法律和教育行政法规相抵触，具有从属性的特点；其次，它只在本行政区域内有效，具有区域性的特点；最后，它根据本地区实际情况和需要而制定，具有较强的可操作性。

（五）教育规章

根据我国《宪法》《中华人民共和国地方各级人民代表大会和地方各级人民政府组织法》的规定，国务院各部、各委员会和省、自治区、直辖市以及省、自治区、直辖市的人民政府所在地的市和经国务院批准的较大的市的人民政府可以制定规章（在不与法律、法规相抵触的情况下）。《宪法》第九十条规定国务院"各部、各委员会根据法律和国务院的行政法规、决定、命令,在本部门的权限内,发布命令、指示和规章"。其中调整教育活动的规章,称之为教育规章。

根据制定机关的不同,教育规章可以分为部门教育规章和地方政府教育规章。部门教育规章主要是指由国务院各部、各委员会所制定的有关教育的规范性文件,一般以"规程""规定""办法"命名,在全国范围内有效。部门教育规章主要以教育部令或者教育部与国务院其他部委联合令的形式发布,如2016年以教育部令公布的《幼儿园工作规程》。地方政府教育规章主要是指由省、自治区、直辖市和较大的市的人民政府所制定的有关教育的规范性文件,一般以"意见""规定"命名。地方政府教育规章一般以政府令的形式发布,且只在本行政区域内有效。如2014年以山东省人民政府令公布的《山东省学前教育规定》。

教育规章是我国教育法的重要渊源,相比于教育法律、教育行政法规,其数量较大,且具有一定的法律效力,对规范、引导我国教育事业的发展发挥了重要作用。

教育法的渊源除以上五种外,还包括自治条例、单行条例、国际性公约(如我国在1990年签署并于1992年生效的《儿童权利公约》)等,在此不再一一赘述。

二、教育法的体系

自1980年我国第一部教育法律《学位条例》颁布以来,我国教育法制建设和教育立法日益受到重视,国家相继出台了一系列的教育法律法规,逐步形成了以《教育法》为核心的、富有中国特色的社会主义教育法律体系。所谓教育法的体系,是指教育法律法规依据法学原理,按照一定的原则,所组成的门类齐全、相互协调、完整统一的整体。这些教育法律法规涵盖我国各级各类教育,具有不同的等级和法律效力,它们按照一定的纵向、横向联系构成总体框架,即我国教育法的体系。

(一)纵向结构

由于立法机关地位、权限及立法程序的不同,导致教育法律法规也呈现出不同的层次、不同的效力等级。所谓教育法体系的纵向结构,是指调整内容相同的教育法根据效力等级进行划分所形成的纵向结构,它表现为教育法的形式结构。我国教育法的纵向结构,除了《宪法》中有关教育的条款外,还包括以下层级(表1-1):

表1-1 我国教育法的纵向结构与层级

层级	形式		制定机关
	《宪法》中有关教育的条款		全国人民代表大会
第一层次	教育基本法律		全国人民代表大会
第二层次	教育单行法律		全国人民代表大会或其常务委员会
第三层次	教育行政法规		国务院或其办公厅
第四层次	地方性教育法规		省、自治区、直辖市人民代表大会或其常务委员会
第五层次	教育规章	部门教育规章	教育部及国务院其他部委
		地方政府教育规章	省、自治区、直辖市人民政府

《宪法》中有关教育的条款具有最高的法律效力，是所有教育法律法规制定的依据，任何教育法律法规的制定都不得与其相违背。从第一层次到第五层次，伴随着立法机关权力、地位的降低，其所制定的教育法律法规的效力也在降低。第五层次的部门教育规章与地方政府教育规章具有同等的效力，在各自的权限范围内施行。

> **拓展阅读 1-3**
>
> ### 《中华人民共和国立法法》第五章　适用与备案审查（节选）
>
> 第九十八条　宪法具有最高的法律效力，一切法律、行政法规、地方性法规、自治条例和单行条例、规章都不得同宪法相抵触。
>
> 第九十九条　法律的效力高于行政法规、地方性法规、规章。
>
> 行政法规的效力高于地方性法规、规章。
>
> 第一百条　地方性法规的效力高于本级和下级地方政府规章。
>
> 省、自治区的人民政府制定的规章的效力高于本行政区域内的设区的市、自治州的人民政府制定的规章。
>
> 第一百零一条　自治条例和单行条例依法对法律、行政法规、地方性法规作变通规定的，在本自治地方适用自治条例和单行条例的规定。
>
> 经济特区法规根据授权对法律、行政法规、地方性法规作变通规定的，在本经济特区适用经济特区法规的规定。
>
> 第一百零二条　部门规章之间、部门规章与地方政府规章之间具有同等效力，在各自的权限范围内施行。

（二）横向结构

教育法的横向结构，是指按教育法调整对象的不同，由处于同一层级的部门法组成的有机联系的统一整体，表现为教育法的内容结构。以全国人民代表大会常务委员会制定的教育单行法律为例，目前已制定的主要有《学位条例》《高等教育法》《职业教育法》《民办教育促进法》《教师法》《义务教育法》。上述六部教育单行法律，分别对我国不同阶段、不同类型教育中所发生的各种社会关系进行调整和规范，共同构成了我国教育法体系的横向结构，使得我国教育法在横向上呈现出门类基本齐全、内容基本完整、相互协调与补充的态势，共同规范我国各级各类教育。

第三节　教育法律关系

人们在生产生活过程中会形成各种各样的社会关系，包括人与人的关系、人与群体的关系、人与国家的关系等。法律关系是依据法律规范建立的社会关系，但并不是所有的社会关系都是法律关系。所谓法律关系是指法律通过调整社会生活而形成的体现为相关主体之间法律意义上权利和义务联系的那一部分社会关系，是社会关系内容和法律形式的有机统一。同理，人们在教育活动中也会形成各种各样的社会关系，但并不是所有在教育活动中产生的社会关系都是教育法律关系。那么，什么是教育法律关系？应如何理解教育法律关系？

一、教育法律关系的含义和特点

所谓教育法律关系是指教育法律通过调整教育社会生活而形成的教育主体及相关主体之间教育法意义上的权利和义务关系，是教育社会关系内容和教育法律形式的统一。教育法律关系具有如下特点：

首先，教育法律规范是教育法律关系产生的前提，即没有教育法律规范的存在，是不可能产生相应的教育法律关系。教育活动中存在多种社会关系，如学生之间的友谊关系就不属于教育法律关系，因为并没有相应的教育法律规范对这种关系中主体间的权利和义务予以明确。

其次，教育法律关系是以教育法律规范规定的教育主体及相关主体的权利与义务为内容的社会关系。教育法律关系指向的是教育主体间的权利与义务关系，是通过教育法律规范予以明确的，是一种固定的、明确的权利义务关系。

最后，教育法律关系是以国家强制力作为保障的社会关系。如上所述，教育法律关系指向的是教育主体间的权利与义务关系，若权利与义务关系受到破坏，需要国家强制力予以矫正或恢复。

二、教育法律关系的要素

教育法律关系的构成要素主要包括主体、客体、内容三部分，这三者之间相互依存，缺一不可。

（一）教育法律关系的主体

教育法律关系的主体，即教育法律关系的参与者，具体是指教育法律关系中权利的享有者和义务的承担者，一般也称之为权利主体和义务主体。实践中，我国教育法律关系的主体具有多样性，比如教育者、受教育者、学校及其他教育机构、教育行政部门等在一定条件下都可以成为教育法律关系的主体。概括起来，教育法律关系的主体主要包括三类。一是自然人，自然人从出生时起到死亡时止，依法享有民事权利，承担民事义务。在我国，自然人不仅包括中国公民，也包括在中国领域内的外国人和无国籍人。二是法人，是像自然人一样依法独立享有民事权利和承担民事义务的组织，主要包括国家机关、社会组织等。三是国家，国家作为教育法律关系的主体，一方面在国际社会中，国家以国际法主体的名义参与国际教育活动；另一方面在国内，国家主要通过各级权力机关、行政机关等行使教育立法权、教育行政权等。

（二）教育法律关系的客体

教育法律关系的客体是指教育法律关系主体权利和义务所共同指向的对象，即联系主体权利和义务的桥梁或中介。客体是构成教育法律关系的要素之一，缺少客体，教育法律关系的主体就缺乏共同指向的对象，也就无从产生教育法律关系。教育法律关系中的客体需要具备一定的条件，并非所有独立于主体而客观存在的对象都能成为教育法律关系的客体，只有那些能够满足主体利益且通过国家法律认可的客观对象才能成为教育法律关系的客体。一般来说，教育法律关系的客体主要包括以下三个方面。

1. 物质财富

物质财富指的是教育法律关系中的主体在教育活动中所支配的客观实体，主要包括动产和不动产两类。动产如学校及其他教育机构中的资金、教育教学仪器、设备等；不动产如学校及其他教育机构中的场地、房屋和其他建筑设施等。

2. 行为

这里的行为指的是教育法律关系中的主体为实现权利与义务的作为与不作为。教育行为是教育法律关系中的重要客体，它主要包括教育行政部门的行政行为、学校及其他教育机构的管理行为、教育教学行为等。教育行政部门的行政行为主要是指国家为行使对教育事业的行政管理权而实施的行为，如行政命令、行政许可、行政奖励、行政制裁行为等。学校及其他教育机构的管理行为，是指学校及其他教育机构对人、财、物等进行组织和管理的过程中所产生的教育行为，如执行教育行政部门下达的命令所产生的教育教学行为、教学管理行为、学生管理行为等。其中，教育教学行为主要包括教育者教的行为和受教育者学的行为等。

3. 非物质财富

非物质财富主要包括智力成果及其他与人身相联系的非财产性财富。其中，智力成果指的是在教育活动中由教育法律关系主体所创造的精神财富，如教材、著作、教案及各种有独创性的教育方法、教具、专利、发明等。其他与人身相联系的非财产性财富主要包括与教育法律关系主体相关的人身权、著作权等。人身权包括教育者与受教育者的姓名权、名誉权、肖像权等。

（三）教育法律关系的内容

教育法律关系中的主体所享有的权利与应履行的义务共同构成了教育法律关系的内容。权利与义务是法律关系的核心，没有权利与义务，也就无从产生法律关系。这里的权利与义务是由教育法律规范所规定的，具有教育性，因此也称之为教育权利与教育义务。

教育权利是指教育法律关系主体依据教育法律规范规定享有的某种利益和资格。在教育实践中，教育权利主要包括教育行政机关代表国家所行使的教育监督与管理的权利、学校及其他教育机构享有的权利、教育者与受教育者所享有的教育权利等。

教育义务是指教育法律关系主体依据教育法律规范规定所需承担的责任。在教育实践中，教育义务主要包括教育行政机关所要履行的义务、学校及其他教育机构所要履行的义务、教育者与受教育者所要履行的义务等。

马克思指出："没有无义务的权利，也没有无权利的义务。"同样，在教育法律关系中，教育权利与教育义务也是对应统一、密不可分的。第一，作为教育法律关系中的主体自身而言，既可以享有教育权利，但同时也必须履行教育义务。第二，作为教育法律关系主体双方而言，一方主体教育权利的实现，依赖于另一方主体教育义务的履行，如果义务人不履行义务，则权利人的权利不可能实现。第三，教育法律关系中权利与义务在一些情况下还表现为主体的同一性。比如《教师法》赋予教师教育教学的权利，与此同时这也是《教师法》中所规定的教师必须要履行的义务；又如《教师法》赋予教师参加进修培训的权利，同样《教师法》也要求教师履行提高业务水平的义务；再如，接受义务教育是国家赋予适龄儿童的权利，但国家法律也明确指出接受义务教育是适龄儿童的义务。

> **案例 1-1**
>
> **小亮无知吞了针，老师疏忽遗后患**
>
> 全托幼儿小亮误把一块小金属物吞入腹中后，他随即告诉了保育员许老师。许老师观察了小亮一会儿后没发现异常，就把这事忘了。10天后，家长发现小亮走路时一跛一拐，就带他到医院看病。经检查，医生发现小亮右下腹腔内有一针状金属异物，导致腰部的肌肉肿大，影响了小亮的正常行走。所幸及时发现，否则后果不堪设想。小亮家长认为，孩子在幼儿园吞入异物后，园方既没有采取相应措施，也没告诉家长，损害了小亮的生命健康权，于是提出了赔偿要求。
>
> 想一想：本案例中所涉及的教育法律关系的主体、客体分别是什么？

三、教育法律关系的产生、变更和消灭

伴随着教育活动的变化，教育法律关系也会发生变化，其变化主要包括产生、变更和消灭。教育法律关系的产生、变更和消灭需要一定的法律事实作为依据。教育法律事实是指依据教育法律规范的规定，能够引起教育法律关系的产生、变更和消灭的客观现象；依据是否以权利人的意志为转移。教育法律事实主要包括教育法律行为和教育法律事件。教育法律行为是指依据教育法律规范的规定，能够引起教育法律关系的产生、变更和消灭的意志行为。比如，学校校长的任命、学校招生与招聘、教师伤害学生等意志行为，都会引起教育法律关系的变化。教育法律事件是指依据教育法律规范的规定，能够引起教育法律关系的产生、变更和消灭的不以人的意志为转移的客观情况。比如，适龄儿童达到入学年龄、受教育者死亡、地震等自然灾害造成学校财产损失等。

具体来说，教育法律关系的产生、变更和消灭的含义如下。

（一）教育法律关系的产生

若教育法律关系主体之间产生了权利与义务的关系，即教育法律关系的产生。比如，一所学校通过公开招聘聘用了一位教师，并与其签订了聘用合同，双方之间即产生了法定的权利与义务关系。

（二）教育法律关系的变更

教育法律关系的构成要素包括主体、客体、内容，三者缺一不可，任何一个要素的改变都会引起教育法律关系的变更。教育法律关系中的主体变更，主要表现为主体的增加、减少或改变。比如，由于学生转学、借读或学校之间的合并所导致的法律主体的变更。教育法律关系中客体的变更表现为物质财富、行为、非物质财富的变更。比如，学校场地面积的变化、教育教学设施及设备的增添或减少等。教育法律关系中内容的变更，即权利与义务关系的改变。比如，学校与教师之间签订的聘用合同中对双方权利与义务关系的调整。

（三）教育法律关系的消灭

教育法律关系中主体间权利与义务关系的终止，即教育法律关系的消灭。比如，学生毕业、教师退休等使得他们与学校之间的权利与义务关系终止。

教育法律关系是一种社会关系，更是一种法律关系，其产生、变更和消灭意味着教育法律主

体间权利与义务关系的变化。一旦教育法律关系产生，教育法律主体应按照双方的权利与义务关系，正确行使权利与履行义务；一旦教育法律关系发生变更，需要教育法律主体按照新的权利与义务关系，正确作为与不作为；一旦教育法律关系消灭，意味着教育法律主体不再享有原来的权利，也无须履行原先的义务。

第四节　教育法律责任

法律责任是法律规范的重要组成部分，是国家法律强制性的重要体现，它能够维护法律的权威，对人们的行为起到警示和引导的作用。同样，教育法律责任也是教育法律规范的重要组成部分，是教育执法、教育司法的重要依据和准绳。正确认识并逐步健全和完善教育法律责任，对于依法治教具有重要意义和价值。

一、教育法律责任的含义及特征

法律责任有广义和狭义之分。广义的法律责任的概念等同于法律义务，即任何公民和组织都有遵守法律的义务。狭义的法律责任是指法律关系主体实施了违法行为，依照法律规范的规定需要承担的否定性法律后果。教育法律责任采用法律责任狭义的概念，是指教育法律关系主体实施了违反教育法律规范的行为所要承担的否定性法律后果。一般来说，可以主要从以下几个方面来理解教育法律责任的特征。

1. **教育法律责任的法律规定性**

教育实践中哪些行为是不被允许的、是需要被追究法律责任的、会被追究怎样的法律责任，这需要法律规范的明确规定。教育法律责任是由我国法律规范明确规定的，它对教育法律关系主体的行为具有警示和引导的作用。如《教育法》第九章对相关主体的违法行为及所要承担的法律责任予以明确规定，任何组织或个人一旦违反，必然要承担相应的法律责任。

2. **教育法律责任归责的特定性**

教育法律责任的承担由违反教育法律规范的教育法律关系中的特定主体承担，即谁违法谁承担不利后果，不能殃及无辜。

3. **教育法律责任的追究与履行均由国家强制力保证实施**

一方面，教育法律责任的追究，由国家司法机关或者得到国家授权的行政机关在职权范围内予以开展，其他任何组织和个人均无权追究；另一方面，当教育法律关系主体没有履行或者没有适当履行其法定或约定的义务时，需要由国家强制力来强制执行，从而使相关主体的合法权益受到保护。

二、教育法律责任的分类

教育法根据违法主体的法律地位和违法行为的性质，规定了教育法律责任承担的三种方式，分别是行政法律责任、民事法律责任、刑事法律责任。

（一）行政法律责任

行政法律责任简称行政责任，是指行为人因实施违反行政法律规范的行为而应承担的否定性法律后果。行政法律责任的追究由国家机关依照行政法规定的条件和程序予以展开，在我国，一般是人民法院或有关行政机关拥有此项权力。现行教育法具有行政法的属性，因此违反教育法本身就带有违反行政法的属性。教育实践中，对于违反教育法的行为追究法律责任，较多的是追究行政法律责任。根据《教育法》的规定，违反教育法的行政法律责任的承担方式主要包括行政处分和行政处罚两类。

行政处分是指国家机关、企事业单位依据法律规范的规定或本单位的规章制度，对本单位的国家工作人员的违法失职行为且尚不构成犯罪的，给予的惩戒。行政处分属于内部行政行为，也称之为纪律处分。行政处分的方式一般包括警告、记过、记大过、降级、撤职、开除等。

行政处罚是指具有行政处罚权的行政机关，对实施了违反行政法律规范但不构成犯罪的行政相对人所实施的处罚性措施。根据《教育行政处罚暂行实施办法》中的规定，教育领域实施的行政处罚种类主要包括：警告；罚款；没收违法所得，没收违法颁发、印制的学历证书、学位证书及其他学业证书；撤销违法举办的学校和其他教育机构；取消颁发学历、学位和其他学业证书的资格；撤销教师资格；停考，停止申请认定资格；责令停止招生；吊销办学许可证等。

> **拓展阅读 1-4**
>
> **《教育行政处罚暂行实施办法》（节选）**
>
> 第十条 幼儿园在实施保育教学活动中具有下列情形之一的，由教育行政部门责令限期整顿，并视情节轻重给予停止招生、停止办园的处罚：
>
> （一）未经注册登记，擅自招收幼儿的；
>
> （二）园舍、设施不符合国家卫生标准、安全标准，妨害幼儿身体健康或威胁幼儿生命安全的；
>
> （三）教育内容和方法违背幼儿教育规律，损害幼儿身心健康的。
>
> 具有下列情形之一的单位或个人，由教育行政部门对直接责任人员给予警告、一千元以下的罚款，或者由教育行政部门建议有关部门对责任人员给予行政处分：
>
> （一）体罚或变相体罚幼儿的；
>
> （二）使用有毒、有害物质制作教具、玩具的；
>
> （三）克扣、挪用幼儿园经费的；
>
> （四）侵占、破坏幼儿园园舍、设备的；
>
> （五）干扰幼儿园正常工作秩序的；
>
> （六）在幼儿园周围设置有危险、有污染或者影响幼儿园采光的建筑和设施的。
>
> 前款所列情形，情节严重，构成犯罪的，由司法机关依法追究刑事责任。

> **案例 1-2**
>
> 幼儿园收取"教育赞助费"
>
> 2021年7月，执法人员对崂山区某幼儿园进行现场执法检查时发现，当事人作为普惠性民办幼儿园，在执行政府指导价标准收取入园幼儿保教费的同时，对两个特色班的在园幼儿另外收取1000元/月的"教育赞助费"，多收取的费用由特色班幼儿家长通过支付宝转账形式支付给当事人。截至案发时，共计收取93000元。这种行为不仅违反了《中华人民共和国价格法》的相关规定，也构成《价格违法行为行政处罚规定》的不执行政府指导价违法行为。市场监管部门依法对当事人给予罚款10万元的行政处罚。自2011年以来，国家有关部门相继出台政策规定和管理办法，一方面明确政府责任，加大政府投入，开办普惠性幼儿园；另一方面加强幼儿园收费管理，整治幼儿园乱收费现象，本案起到了很好的警示作用。

（二）民事法律责任

民事法律责任简称民事责任，是指行为人由于违反民事法律规范、违约或者由于民法规定，依照法律要求而应承担的否定性法律后果。民事法律责任主要包括两类，即违约责任和侵权责任。违约责任也称合同责任，是指签订合同的一方不履行合同义务或者未按合同规定履行义务而应承担的责任。侵权责任是指行为人因侵害他人人身或财产安全而应承担的民事法律后果。

民事法律责任主要是一种财产责任，同时具有补偿性，它的功能主要在于救济受害者的权利，需要侵权人对给受害者带来的损失予以对等的赔偿或补偿。另外，民事责任是平等主体间一方对另一方的责任，实践中，在法律许可的范围内，双方主体可以就具体事宜自行协商解决。违反教育法的民事法律责任是指教育法律关系主体因违反教育法律规范，破坏了平等主体之间的正常的财产关系或人身关系，依照法律规定而应承担的民事责任。依据《中华人民共和国民法典》（以下简称《民法典》）第一百七十九条的规定，民事法律责任的承担方式主要包括：停止侵害；排除妨碍；消除危险；返还财产；恢复原状；修理、重作、更换；继续履行；赔偿损失；支付违约金；消除影响、恢复名誉；赔礼道歉。以上承担方式既可以单独适用，也可以合并适用。教育实践中，若相关主体侵犯了教育者、受教育者、学校或者其他教育机构的合法权益并造成人身财产损失或其他损害的，依法一般需要承担民事责任，《教育法》第八十三条对此作了大体规定。

> **案例 1-3**
>
> 老化未更换，断裂球拍击中幼儿
>
> 在大班的体育课上，为激发小朋友们学习打羽毛球的兴趣，幼儿园安排两位老师打羽毛球作示范表演，小朋友们则坐在两旁观看。当示范的王老师正在聚精会神地与另一位老师进行表演时，手中的羽毛球拍突然断裂，球拍前端飞出击中在旁边观看的小朋友张珊的面部，造成张珊鼻骨裂伤。事后，因与幼儿园无法协商一致，张珊的父亲为赔偿事宜向法院起诉，要求幼儿园和王老师赔偿各种损失共计7.8万元。
>
> 经鉴定，该球拍断裂系因材质老化、受力过重所致。类似幼儿被幼儿园教具、玩具意外致伤应如何处理？

> **评析：**
> 　　这是一起发生在幼儿园园内的意外伤害事件。教师为激发学习兴趣给幼儿作示范，这本身并无问题。根据《中华人民共和国未成年人保护法》（以下简称《未成年人保护法》）第三十五条第二款的规定，"学校、幼儿园不得在危及未成年人人身安全、身心健康的校舍和其他设施、场所中进行教育教学活动"。另外，在《幼儿园管理条例》《学生伤害事故处理办法》中也对幼儿园要为幼儿提供符合国家标准且安全的设施提出了要求。根据上述规定，幼儿园有义务为教师及幼儿提供安全的、符合国家要求的教具、玩具，显然案例中的幼儿园并未尽到应尽的义务。根据《民法典》第一千一百九十九条的规定，"无民事行为能力人在幼儿园、学校或者其他教育机构学习、生活期间受到人身损害的，幼儿园、学校或者其他教育机构应当承担侵权责任；但是，能够证明尽到教育、管理职责的，不承担侵权责任。"依据本条规定，显然在此次意外伤害事件中，幼儿园难辞其咎。
> 　　综上所述，幼儿园应承担全部的赔偿责任。
> 　　至于案例中所提及的王老师，是在履行职务行为的过程中给幼儿造成了伤害，但究其原因在于幼儿园提供的羽毛球拍不符合安全标准，因此王老师不需要承担赔偿责任。
> 　　为避免类似事件发生，幼儿园和教师应树立牢固的安全意识。幼儿园应定期对园内设施、设备进行检查，及时排除不安全的因素，对老旧的设施、设备定期维修、更换。教师在开展教育活动前也应对教具、玩具进行检查，确保安全后再使用。

（三）刑事法律责任

刑事法律责任简称刑事责任，是指行为人实施了刑事违法行为所必须承担的一种法律责任。刑事责任的产生源于违法行为的严重社会危害性，它是一种惩罚性的责任，是所有法律责任中最为严厉的。与民事责任平等主体间一方对另一方的责任不同，刑事责任是犯罪主体向国家承担的一种责任，它不以任何主体的意志为转移，一旦经国家机关确定后，行为人与受害人不得协商变通。刑事法律责任的承担方式是刑罚，主要包括主刑和附加刑。主刑从轻到重主要有：管制、拘役、有期徒刑、无期徒刑、死刑。附加刑包括罚金、剥夺政治权利和没收财产。

违反教育法的刑事责任，主要是指行为人实施了违反教育法的行为，同时违反了刑法且构成犯罪，而必须承担的否定性法律后果。在《教育法》《教师法》等法律文件中，对相关主体需要承担刑事责任的情况均有明确规定。

三、教育法律责任的构成要件及归责原则

（一）教育法律责任的构成要件

教育法律责任的构成要件指的是教育法律关系主体承担责任的条件，即判断相关主体是否承担侵权责任的标准。一般认为，具备以下四个条件，教育法律关系主体才能被确认需要承担相应的法律责任。

1. 存在损害事实

存在损害事实，即行为人确实有侵害教育管理、教学秩序或其他主体的合法权益的客观事实存在，这是构成教育法律责任的前提条件。如教师的体罚行为对学生的身心造成了严重的伤害。

2. 存在违法行为

存在违法行为，即行为人实施了违反教育法律规范的行为。违法行为，也是教育法律责任构成要件中不可缺少的要素，若无违法行为，当然无须追究当事人的法律责任。

3. 行为人主观上有过错

行为人主观上有过错，是构成教育法律责任的主观要件，包括两种情况：一是故意，二是过失。故意是指行为人主观上的恶意，明知自身行为会产生损害后果，但仍放任其发生，如教师对学生的体罚行为。过失是指行为人对可能发生的损害未能合理注意或意识到危险，但太过自信未采取措施，结果造成损害的。例如，幼儿园未能定期维修户外大型游戏设施，使得设施存在安全隐患并造成幼儿受伤的。

4. 违法行为与损害事实之间存在因果关系

违法行为与损害事实之间存在因果关系，是确认教育法律责任的又一重要条件。两者之间存在必然联系，即违法行为是导致损害事实发生的原因，而损害事实是违法行为造成的结果。否则，将无法确认损害事实是否由行为人的违法行为产生，从而也就无从确认行为人是否需要承担相应的法律责任。

（二）教育法律责任的归责原则

法律责任的归责解决的是由谁承担责任的问题，而归责原则是指确定法律责任的依据和准则，即违法行为发生后，应根据何种标准和原则确定违法行为主体所要承担的责任。教育领域中所产生的法律责任除行政法律责任、刑事法律责任以外，大多数都是由侵权导致的民事法律责任。因此，下文主要讨论的是教育民事法律责任的归责原则。

根据《民法典》的规定，民事法律责任的追究主要依据以下几个原则。

1. 过错责任原则

过错责任原则是将行为人主观方面的过错作为其承担民事法律责任的归责条件的准则。该原则也是民事侵权领域最基本的归责原则，即有过错承担责任，无过错不承担责任。《民法典》第一千一百六十五条第一款明确了这一原则："行为人因过错侵害他人民事权益造成损害的，应当承担侵权责任。"行为人主观上是否有过错，即前文所述的故意或过失。在过错责任原则中，不仅要考虑行为人的过错，受害人的过错、第三方的过错也是进行法律责任判定时需要考虑的。如果三方都存在过错，需要依据三方过错程度的大小来判定各自应承担的责任，即过错程度决定责任范围。

《民法典》第一千二百条、第一千二百零一条对发生在幼儿园、学校或者其他教育机构中的侵权责任的归责的描述，体现了对该条原则的适用。第一千二百条规定："限制民事行为能力人在学校或者其他教育机构学习、生活期间受到人身损害，学校或者其他教育机构未尽到教育、管理职责的，应当承担侵权责任。"第一千二百零一条规定："无民事行为能力人或者限制民事行为能力人在幼儿园、学校或者其他教育机构学习、生活期间，受到幼儿园、学校或者其他教育机构以外的第三人人身损害的，由第三人承担侵权责任；幼儿园、学校或者其他教育机构未尽到管理职责的，承担相应的补充责任。幼儿园、学校或者其他教育机构承担补充责任后，可以向第三人追偿。"

2. 过错推定原则

过错推定原则是指侵权行为发生后，受害人不需要证明行为人存在过错，而是从损害事实本身推定行为人有过错，除非行为人能够证明自身无过错，否则必须承担侵权责任的归责原则。《民法典》第一千一百六十五条第二款明确了这一原则，即"依照法律规定推定行为人有过错，其不能证明自己没有过错的，应当承担侵权责任"。该原则的举证，不同于一般损害事实中由受害人进行举证的情况，而是由行为人承担，即"举证责任倒置"。这种情况，一方面有利于受害人,因为免除了举证责任;另一方面,加重了行为人的负担,因为需要承担举证责任。

《民法典》第一千一百九十九条"无民事行为能力人在幼儿园、学校或者其他教育机构学习、生活期间受到人身损害的,幼儿园、学校或者其他教育机构应当承担侵权责任;但是,能够证明尽到教育、管理职责的,不承担侵权责任",即对幼儿园、学校或者其他教育机构适用过错推定原则的规定。"举证责任倒置"的情况尤其适用于无民事行为能力人。无民事行为能力人由于缺乏对是非、自身行为等的正确判断,由他们来举证显然有失公允;若由其监护人代为举证,但监护人本身并不在场,显然也有失公允。由幼儿园、学校或者其他教育机构来举证则相对容易,虽然客观上加大了其责任,但却是相对公平的选择。该条原则能够使作为受害人的无民事行为能力人处于有利地位,切实保障了受害人的合法权益。

3. 公平责任原则

公平责任原则是指当事人双方对所造成的损害均不存在过错的情况下,由人民法院根据公平原则,综合考虑当事人的财产情况,要求双方合理分担受害人的损失、给予受害人补偿的一种归责原则。《民法典》第一千一百八十六条明确了这一原则,即"受害人和行为人对损害的发生都没有过错的,依照法律的规定由双方分担损失"。

拓展阅读1-5

幼儿园内嬉闹受伤,双方家长公平担责

幼儿园放学后,因双方家长均未按时接走小孩,两名幼儿在幼儿园内教室外嬉闹玩耍时,致一人眼部受伤。经法院审理后确认,原告郭佳的各项损失共计5万余元,依照公平责任原则,酌情由被告王朋的监护人承担50%的责任。

5岁的郭佳和王朋是封丘县某乡中心幼儿园大班的学生。2009年9月30日下午4点30分,幼儿园放学后,双方家长未能及时接走原告、被告。原告、被告遂在幼儿园内教室外嬉闹玩耍,致原告的右眼受伤,原告于当天入院并治疗22天,经诊断为右眼角膜裂伤、右眼外伤性白内障、右眼眼内炎。后经鉴定,原告的伤情构成七级伤残。在原告住院期间,被告家长分三次垫付医疗费1850元。后因原、被告的法定代理人协商赔偿事宜无果,原告起诉。

法院征求原告法定代理人意见,并向其释明法律后果,原告法定代理人明确表示不申请追加该幼儿园作为被告参加诉讼。

法院审理后认为,公民的身体健康权受法律保护。原告郭佳与被告王朋在正常的嬉闹玩耍过程中受伤,对于这一伤害后果,作为缺乏自我保护能力及自我控制能力的未成年人,双方都不存在主观上的故意和过失。根据公平责任原则,应酌情由被告的家长承担50%的赔偿责任。医疗费、交通费、误工费、残疾补偿金、精神抚慰金等各项赔偿合计53225.2元,被告家长应承担26612.6元,扣除被告家长已垫付的1850元,法院依法判决被告王朋的监护人赔偿原告郭佳医疗费等各项损失共计24762.6元。

4. 无过错责任原则

无过错责任原则是指损害事实发生后,即使行为人无过错,依照法律规定仍须承担责任的一种归责原则。《民法典》第一千一百六十六条对这一原则予以了明确,即"行为人造成他人民事权益损害,不论行为人有无过错,法律规定应当承担侵权责任的,依照其规定"。

第五节　教育法律救济

有权利就有救济，缺少救济，权利的实现便难以得到保障。教育法律救济制度是法律救济制度的重要组成部分，它对有效维护教育法律关系主体的合法权益、促进国家教育行政管理部门依法行政、推动我国教育法治建设具有重要意义。

一、教育法律救济的含义

法律救济是指法律关系主体的合法权益受到损害时，由国家机关通过一定的途径和手段，对其合法权益进行恢复和补救的一种制度。法律救济以权利冲突或法律纠纷为前提，对受害主体的合法权益进行恢复和补救是其根本目的与功能所在。教育法律救济是指教育法律关系主体的合法权益受到损害时，特定的国家机关通过法定的程序和途径进行裁决，以纠正、制止或矫正侵权行为，从而使受害主体的权利得以恢复、利益得到补救的法律制度。

二、教育法律救济的原则

教育法律救济需要遵循以下原则。

（一）事后救济的原则

事后救济的原则主要是指只有当侵害行为发生后，受害主体才可以申请相应的法律救济，一般不存在事前救济和事中救济。实践中，只有发生了侵害行为，才需要法律上的救济，无侵害行为，也无法律救济的必要。

（二）救济主体法定的原则

救济主体法定的原则是指当教育法律关系主体的合法权益受到损害时，其只能依据法律规定向有权实施法律救济的机关请求法律救济，不是任何国家机关都可以实施法律救济行为。比如教育领域中的民事诉讼，受害主体只能向人民法院提起；而行政复议、行政申诉也只能向特定的复议和申诉机关提起。

（三）程序合法的原则

程序合法的原则是指有权实施法律救济的国家机关在实施法律救济时，必须依据法律规定的程序展开。比如在程序上，教育行政救济需要教育行政相对人提出救济请求，行政机关无权提出；而教育民事救济，双方当事人均可以提出。2017年修正的《中华人民共和国行政诉讼法》（以下简称《行政诉讼法》）对包括教育行政诉讼在内的行政诉讼程序、起诉条件、起诉期限等作了严格规定。

三、教育法律救济的途径

教育法律救济的途径是指当教育法律关系主体合法权益受到损害时，其请求法律救济的渠道和方式，一般来说主要包括三种，即诉讼渠道、行政渠道和其他渠道，其中后两者又可合称为非诉讼渠道。

诉讼渠道也称司法救济，主要是指合法权益受到侵害的教育法律关系主体，就侵权行为向人民法院提起诉讼，请求人民法院作出公正裁决，使自身合法权益得以恢复的一种权利救济方式。主要包括教育行政诉讼、教育民事诉讼等。

行政渠道也称行政救济，在我国主要包括行政申诉、行政复议和行政赔偿制度。

其他渠道也称其他救济，主要包括仲裁制度、调解制度等。

案例 1-4

"插队怀孕"风波

二孩政策放开后，因女职工扎堆生育，山东某幼儿园为了避免工作运转受影响，竟想出一招——"排队怀孕"。结果，一教师因"插队怀孕"，被单位以严重违反用人单位的规章制度为由解除劳动合同。这条新闻引起了网友们的广泛关注。

潘佳怡（化名）是山东某幼儿园的教师，学校教师都很年轻，有近一半的女教师已是年轻的妈妈，其余的女教师也陆续进入育龄期。因待育女教师陡然增加，给幼儿园带来了巨大的压力。

2015年3月，该幼儿园所在的集团公司通过了一项《关于幼儿园教职员工病假、婚假等有关规定》。内容如下：幼儿园育龄职员符合晚婚晚育的条件后（结婚半年后提交怀孕申请方可怀孕），按照在园工作年限、年龄、结婚时间的总分排队（幼儿园公示），并提前半年提交书面申请后方可怀孕；两位教师怀孕间隔不足三个月，不按排队顺序怀孕的，按自动辞职处理。

潘佳怡因想生二孩，也递交了生育申请。2017年6月，她的综合考核分为74分，排名第七。可谁也没有想到，她此时已怀孕，便于知晓怀孕的次日向园长反映情况。闻此消息，园长表示："你的排名只是第七，现在怎么能怀孕呢？"潘佳怡则回应说自己并非故意插队怀孕，但现在怀孕了，就肯定要把这个小孩生下来。见潘佳怡态度坚决，园长两手一摊，无奈地摇了摇头说道："排队怀孕，否则按自动辞职处理，这是集团公司总部定下来的。"

2017年6月30日，幼儿园向潘佳怡出具了一份《解除劳动关系证明》，以潘佳怡违反用人单位规章制度为由，与其解除了劳动合同。接到《解除劳动关系证明》后，潘佳怡不服。2017年12月1日，她向当地劳动人事争议仲裁委员会申请仲裁。2018年1月22日，劳动人事争议仲裁委员会作出裁决：幼儿园应支付潘佳怡终止劳动关系赔偿金59752.2元。对于该裁决，幼儿园表示不服，向当地人民法院提出诉讼。

法院经审理后认为：《中华人民共和国劳动合同法》（以下简称《劳动合同法》）施行后，用人单位制定、修改或者决定直接涉及劳动者切身利益的规章制度或者重大事项时，未经过《劳动合同法》第四条规定的民主程序，一般不能作为人民法院审理劳动争议案件的依据。

2018年6月26日，当地人民法院依照《劳动合同法》第四十二条、第四十七条、第八十七条的规定，作出一审判决，判决驳回了幼儿园的诉讼请求。

在我国教育领域，以上救济途径中，较常用到的主要包括教育申诉制度、教育行政复议制度、教育行政诉讼制度等，下文将主要对这三种制度予以说明。

（一）教育申诉制度

所谓申诉，是指公民、法人或其他组织对某些问题的处理结果不服，而向特定的国家机关申诉理由，请求重新处理的行为。申诉是公民、法人或其他组织依法维护自身合法权益的一种方式，也是我国宪法赋予公民、法人或其他组织的一项基本权利。

教育申诉制度是指教师、学生等行政相对人，在自身合法权益受到侵害时，或对学校或其他教育机构及有关部门作出的处理不服时，依法向有关部门申诉理由并请求重新作出处理的制度。教育申诉制度是依法建立的一项教育行政救济制度，其法定性一方面体现在它是《宪法》赋予公民申诉权在教育领域的具体体现；另一方面，其法定性也体现在《教育法》《教师法》等法律中对该制度的明确规定。

依据申诉提起主体的不同，教育申诉制度主要包括教师申诉制度和学生申诉制度。教师申诉制度是指教师认为学校或其他教育机构或教育行政部门侵犯其合法权益时，或对以上主体作出的决定不服时，依法向主管的行政部门申诉理由并请求重新处理的制度。如《教师法》第三十九条规定："教师对学校或者其他教育机构侵犯其合法权益的，或者对学校或者其他教育机构作出的处理不服的，可以向教育行政部门提出申诉，教育行政部门应当在接到申诉的三十日内，作出处理。教师认为当地人民政府有关行政部门侵犯其根据本法规定享有的权利的，可以向同级人民政府或者上一级人民政府有关部门提出申诉，同级人民政府或者上一级人民政府有关部门应当作出处理。"以上内容规定了教师申诉的对象及其程序，为教师通过申诉获得救济提供了法律依据。

学生申诉制度是指学生在接受教育的过程中，认为学校或教师侵犯了其合法权益，或对学校作出的决定不服时，依法向有关部门提出申诉，并请求重新作出处理的权利救济制度。依据申诉受理部门的不同，可以把学生申诉制度分为行政申诉制度与校内申诉制度。学生或其监护人认为学校侵犯了其合法权益，或对学校作出的决定不服时，可以向主管学校的教育行政部门提出申诉，即行政申诉制度；学生或其监护人认为教师或学校其他工作人员侵犯了其合法权益，可以向学校有关部门提出申诉，即校内申诉制度。《教育法》第四十三条第（四）项明确了受教育者的申诉权，即"对学校给予的处分不服向有关部门提出申诉，对学校、教师侵犯其人身权、财产权等合法权益，提出申诉或者依法提起诉讼"。

总之，教育申诉制度是解决教育行政部门与教师、学校与教师、学校与学生、教师与学生之间教育行政法律纠纷的一项重要制度，为教师和学生依法维护自身合法权益提供了途径。它是我国教育法治建设的重要内容，对于推动我国教育法治建设具有重要意义。

（二）教育行政复议制度

行政复议是指公民、法人或其他组织对行政主体作出的具体行政行为不服，或认为其行为侵犯了自身的合法权益，而依法向特定的行政机关提出复议申请，行政机关依法对该具体行政行为予以合法性、适当性审查，并作出行政复议决定的行政行为。行政复议制度是我国行政法律制度的重要组成部分，其主要目的在于矫正行政机关的违法和不当行政行为，监督行政机关依法行使职权，从而确保公民、法人和其他组织的合法权益不受侵犯。

教育行政复议是指教育行政相对人认为教育行政机关作出的具体行政行为侵犯其合法权益，向作出该行为的行政机关的上一级教育行政机关或该机关所属的本级人民政府提出复议申请，受理机关对具体行政行为进行复查并作出决定的活动。

教育行政复议制度是教育行政救济的重要途径，旨在监督教育行政机关的行政行为，督促其依法行使职权，切实维护教育行政相对人的合法权益。与教育申诉制度申诉人主要为教师和学生不同，提出教育行政复议的相对人除包括教师和学生外，也可以是学校或其他教育机构等法人。比如《幼儿园管理条例》第二十九条对行政复议的范围、行政复议的机关、行政复议的程序进行了明确规定。

> **拓展阅读 1-6**
>
> 《幼儿园管理条例》（节选）
>
> 　　第二十七条　违反本条例，具有下列情形之一的幼儿园，由教育行政部门视情节轻重，给予限期整顿、停止招生、停止办园的行政处罚：
> 　　（一）未经登记注册，擅自招收幼儿的；
> 　　（二）园舍、设施不符合国家卫生标准、安全标准，妨害幼儿身体健康或者威胁幼儿生命安全的；
> 　　（三）教育内容和方法违背幼儿教育规律，损害幼儿身心健康的。
> 　　第二十八条　违反本条例，具有下列情形之一的单位或者个人，由教育行政部门对直接责任人员给予警告、罚款的行政处罚，或者由教育行政部门建议有关部门对责任人员给予行政处分：
> 　　（一）体罚或变相体罚幼儿的；
> 　　（二）使用有毒、有害物质制作教具、玩具的；
> 　　（三）克扣、挪用幼儿园经费的；
> 　　（四）侵占、破坏幼儿园园舍、设备的；
> 　　（五）干扰幼儿园正常工作秩序的；
> 　　（六）在幼儿园周围设置有危险、有污染或者影响幼儿园采光的建筑和设施的。
> 　　前款所列情形，情节严重，构成犯罪的，由司法机关依法追究刑事责任。
> 　　第二十九条　当事人对行政处罚不服的，可以在接到处罚通知之日起十五日内，向作出处罚决定的机关的上一级机关申请复议，对复议决定不服的，可在接到复议决定之日起十五日内，向人民法院提起诉讼。当事人逾期不申请复议或者不向人民法院提起诉讼又不履行处罚决定的，由作出处罚决定的机关申请人民法院强制执行。

（三）教育行政诉讼制度

　　行政诉讼是指公民、法人或其他组织认为行政机关的具体行政行为侵犯了其合法权益，依法向人民法院提起诉讼，由人民法院依法审理并作出判决的活动。行政诉讼是运用司法程序解决行政争议的活动，能够有效维护行政相对人的合法权益。

　　教育行政诉讼是指教育行政相对人认为行政机关或教育法律、法规授权的组织的具体行政行为侵犯了自身合法权益，依法向人民法院提起诉讼，请求人民法院依法对具体行政行为予以审查、并作出判决的活动。

　　教育行政诉讼制度和教育申诉制度、教育行政复议制度一样，都能够对相关主体的合法权利予以救济，依法维护相关主体的合法权益。与后两者相比，其作出的处理结果往往更具权威性，主要原因在于它属于诉讼性质的司法救济途径，其受理机关是人民法院，其诉讼程序也必须严格依据《行政诉讼法》的规定展开。

本章小结

　　教育法具有法的一般特征，是统治阶级意志在教育领域的反映，是由国家制定或认可，并由国家强制力保证实施的，用来调整和规范教育活动中各种社会关系的行为规范的总称。我国教育法的渊源主要包括：《宪法》中有关教育的条款、教育法律、教育行政法规、地方性教育法规、教育规章等。其中，《教育法》是我国教育领域的根本大法。

教育法律关系是指教育法律通过调整教育社会生活而形成的教育主体及相关主体之间教育法意义上的权利和义务关系，是教育社会关系内容和教育法律形式的统一，它主要包括主体、客体、内容三个要素，三者相互依存、缺一不可。

教育法律责任是指教育法律关系主体实施了违反教育法律规范的行为所要承担的否定性法律后果。教育法律责任的承担方式主要包括三种，分别是行政法律责任、民事法律责任、刑事法律责任。存在损害事实、存在违法行为、行为人主观上有过错、违法行为与损害事实之间存在因果关系是教育法律责任的构成要件。教育民事法律责任的追究，主要依据过错责任原则、过错推定原则、公平责任原则和无过错责任原则。

教育法律救济是指教育法律关系主体的合法权益受到损害时，特定的国家机关通过法定的程序和途径进行裁决，以纠正、制止或矫正侵权行为，从而使受害者的权利得以恢复、利益得到补救的法律制度。教育法律救济主要遵循事后救济、救济主体法定、程序合法等原则。教育法律救济的渠道主要包括诉讼渠道和非诉讼渠道，后者又包括教育申诉制度、教育行政复议制度等。

思考与练习

1. 谈谈你对教育法的含义及特征的理解。
2. 请结合实际案例说明教育法律关系的三个要素。
3. 举例说明相关主体需要承担教育行政法律责任、教育民事法律责任及教育刑事法律责任的情形。
4. 教育申诉制度与教育行政复议、教育行政诉讼制度有何联系与区别？

实践活动

观看北大博士演讲视频《体面的假期》，思考作为未来的幼儿教师，你认为应如何提升自身的法律素养？

拓展资源

1. 刘冬梅，张亚莉. 教育权利与义务的冲突与平衡［J］. 河南师范大学学报（哲学社会科学版），2017（2）.
2. 李拥军. 法律责任概念的反思与重构［J］. 中国法学，2022（3）.
3. 《中华人民共和国教育法》《中华人民共和国义务教育法》《中华人民共和国学位条例》《中华人民共和国民办教育促进法》《中华人民共和国职业教育法》《中华人民共和国高等教育法》《中华人民共和国教师法》等教育法律文件。
4. 《中华人民共和国宪法》《中华人民共和国民法典》等法律文件。
5. 《幼儿园管理条例》等教育行政法规文件。

第二章 学前教育政策法规概述

学习目标

① 掌握学前教育政策与法规的含义,理解它们各自的特征及它们之间的区别与联系。

② 了解我国学前教育政策法规的历史发展进程,在此基础上感受学前教育事业发展与政策法规之间的关系。

③ 了解我国学前教育法规体系的纵向层级及存在的问题。

④ 感悟国家对学前教育事业的重视,养成主动关注学前教育政策动态的习惯,提高政策意识,增强法治观念。

本章导读

本章将主要对学前教育政策、学前教育法规的含义及特征,两者之间的联系与区别,以及我国学前教育政策法规的发展历程予以介绍,同时梳理我国现有学前教育法规体系的纵向层级,分析其中的不足,并指出未来建设的方向。希望读者能在把握我国学前教育政策法规体系的基础上,理解学前教育政策、法规对我国学前教育事业发展的意义。

思维导图

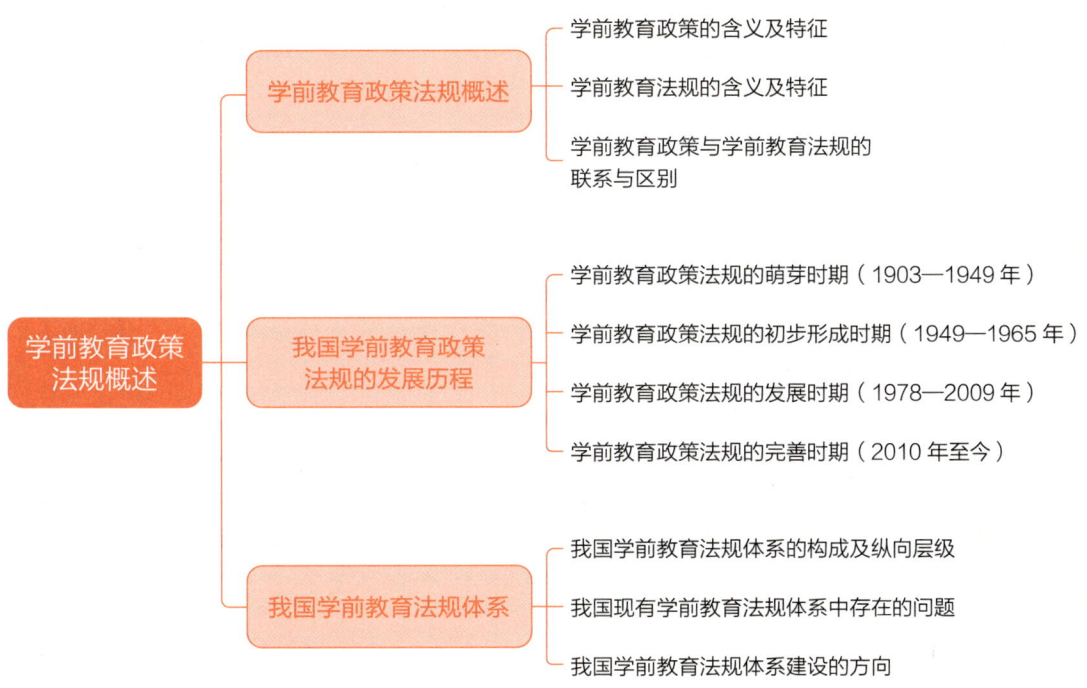

第一节 学前教育政策法规概述

一直以来,由于缺少专门针对学前教育的立法,学前教育政策与学前教育法规在引领、规范我国学前教育事业发展方面发挥着不可或缺的作用。那么,学前教育政策、学前教育法规具体指什么?它们具有怎样的特征?它们之间有何联系与区别?本节将对以上问题予以回答。

一、学前教育政策的含义及特征

政策,一般是指国家或政党为实现一定历史时期的目标和任务而制定的行为准则,具有政治性、目的性、时效性等特点。如自2021年开始我国为应对人口老龄化问题而实施的"全面三孩"政策。

教育政策具有政策的一般特点，不过目前学术界对于教育政策的界定还未达成共识。孙绵涛在《教育政策学》一书中指出"教育政策是一个有目的、有组织的动态发展过程，是政党、政府等政治实体在一定历史时期，为了实现一定的教育目标和任务而平衡各方面的利益、协调教育的内外关系所规定的行动依据和准则"。本书采用该界定。教育政策是国家管理教育的重要手段，是国家在一定时期内发展教育的具体的行动准则。教育政策具有目的性、灵活性、系统性等特点。

学前教育政策是教育政策的重要组成部分，是国家管理学前教育的重要手段。根据对教育政策的界定，我们将学前教育政策界定为"国家或政党等政治实体为了完成一定历史时期的学前教育任务，实现学前教育发展目标而制定的一系列的行动准则"。一般来说，学前教育政策具有如下特征。

1. 明确的目的性

明确的目的性是学前教育政策的基本特征。如同政策及教育政策，学前教育政策是国家意志在学前教育领域的体现，它总是为了完成一定的任务或达到相应的目标而设计的，不存在无目的的学前教育政策。

2. 鲜明的系统性

学前教育政策的系统性可以从两个角度来理解。从横向的角度看，一方面它是公共政策的有机组成部分，与其他公共政策相互配合、相互制约，共同构成了社会发展的整体政策；另一方面它是国家教育政策的重要组成部分，与初等教育政策、中等教育政策、高等教育政策等共同构成了我国的教育政策体系。从纵向的角度看，其系统性体现在两个方面：一方面，中央学前教育政策与地方学前教育政策共同配合，引领与规范我国学前教育事业的发展；另一方面，任何一项政策总是连接着学前教育的过去、现在和未来。

3. 相对稳定性与相对灵活性

学前教育政策的制定总是为了实现一定历史时期的学前教育发展目标，因此它在一定时期内是相对稳定的，不可随意变动，否则将会影响人们对它的信任程度以及执行它的信心。然而，这种稳定性也只是相对的，随着学前教育政策实施外部环境的变化以及相应目标的实现，它必然要进行调整，否则将难以继续发挥作用，这是它相对灵活性的体现。

拓展阅读 2-1

《"十四五"学前教育发展提升行动计划》（节选）

党的十八大以来，国家连续实施三期学前教育行动计划，推动学前教育取得快速发展，有效缓解了"入园难、入园贵"问题。为深入贯彻落实党的十九届五中全会"完善普惠性学前教育保障机制""建设高质量教育体系"的部署要求，积极服务国家人口发展战略，进一步推进学前教育普及普惠安全优质发展，现决定实施"十四五"学前教育发展提升行动计划。

一、总体要求

……

（三）主要目标

进一步提高学前教育普及普惠水平，到2025年，全国学前三年毛入园率达到90%以上，普惠性幼儿园覆盖率达到85%以上，公办园在园幼儿占比达到50%以上。

覆盖城乡、布局合理、公益普惠的学前教育公共服务体系进一步健全，普惠性学前教育保障机制进一步完善，幼儿园保教质量全面提高，幼儿园与小学科学衔接机制基本形成。

......

三、政策措施

（一）优化普惠性资源布局

推进教育公平，增加普惠性资源供给，充分考虑出生人口变化、乡村振兴和城镇化发展趋势，逐年做好入园需求测算，完善县（区）普惠性幼儿园布局规划，原则上每三年调整一次。结合三孩生育政策实施和地方实际，及时修订和调整居住社区人口配套学位标准，推动城市居住社区、易地搬迁安置区配套建设与人口规模相适应的幼儿园，产权及时移交当地政府，确保提供普惠性服务，满足就近入园需要。完善农村学前教育资源布局，办好乡镇公办中心幼儿园，通过依托乡镇中心幼儿园举办分园、村独立或联合办园、巡回支教等方式满足农村适龄儿童入园需求。充分发挥乡镇中心幼儿园的辐射指导作用，实施乡（镇）、村幼儿园一体化管理。鼓励有条件的地方探索实施学前教育服务区制度。

（二）推进普惠性资源扩容增效

国家实施教育提质扩容工程和教育强国推进工程，新建改扩建一批公办幼儿园，支持人口集中流入地、农村地区、"三区三州"、原集中连片特困地区县和片区外国家扶贫开发工作重点县普及学前教育。各地实施幼儿园建设项目，补齐普惠性资源短板，确保城乡学前教育资源全覆盖。加大扶持力度，落实财政补助、划拨方式供地、减免税费和租金等政策，鼓励支持政府机关、国有企事业单位、军队、街道、农村集体举办公办幼儿园，积极扶持民办园提供普惠性服务。逐步化解和消除学前教育"大班额"现象，防止出现新的无证园。全面改善办园条件，消除园舍安全隐患。各类幼儿园按照国家和地方的有关要求配备丰富适宜的玩教具和游戏材料。对乡镇公办中心园、企事业单位和集体资产举办的幼儿园，经机构编制部门审批后，依据《事业单位登记管理暂行条例》等相关规定做好事业单位法人登记管理工作，发挥其兜底线、保普惠的重要作用。各省（区、市）要认真部署开展城镇小区配套园治理"回头看"，对治理成效进行全面复查，健全城镇小区配套园建设管理制度，完善扶持政策和监管机制，巩固治理成果，坚决防止出现反弹。

......

二、学前教育法规的含义及特征

广义的教育法规等同于广义的教育法的概念，即一切调整和规范教育活动中各种社会关系的规范性文件的总称。本书依据广义的教育法规的概念来界定学前教育法规，它是我国教育法规体系的重要组成部分，是指由国家机关依照法定程序制定的，用来调整学前教育活动中所发生的社会关系的法律规范的总和。因此，本书中所指的学前教育法规，既包括由国家立法机关制定的法律中有关学前教育的条款，也包括由国家最高行政机关制定的学前教育行政法规，同时也包括国家教育行政部门（主要指教育部）制定的教育规章，还包括地方人民代表大会及其常务委员会制定的地方性学前教育法规、地方人民政府制定的学前教育规章等。

一般来说，学前教育法规具有如下特征。

1. 权威性和规范性

学前教育法规是由国家机关按照法定程序制定的，对相关主体在学前教育活动中的行为予以规范，因而具有法的权威性和规范性。

2. 强制性

法律的权威性体现在它是由国家强制力保证实施的，对全体公民具有普遍的约束力。同样，学前教育法规也是由国家强制力保证实施的，无论谁违反了其中的规定，都要受到相应的制裁，这是其强制性的体现。

3. 稳定性

学前教育法规是由国家机关依照法定的程序制定并公布实施的，在一定时期内必须保持相对的稳定性，如若没有法定理由和程序是不得随意修改的，否则将会失去法律的威严。因此，学前教育法规具有相对稳定性的特征。

4. 调整对象的独特性

学前教育法规具有法律法规的一般特征和作用，但同时它主要调整的是学前教育领域中所发生的各种社会关系，旨在保障、规范我国学前教育事业的健康发展，这是它的独特之处。

三、学前教育政策与学前教育法规的联系与区别

"从社会资源和利益分配的角度来解释，政策与法规并没有本质的区别，都是规范国家和社会生活的一种政治措施"。学前教育实践中，很多学者也并没有严格区分学前教育政策与学前教育法规这两个概念。已有研究中不少是围绕学前教育政策开展的，但是研究者会将与学前教育相关的所有文件统称为学前教育政策，而未作政策、法规的区别。实际上，两者之间既有区别也有联系。

（一）联系

首先，学前教育政策与学前教育法规都是国家引领、规范学前教育发展的重要手段，有着共同的指导思想，体现共同的价值追求，两者相互补充、相互依存。

其次，学前教育法规的制定以学前教育政策为指导，而前者又使后者定型化。学前教育政策是根据社会发展的现实状况及学前教育发展的实际需求而制定的一系列的行动准则，而学前教育法规是对学前教育活动中的社会关系予以规范与约束。因此，学前教育法规必然要依据学前教育政策来制定，否则将无法对发生在学前教育活动中的社会关系发挥保障作用。实践中，学前教育法规往往又把行之有效的学前教育政策规范化、定型化，并保障其顺利实施。

（二）区别

尽管学前教育政策与学前教育法规在指导思想、体现意志等方面存在一致性，但两者不可相互替代，它们在制定机关、约束力、实施方式等方面还存在着诸多不同。

1. 制定者和约束力不同

学前教育政策一般是由政党或政府部门制定，具有普遍的指导意义，但却不具备国家强制性和普遍的约束力。学前教育法规一般是由国家机关按照法定程序制定的，代表国家意志，并由国家强制力保证实施，依据其层次级别的不同，在一定的范围内具有普遍的约束力。

2. 表现形式不同

学前教育政策往往以决议、决定、通知、意见等文件形式出现，内容较概括、表述方式较多样化且不一定公开发布。学前教育法规一般以条例、规定、规范、办法等规范性文件的形式出现，明确规定相关主体必须做什么、可以做什么以及不得做什么，并且对违反者所需承担的责任也予以明确规定，必须公开发布。

3. 实施方式不同

学前教育政策的实施主要依靠宣传与动员、树立典型并发挥典型的示范与带动作用等。学前教育法规由国家强制力保证实施，要求相关主体必须遵照执行，否则一旦违反就需要承担相应的法律责任。

4. 稳定程度不同

学前教育政策具有相对灵活性的特征，其稳定程度不如学前教育法规。前者可以随着实施环境的变化及政策目标的实现，作出即时的调整。后者是经过法定程序制定的，非经法定理由和程序不得修改，一般是成熟化和定型化了的学前教育政策，稳定性较强。

5. 调整范围不同

学前教育政策相对灵活性的特征，决定了其调整的范围相对更为宽泛一些，可以涉及学前教育领域的各个方面，而学前教育法规更多的是调整学前教育领域中比较具体的行为与关系，更具针对性。

第二节 我国学前教育政策法规的发展历程

自机构化的学前教育诞生以来，我国在不同的历史时期为了发展学前教育，均制定了一系列的政策法规文件。伴随着学前教育事业的发展、国家的重视以及我国教育立法水平及技术的提升，学前教育政策法规也呈现了较好的发展态势。多年来，学前教育政策法规对规范、引领我国学前教育事业的发展发挥了直接而重要的作用。1903年我国诞生了第一所学前教育机构——湖北幼稚园，自此至今，学前教育政策法规的发展历程可以划分为以下四个时期，分别是萌芽时期、初步形成时期、发展时期及完善时期。

一、学前教育政策法规的萌芽时期（1903—1949年）

1903年至1949年是我国学前教育政策法规的萌芽时期，在此阶段学前教育政策法规主要散见于政府制定的学制、课程标准及一些工作报告中，内容主要涉及学前教育在学制中的地位、学前教育机构的名称等。这一时期的学前教育政策法规可以划分为三部分。

（一）清末的学前教育政策法规（1903—1911年）

1903年，湖北巡抚端方创办了湖北幼稚园，这是我国历史上第一所官办幼稚园，当时聘请了日本的户野美知惠等三位保姆担任教员。后来，户野美知惠拟定了《湖北幼稚园开办章程》，该文件明确幼稚园"重养不重学"，另外该文件对教育宗旨、设园旨趣、招生对象和开设课程等方面也作了规定。

1904年，清政府颁布并实施了《奏定学堂章程》，也称"癸卯学制"。该学制包括专门为学前教育制定的《奏定蒙养院章程及家庭教育法章程》。该文件将实施学前教育的机构命名为蒙养院；蒙养院不单独开设，而是附设在育婴堂和敬节堂内；教师由育婴堂的乳媪和敬节堂的节妇充当，显然此时的蒙养院并不属于真正意义上的教育机构。另外，该文件也对蒙养院的招生对象、保教要旨、保教内容等方面作了规定。

"癸卯学制"是我国历史上第一个颁布并得以实施的学制。该学制的诞生是西方资本主义冲击的产物，是学习日本教育制度的结果，其指导思想是明显的"中学为体，西学为用"，体现出明显的半殖民地半封建教育的特点。该学制有关学前教育的部分体现了明显的"家庭教育"的取向，即"蒙养家教合一之宗旨，在于以蒙养院辅助家庭教育，以家庭教育包括女学"。然而，该学制的诞生也意味着我国学前教育完全由家庭负担的历史结束了，开启了其向社会教育发展的征程。《奏定蒙养院章程及家庭教育法章程》是我国历史上第一个有关学前教育的法规，尽管其中的要求还不够明确和系统，但却拉开了政府为学前教育立法的序幕。

（二）民国的学前教育政策法规（1912—1949年）

辛亥革命以后，南京临时政府成立了教育部，由蔡元培任教育总长。1912年9月，教育部公布《学校系统令》，又称"壬子学制"，后来教育部又陆续公布了各种学校令，与"壬子学制"结合，合称为"壬子癸丑学制"。该学制将实施学前教育机构的名称更名为蒙养园，蒙养园不再附设于育婴堂、敬节堂内，而是作为教育机构附设在小学或女子师范学校内。根据该学制的规定，蒙养园是学制体系中的教育机构，但不占学制年限，因此蒙养园并未单独成为学制系统中的一级。

在"五四"新文化运动的推动下及欧美教育思想的影响下，我国在教育领域开始向欧美，尤其是向美国学习。1922年的"壬戌学制"，便是向美国学习的产物。该学制将实施学前教育的机构名称由蒙养园改成幼稚园，招收六岁以下的儿童。该学制确立了幼稚园在学制系统中作为国民教育第一阶段的地位。

"壬戌学制"的颁布促进了学前教育的发展，但当时我国学前教育领域仍然存在一些亟待解决的问题，比如尚缺乏统一的、符合我国国情的幼稚园课程标准。基于此情形，1928年10月，教育部聘请相关专家11人，着手研制幼稚园课程标准。1932年教育部正式公布《幼稚园课程标准》，其主要内容包括幼稚教育总目标、课程范围及教育方法要点三个部分。该标准是我国专家学者，在结合我国幼教实践经验及借鉴吸收西方学前教育思想的基础上，制定的第一个统一的幼稚园课程标准。尽管该标准存在一些不足，但在当时确实具有进步性质和积极意义，对推动我国学前教育走向科学化和中国化、提高学前教育质量起了重要作用。

抗日战争时期，国民政府也颁布了一些与学前教育相关的政策法规文件，如1938年颁布的《战时各级教育实施方案纲要》、1939年颁布的《幼稚园规程》（1943年改为《幼稚园设置办法》）。然而，由于处于战乱时期，以上文件并没有被很好地贯彻落实。

> **拓展阅读 2-2**
>
> 《我国第一个幼稚园课程标准简介》（节选）
>
> 三、课程标准共分三部分
> 第一部分为幼稚教育总目标，其内容是：
> （一）增进幼稚儿童身心的健康。
> （二）力谋幼稚儿童应有的快乐和幸福。

（三）培养人生基本的优良习惯（包括身体、行为等各方面的习惯）。

（四）协助家庭教养幼稚儿童，并谋家庭教育的改进。

第二部分为课程范围。包括音乐、故事和儿歌、游戏、社会和常识、工作、静息、餐点共七项，每项均列有目标、内容及最低限度要求。例如游戏一项规定：

（1）目标

（甲）增进儿童身体的健康。

（乙）顺应爱好游戏的自然性向，而兴以适当的游戏活动。

（丙）发展筋肉的联合作用，并训练感觉和躯肢的灵活反应。

（丁）训练互助、协作、合群、守纪律、公正、耐苦等社会性。

（2）内容大要

下列各种游戏的练习：

（甲）计数游戏（如搬运豆囊、抛掷皮球等，可兼习计数）。

（乙）故事表演和唱歌表演的游戏。

（丙）节奏的（例如听音而作鸟飞兽走等的游戏）和舞蹈的游戏。

（丁）感觉游戏（闭目摸索、听音找人等练习触觉、听觉、视觉等的游戏）。

（戊）应用简单用具（如秋千、滑梯、木马、跷跷板等）的游戏。

（己）模拟游戏（如小兵操、猫捉老鼠等的模拟动作）的游戏。

（庚）我国各地方固有的各种良好的游戏。

（3）最低限度

（甲）能参加群儿的集合，成行成圈、自觉协调。

（乙）使用园中所设计的游戏器具五种以上。

（丙）知道游戏的简要规则。

第三部分为教育方法要点，共十七条，其主要内容为：规定将各科打成一片，实行课程（作业）中心制的设计教学；幼儿在园时间，全日约六小时，半日约三小时；各种作业可由儿童各从所好，自由活动，但是每日必有一次团体作业，故事、游戏、音乐、社会和自然大都可由教师引导，施行团体作业；教师是儿童活动中的把舵者、儿童问题的最后的裁判者，教师需细微、全面地观察儿童并作记录；必须充分利用户外的自然和社会环境，并注意设备要合乎我国的国情，合乎当地社会情形，要适应儿童需要和不违背教育的意义等。

总之，该时期学前教育政策法规的制定与实施受时局及欧美教育思想的影响较大。另外，政策法规文件中有关学前教育的规定也开始趋于细致化和系统化，如《幼稚园课程标准》中既有对幼稚教育总目标的系统要求，也有对开设课程的目标、内容大要和最低限度的细致要求。

（三）老解放区的学前教育政策法规（1927—1949年）

老解放区的学前教育，是指1927年大革命失败之后至1949年中华人民共和国成立前，在中国共产党领导下的农村革命根据地、抗日根据地及解放区的学前教育。老解放区的学前教育为我国学前教育的发展积累了经验、奠定了基础，此时期相关的政策法规文件散见于政府文件及工作报告之中。

苏区中央人民政府内务部于1934年2月颁布《托儿所组织条例》，该文件对托儿所的目的、功能、规模、环境设备等方面作了规定，这是红色政权颁布的第一个关于学前教育的指导性、纲领性文件，为当时的学前教育指明了为工农大众及其子女服务的方向，同时也为老解放区学前教育的健康发展奠定了基础。

抗日战争爆发后，为全力支援前线，解除战士、后方干部及广大劳动妇女的后顾之忧，同时为了培养革命的新一代，中国共产党明确提出了"重视保育事业，抚养革命后代"的学前教育方针。1941年陕甘宁边区政府在工作报告中将儿童保育列为中心工作，并颁布了《陕甘宁边区政府关于保育儿童的决定》。该文件要求在边区实行儿童公育制度。另外，该文件对孕母与产妇的保健待遇、建立保育院的条件、婴儿的保育、保育人员的训练、保姆的待遇等方面作了具体的规定。该文件有力地推动了老解放区学前教育事业的发展。

由于战争环境的影响，此时期专门性的学前教育政策法规文件较少且零散，缺乏系统性。已有的政策文件一方面体现了"一切为了战争"的指导思想，另一方面也体现了对妇女及儿童予以保护的福利主义倾向。比如，《托儿所组织条例》中对托儿所目的的明确较好地体现了以上两点。"组织托儿所的目的是为着要改善家庭的生活，使托儿所来代替妇女担负婴儿的一部分教养的责任，使每个劳动妇女可以尽可能地来参加生产及苏维埃各方面的工作，并且使小孩子能够得到更好的教育与照顾，在集体的生活中养成共产儿童的生活习惯"。

二、学前教育政策法规的初步形成时期（1949—1965年）

中华人民共和国成立后，我国学前教育事业得到蓬勃发展。为了进一步引领、规范学前教育事业的发展，国家制定了一系列的学前教育政策法规。这些政策法规的颁布与实施，标志着我国学前教育政策法规体系的初步形成。

1951年10月1日，政务院命令公布实施《中央人民政府政务院关于改革学制的决定》，这是1949年中华人民共和国成立之后的第一个学制。新学制规定，实施幼儿教育的组织为幼儿园，幼儿园招收3足岁到7足岁的幼儿，使他们的身心在入小学前获得健全的发育。新学制明确了幼儿教育在整个教育体系中的地位和作用，将幼儿教育纳入学制体系，使其成为小学教育的基础。新学制的颁布促使学前教育事业走上了有计划、有组织的发展道路。

1952年，教育部颁发了《幼儿园暂行规程（草案）》和《幼儿园暂行教学纲要（草案）》，这两个文件是在吸收老解放区学前教育经验、借鉴苏联学前教育理论，并在苏联幼教专家指导下制定的。《幼儿园暂行规程（草案）》共八章四十三条，主要包括总则、学制、设置、领导、教养原则和教养活动项目等，这是当时发展幼儿教育的具体纲领。另外该文件也明确了幼儿园的双重任务、"保教并重"的方针等。《幼儿园暂行教学纲要（草案）》在《幼儿园暂行规程（草案）》明确的教养活动项目的基础上，制定了各项目的教学纲要，并指出了幼儿的年龄特点和教育要点等。这两个文件为全面改革旧教育，建立社会主义学前教育新体系奠定了基础、指明了方向。

1956年2月教育部、卫生部、内务部联合发布了《关于托儿所、幼儿园几个问题的联合通知》，提出了"全面规划、加强领导"和"又快、又多、又好、又省"的方针，另外该文件对托儿所、幼儿园的领导权等内容也进行了明确，为此后调动各方力量发展托幼事业奠定了基础。

1958年之后，由于政治因素的影响，我国学前教育在"大跃进"中盲目发展，在此阶段，党中央、国务院颁布了具有"左"倾色彩的政策文件。最为典型的是1958年9月，中共中央、国务院在《中共中央 国务院关于教育工作的指示》中提出，全国应在3~5年内，使学龄前儿童大多数都能入托儿所和幼儿园。显然，这样的要求违背了幼儿教育事业发展的基本规律，这在当时是完全不可能实现的。后来，在党的"调整、巩固、充实、提高"的方针指引下，幼儿教育事业发展才逐渐回归正常。

三、学前教育政策法规的发展时期（1978—2009年）

1966年至1976年期间，社会秩序遭到严重破坏，学前教育及其政策法规也不可避免地遭受重创。改革开放以后，为了扭转"十年动乱"给学前教育发展带来的混乱局面，国家开始加强对全国托幼工作的领导，为确保学前教育事业的健康发展，党和政府制定了一系列的政策法规文件，我国学前教育政策法规体系也因此得以重建与发展。这一时期具体可分为以下三个阶段。

（一）规范学前教育工作阶段（1978—1996年）

在此阶段，为了迅速恢复学前教育，国家制定了大量的政策法规文件予以引导。所制定的政策法规文件种类较多、涉及面较广，这里主要分两类予以介绍。

1. 规范学前教育发展与管理的政策法规文件

针对农村学前教育发展中存在的诸多问题，教育部于1983年颁发了《关于发展农村幼儿教育的几点意见》，这是我国首次对农村学前教育发展进行的规划与部署。针对农村及城镇地区幼儿学前班办班过程中存在的"办班条件差、师资缺乏专业训练、小学化"等问题，1986年6月国家教委又印发了《关于进一步办好幼儿学前班的意见》，以加强对幼儿学前班的引导，督促各地认真办好学前班。

1987年10月国务院办公厅转发了《关于明确幼儿教育事业领导管理职责分工的请示》。该文件明确提出了学前教育实行"地方负责，分级管理和各有关部门分工负责"的管理原则，明确了教育部门、卫生部门、计划部门、财政部门等九个部门的职责，后来这一管理原则以法规的形式在《幼儿园管理条例》中得以确立下来。

为了加强对幼儿园的管理，促进幼儿教育事业的发展，1989年8月20日国务院批准了《幼儿园管理条例》，由国家教委于1989年9月11日颁发，并从1990年2月1日起施行。《幼儿园管理条例》是中华人民共和国成立以后第一个经国务院批准颁发的有关幼儿教育的行政法规，也是截至目前我国学前教育法规体系中效力层级最高的一部法规，共有六章三十二条，对幼儿园的管理作了全面的规定，主要内容包括幼儿园的性质、管理体制、举办幼儿园的基本条件和审批程序、保育教育工作的要求、行政事务、奖励与惩罚等。该文件的颁布标志着我国学前教育的发展开始走向法制化的轨道，对于推动学前教育管理科学化、规范化具有重要意义。

2. 规范托幼机构内部各项工作的政策法规文件

为了规范托幼机构内部的各项工作，此时期国家也制定了一系列的政策法规文件。如《城市幼儿园工作条例（试行草案）》（1979）、《托儿所、幼儿园卫生保健制度（草案）》（1980年颁布，1985年修订）、《三岁前小儿教养大纲（草案）》（1981）、《幼儿园玩教具配备目录》（1986）、《全日制、寄宿制幼儿园编制标准（试行）》（1987）、《托儿所、幼儿园建筑设计规范》（1987）等。

此外，还有1981年10月教育部颁发的《幼儿园教育纲要（试行草案）》，主要由幼儿年龄特征与幼儿园任务、幼儿园教育的内容与要求、教育手段和注意事项三部分组成，其中教育内容主要包括生活卫生习惯、思想品德、基本动作发展、常识、语言、计算、美工、音乐八个方面。《幼儿园教育纲要（试行草案）》作为我国改革开放之后的第一个幼儿园课程标准，对于规范学前教育发展、提升学前教育质量起了重要作用。

为了加强幼儿园内部的科学管理，国家教委于1989年颁布了《幼儿园工作规程（试行）》，它是我国第一部规范幼儿园内部管理的规章，对全国各类幼儿园均有效，贯彻了国家对学前教育的基本指导思想，明确了学前教育的任务与保育教育的目标。《幼儿园工作规程（试行）》共十章六十条内容，主要包括总则、招生与编班、卫生与保健、教育、园舍与设备、工作人员、经费、幼儿园与幼儿家庭、管理工作、附则等内容。后来，国家教委（或教育部）结合各个时期学前教育发展的现实状况，对《幼儿园工作规程（试行）》进行了两次修订。第一次修订后由国家教委令第25号正式发布，并于1996年6月1日起施行。第二次修订后由中华人民共和国教育部令第39号公布，并于2016年3月1日起施行。其中，2016年的版本共十一章六十六条，其主要内容包括幼儿园的任务、保育教育的目标、入园和编班要求、安全的要求、卫生保健工作的要求、教育的原则和要求、园舍与设施的要求、对教职工的要求、经费来源与管理等。修订后的《幼儿园工作规程》对进一步推动幼儿园管理规范化、科学化具有重要意义。

为提升托儿所、幼儿园卫生保健工作质量，1994年卫生部联合国家教委发布了《托儿所 幼儿园卫生保健管理办法》，主要对托儿所、幼儿园卫生保健工作的管理、卫生保健工作的内容、卫生保健人员的配备、工作人员健康检查等方面提出了要求。后来，该文件在2010年进行了修订，并于2010年11月1日起施行。

（二）社会化改革阶段（1997—2002年）

为了更好地贯彻落实国家在"九五"期间关于幼儿教育事业发展的目标，促使幼儿教育事业的发展与当地经济和社会发展以及普及九年义务教育工作相协调，1997年国家教委发布了《全国幼儿教育事业"九五"发展目标实施意见》，对"九五"期间幼儿教育发展的指导思想和目标进行了明确。在谈及深化幼儿园办园体制改革时，该文件明确提出"探索适应社会主义市场经济的办园模式和内部管理机制，逐步推进幼儿教育社会化"。"幼儿教育社会化"是我国顺应时势而提出的发展幼儿教育的一项政策，其本意为在依靠政府发展学前教育的同时，积极依靠社会力量来发展学前教育。这一政策的本意绝非是弱化政府发展学前教育的责任，然而，当时很多人认为"幼儿教育社会化"就是将幼儿教育市场化和私营化。错误的认知导致了行动的偏离，在以上观念的助推下，全国很多地方出现了幼儿园"关、停、并、转、卖"的现象，最终给学前教育事业的发展造成了不小的冲击。

在总结我国学前教育改革经验的基础上，为了指导幼儿园更好地实施素质教育，2001年7月教育部颁布了《幼儿园教育指导纲要（试行）》（以下简称《纲要》），并于同年9月施行。《纲要》主要包括总则、教育内容与要求、组织与实施、教育评价四部分内容。《纲要》在充分吸收世界优秀教育科学研究及心理学研究成果的基础上，融入了许多先进的理念，如以幼儿为本的理念、终身教育的理念、学科融合与生态教育的理念等，以此来进一步引领幼儿教育工作者更好地开展幼儿园教育工作。它的颁布对于进一步贯彻与落实素质教育的理念、促进幼儿园教育的科学化与规范化、全面提升幼儿园教育质量具有重要意义。

（三）整顿幼儿教育阶段（2003—2009年）

在此阶段，我国颁布的学前教育政策法规主要围绕两个目的展开，一是整顿"幼儿教育社会化"给学前教育市场造成的混乱局面；二是重在加强对各类幼儿教育机构的管理。

2003年，国务院办公厅转发了教育部等十部门（单位）颁发的《关于幼儿教育改革与发展的指导意见》。该文件全面总结了改革开放以后幼儿教育的经验，分析了当时幼儿教育面临的问题与困境，重申了幼儿教育的重要性，提出了幼儿教育改革与发展的目标，同时要求进一步完善幼儿教育管理体制和机制，切实履行政府职责。《关于幼儿教育改革与发展的指导意见》成为当时发展学前教育的纲领性文件，对推动幼儿教育事业健康发展具有重要意义。该文件的颁布，扭转了幼儿教育社会化以来幼儿园"关、停、并、转、卖"的局面,遏制了幼儿教育事业大滑坡的趋势。

为加强中小学及幼儿园的安全管理,2006年教育部、公安部等十部门(单位)颁布了《中小学幼儿园安全管理办法》。该文件对学校安全管理工作、教育行政部门等部门的安全管理职责、校内安全管理制度、校园周边安全管理、安全事故处理、奖励与责任等方面作了具体规定。该文件是我国第一部专门关于中小学幼儿园安全管理的法规性文件,对保障幼儿园及幼儿和教职工的人身、财产安全,维护幼儿园正常的教育教学秩序具有重要意义。

通过以上梳理可以发现,在1978年至2009年期间,国家颁布的有关学前教育政策法规文件具有以下特点。一是恢复性的特点。尤其是1978年至1989年期间所颁布的政策法规文件,对于迅速恢复、整顿"十年动乱"给学前教育所带来的混乱局面具有重要意义。二是丰富性的特点。该阶段颁布的政策法规文件涉及面较广,内容较为丰富,既有关于学前教育外部规划与管理的,也有关于内部管理的;既有关于幼儿园教育教学的,也有关于卫生保健的。

四、学前教育政策法规的完善时期(2010年至今)

2010年是我国学前教育事业发展进程中的重要拐点。2010年之后,学前教育事业得到前所未有的重视,各级人民政府加大了对学前教育的投入,国家也非常重视通过制定大量的政策法规文件为学前教育事业的发展保驾护航。此阶段颁布的学前教育政策法规文件主要集中在以下几个方面。

(一)关于学前教育事业发展规划的政策法规

2010年7月29日,《国家中长期教育改革和发展规划纲要(2010—2020年)》正式颁布。该文件首次将学前教育专章陈述,明确提出了学前教育的发展任务,即"基本普及学前教育、明确政府职责、重点发展农村学前教育"。

为贯彻落实《国家中长期教育改革和发展规划纲要(2010—2020年)》的精神,积极发展学前教育,着力解决"入园难"问题,2010年11月21日国务院出台了《国务院关于当前发展学前教育的若干意见》。该文件提出了当前发展学前教育的十条意见,因此该文件也被简称为"国十条"。具体意见包括:把发展学前教育放在更加重要的位置;多种形式扩大学前教育资源;多种途径加强幼儿教师队伍建设;多种渠道加大学前教育投入;加强幼儿园准入管理;强化幼儿园安全监管;规范幼儿园收费管理;坚持科学保教,促进幼儿身心健康发展;完善工作机制,加强组织领导;统筹规划,实施学前教育三年行动计划。"国十条"成为新时期发展学前教育的总纲领,也拉开了我国学前教育政策法规高度密集出台的序幕。

在"国十条"的推动下,历经几年的发展,学前教育资源不断扩大、"入园难"问题得以有效缓解。然而,由于历史欠账太多,学前教育发展仍然面临诸多问题,如发展不平衡不充分、普惠性资源不足、政策保障体系不完善、保教质量有待提升、部分民办园过度逐利等问题。在此背景下,为进一步完善学前教育公共服务体系,办好新时代学前教育,2018年11月7日,中共中央、国务院颁布了《中共中央 国务院关于学前教育深化改革规范发展的若干意见》。该文件共九部分,分别为:总体要求、优化布局与办园结构、拓宽途径扩大资源供给、健全经费投入长效机制、大力加强幼儿园教师队伍建设、完善监管体系、规范发展民办园、提高幼儿园保教质量、加强组织领导。该文件是新形势下国家对学前教育发展作出的重大部署与顶层设计,为学前教育进一步深化改革、规范发展指明了方向;也是中华人民共和国成立以来,第一次以党中央、国务院的名义颁布的有关学前教育工作的文件,体现了国家对发展学前教育的高度重视以及办好学前教育的坚强意志,具有重要的里程碑意义。

（二）关于加强幼儿教师队伍建设的政策法规

为了加强幼儿教师队伍建设，提升教师队伍素质，国家颁布实施了一系列的政策法规文件。

2012年2月，教育部颁布了《幼儿园教师专业标准（试行）》，该文件从专业理念与师德、专业知识和专业能力三个维度，对幼儿园教师提出了相应的要求。该文件是国家对合格幼儿园教师专业素质的基本要求，是幼儿园教师实施保教行为的基本规范，是引领幼儿园教师专业发展的基本准则，是幼儿园教师培养、准入、培训、考核等工作的重要依据。

2012年8月，国务院出台《国务院关于加强教师队伍建设的意见》，其中对幼儿园教师队伍建设也提出了要求；同年9月，教育部、中央编办、财政部和人力资源社会保障部联合出台了《教育部 中央编办 财政部 人力资源社会保障部关于加强幼儿教师队伍建设的意见》，从明确幼儿园教师队伍建设的目标、补足配齐幼儿园教师、完善幼儿园教师资格制度等八个方面提出了意见。

为进一步规范幼儿园办园行为，加强幼儿园教师队伍建设，2013年1月教育部出台了《幼儿园教职工配备标准（暂行）》。该文件对幼儿园教职工与幼儿的比例、专任教师、保育员及其他人员的配备作出了明确规定，对于规范各类幼儿园用人行为具有重要意义。

（三）关于学前教育收费的政策法规

为规范幼儿园收费行为，保障受教育者和幼儿园的合法权益，2011年12月31日，国家发展改革委、教育部、财政部联合发发《幼儿园收费管理暂行办法》。依据"统一规范，公开透明"的原则，该文件统一了幼儿园对入园幼儿的收费项目，明确了幼儿园收费审批的原则、程序等；同时该文件也对幼儿园收费中的禁止行为及公示制度作了要求。

（四）关于学前教育财政投入的政策法规

随着学前教育财政投入的加大，国家也出台了相关的政策法规文件对此予以保障。2011年9月5日，财政部和教育部联合发布《关于加大财政投入支持学前教育发展的通知》。该文件强调了要充分认识财政支持学前教育发展的重要性和紧迫性，明确了财政支持学前教育发展的原则、当前财政支持学前教育发展的重点工作等，对进一步扩大学前教育资源，着力解决"入园难"问题起到了积极作用。同一时间，财政部、教育部联合出台了《财政部 教育部关于建立学前教育资助制度的意见》，明确了资助原则、资助内容及工作要求，该文件的出台对于切实解决家庭经济困难儿童入园问题具有重要意义。2015年7月1日，财政部、教育部联合发布了《中央财政支持学前教育发展资金管理办法》，对中央财政支持学前教育发展的资金管理从使用范围、分配与拨付、资金申报与管理和监督等方面提出了要求。

（五）关于学前教育质量保障的政策法规

质量是学前教育发展的生命线。自2010年之后，国家也颁布了一系列的政策法规文件来引导、促进学前教育质量的提升。较为典型的文件是2012年由教育部颁发的《3~6岁儿童学习与发展指南》（以下简称《指南》），该文件从健康、语言、社会、科学、艺术五大领域的角度描述了3~6岁幼儿的学习与发展，对3~4岁、4~5岁、5~6岁三个年龄段末期的幼儿应该知道什么、能做什么，大致可以达到什么发展水平提出了合理期望，指明了幼儿学习与发展的具体方向。该文件的颁布对于指导幼儿园和家庭实施科学的保育和教育具有重要意义。

在此阶段，针对幼儿园教育"小学化"屡禁不止的现象，国家也颁布了一系列的政策文件予以纠正。2011年12月28日，教育部颁布了《教育部关于规范幼儿园保育教育工作 防止和纠正"小学化"现象的通知》。该文件要求幼儿园要遵循幼儿身心发展规律，纠正"小学化"的教育内容和方式；要创设适宜幼儿发展的良好条件，整治"小学化"教育环境等。为促进幼儿园实施科学保教，纠正"小学化"倾向，2018年7月4日，教育部办公厅又发布了《教育部办公厅关于开展幼儿园"小学化"专项治理工作的通知》，明确了"小学化"治理的任务与步骤。为推进幼儿园与小学科学有效衔接，2021年3月教育部发布了《教育部关于大力推进幼儿园与小学科学衔接的指导意见》。该文件包括一个主文件和两个附件，主文件主要对幼小科学衔接的指导思想、基本原则、重点任务、主要举措提出了要求。两个附件分别对幼儿园做好入学准备教育、小学做好入学适应教育提出了要求，从身心准备与适应、生活准备与适应、社会准备与适应以及学习准备与适应四个方面明确了发展目标、具体表现和教育建议。该文件的颁布对于扭转"小学化"的倾向、帮助幼儿做好入学准备和入学适应，使幼儿顺利实现从幼儿园向小学生活的过渡具有重要意义。

为促进学前教育高质量发展，完善学前教育质量评估体系，2022年2月教育部发布了《幼儿园保育教育质量评估指南》，对幼儿园保育教育质量评估的总体要求、评估内容、评估方式等方面进行了明确。该文件提出了坚持社会主义办园方向、坚持儿童为本、坚持科学评估、坚持以评促建的原则，聚焦幼儿园保育教育过程及影响保育教育质量的关键因素，围绕办园方向、保育与安全、教育过程、环境创设、教师队伍五个方面提出了15项关键指标和48个考查要点。该文件的出台，为幼儿园实施科学保教提供了强有力的专业引领。

通过以上梳理，不难发现自2010年之后，政策法规文件的制定也体现了新的特点。一是文件出台密度大，数量多。有学者曾做过统计，结果显示从2010年至2018年出台的政策法规的数量超过了改革开放之后至2009年出台文件的总和。二是文件内容涉及面广，涉及学前教育发展的各个方面，既有宏观规划又有微观要求，既关注"量"的增加，又关注"质"的提升。三是文件制定针对性强，相关文件的出台较好地回应了实践中迫切需要解决的问题。比如困扰老百姓的"入园难""入园贵"的问题，在"国十条"颁布之后及一系列政策文件的推动下得到了有效缓解，而且相关政策法规文件的颁布与施行也逐步满足了公众对普惠性学前教育资源的需求。

以上几个时期体现了我国学前教育政策法规的发展历程，同时也折射了我国学前教育事业的发展历程。二者之间是相互联系、相互制约的。一方面学前教育事业的发展会推动学前教育政策与法规的出台，另一方面学前教育政策法规的出台又在引领、保障、推动学前教育事业的发展。

总体来说，伴随着立法理念与立法技术的不断进步，学前教育政策法规文件的制定越来越立足实践，越来越能满足公众的需求，也越来越与世界接轨，同时也越来越能体现以儿童为中心的基本理念，这些文件对促进、规范我国学前教育事业健康发展发挥了重要作用。

第三节 我国学前教育法规体系

近年来在依法治国、依法治教的背景下，国家也越来越重视学前教育事业发展的顶层设计及立法工作。总体来说，近年来学前教育法规内容日渐丰富，逐步形成了以《宪法》为依据、以《教育法》《民办教育促进法》《未成年人保护法》等为基础、以相应法规规章为补充的学前教育法规体系，且其正逐步成为我国教育法律体系中相对独立的部分。

一、我国学前教育法规体系的构成及纵向层级

我国现行学前教育法规体系主要由《宪法》、法律、法规及规章四个层面的法律法规构成，

依据《立法法》的规定，其纵向层级如下。

（一）《宪法》层面

如第一章所述，《宪法》是我国的根本大法，是一切法律、法规的渊源，任何法律、法规的制定都不得与其相违背。《宪法》中有关教育、学前教育的条款成了学前教育立法的依据，我国现行教育法律的制定无不展示出依宪之制。《宪法》第十九条规定："国家举办各种学校，普及初等义务教育，发展中等教育、职业教育和高等教育，并且发展学前教育。"依据该条规定及有关教育的其他规定，我国陆续颁布了《义务教育法》《教育法》《职业教育法》《高等教育法》等教育法律。《教育法》第一条这样表述，即"根据宪法，制定本法"，这充分体现了《宪法》对教育立法的引领作用。事实上，目前业已形成的《中华人民共和国学前教育法（草案）》，第一条就明确了其立法依据，即"根据宪法和教育法，制定本法"。

另外，《宪法》当中的其他规定也为学前教育立法提供了根本性、原则性的指导。比如第四十六条规定："中华人民共和国公民有受教育的权利和义务。国家培养青年、少年、儿童在品德、智力、体质等方面全面发展。"该条规定明确了公民接受教育的权利和义务，这为每一位儿童接受学前教育提供了最根本的法律依据，该条规定也体现在了《中华人民共和国学前教育法（草案）》第五条中。

总之，《宪法》当中有关学前教育的条款成了学前教育立法的根本性、原则性依据，为学前教育发展提供了最高层次的法律依据，是我国学前教育法规体系的重要组成部分。

（二）法律层面

目前，我国还未专门为学前教育立法，但现有的教育法律体系中，不少法律都有对学前教育的涉及。比如，《教育法》中对学校及其他教育机构、教师和其他教育工作者、受教育者等方面的规定，同样适用于学前教育，这为学前教育法律法规的制定提供了法律层面的依据。其他教育法律如《教师法》《民办教育促进法》等法律文件中也有对学前教育的涉及。

除以上法律文件外，其他法律中也有对学前教育的涉及。比如2020年修订、2021年6月1日起实施的《中华人民共和国未成年人保护法》就有对学前教育的涉及。第二十六条："幼儿园应当做好保育、教育工作，遵循幼儿身心发展规律，实施启蒙教育，促进幼儿在体质、智力、品德等方面和谐发展。"第二十七条："学校、幼儿园的教职员工应当尊重未成年人人格尊严，不得对未成年人实施体罚、变相体罚或者其他侮辱人格尊严的行为。"上述规定，为学前教育立法提供了法律上的指引，其本身亦是学前教育法规体系的重要组成部分。

（三）法规层面

法规主要包括行政法规和地方性法规，效力层级方面，前者要高于后者。行政法规方面，目前学前教育领域仅有一部，即1989年由国务院批准、国家教委颁发的《幼儿园管理条例》，它在学前教育领域具有最高的效力层级。除了专门性的行政法规之外，其他教育行政法规中也有关于学前教育的条款。如《教师资格条例》《民办教育促进法实施条例》《残疾人教育条例》《校车安全管理条例》等法规文件中均有对学前教育的涉及。

长期以来，我国学前教育的外部管理体制一直秉持着"地方负责，分级管理和各有关部门分工负责"的原则，因此地方政府一直承担着发展学前教育的主要任务。近年来，地方人民代表大会及其常务委员会，也制定了一系列的地方性法规，来保障、规范、引领当地学前教育事业发展。比如，近年来各地为规范学前教育发展，保障学龄前儿童、学前教育工作者及学前教育机构的合法权益而出台的学前教育条例，如《江苏省学前教育条例》《山东省学前教育条例》《杭州市学前教育促进条例》等。地方性法规的出台，对规范各地学前教育事业发展具有重要意义。地方性法规同样也是我国学前教育法规体系的重要组成部分。

（四）规章层面

学前教育领域的规章主要由部门规章和地方政府规章组成，两者效力层级一致。部门规章主要是由教育部或教育部联合其他部门颁发的有关学前教育的规章。近年来，教育部独自或联合其他部门颁发了一些有关学前教育的规章以规范学前教育的发展，如《幼儿园工作规程》《托儿所幼儿园卫生保健管理办法》等。地方政府规章主要是由地方人民政府制定的有关学前教育的规范性文件，是依据地方学前教育发展的现实需要而制定，或者是针对地方性的学前教育法规制定的较为详细的实施细则。比如《南京市学前教育管理办法》《武汉市学前教育管理办法》，均属于地方政府规章，以上文件为引领、规范当地学前教育事业发展发挥了较好作用。

以上四个层面，自上而下其效力层级越来越低，它们共同构成了等级有序的学前教育法规体系，为学前教育活动提供了系统的行为准则。

二、我国现有学前教育法规体系中存在的问题

尽管近年来，从中央到地方为推动学前教育事业健康、规范发展均制定了相应的法规文件，也取得了一定的成效，但总体来说现有法规体系中仍有一些不足，具体表现在以下几个方面。

（一）国家层面的法规规章层级较低，且约束力有限

如前所述，虽然《宪法》和一些法律中均有对学前教育的涉及，但一般较为笼统，并没有作细致的规定，可操作性不强。目前学前教育领域专门性的、效力层级最高的法规就是《幼儿园管理条例》，但它在教育法律体系中处于第三层级，效力不高。除了该行政法规之外，国务院各部门也制定了一些教育规章引领和约束学前教育发展。现行有效的规章有三部，分别是《幼儿园工作规程》《托儿所幼儿园卫生保健管理办法》《中小学幼儿园安全管理办法》，这些规章多是由教育部或教育部联合其他部门制定的，由于制定机关的级别不高，导致这些规章的法律约束力也较弱。

法规规章有限的法律约束力，导致了司法上一些有关学前教育的案件在判决时难以找到强有力的法律依据，案件一旦发生，也只能依据《幼儿园管理条例》或其他法律法规进行裁决。

（二）国家层面法规规章内容涵盖面不够，存在很多立法空白

现有国家层面制定的法规规章不仅数量少，其内容也相对局限。已有的法规规章内容较多集中在学前教育的管理方面，对学前教育领域的其他内容涉及较少。如《幼儿园管理条例》的内容较多是从政府管理幼儿园的角度提出的要求；《幼儿园工作规程》较多指向的是幼儿园内部管理的问题；《托儿所 幼儿园卫生保健管理办法》《中小学幼儿园安全管理办法》显然较多涉及的也是管理问题。内容的局限，导致了立法的空白，如学前教育的性质与地位、各级人民政府在发展学前教育中的责任、财政投入的保障机制、幼儿教师的法律地位与待遇等方面，在已有的法规规章中并未得到足够的重视及明确的规定，然而以上问题却是关系学前教育长远发展的关键性的甚至是核心性的问题。立法的空白，导致实践中无法可依，掣肘了学前教育领域的很多工作。

（三）地方性法规规章的制定缺少直接的法律依据且相互之间存在一定冲突

由于缺乏专门性上位法，即《中华人民共和国学前教育法》（以下简称《学前教育法》）的统

一规定，导致地方人民代表大会及其常务委员会、地方人民政府在制定有关学前教育的法规规章时，只能依据非专门性的法律或效力层级较低的行政法规。然而，非专门性法律，比如《宪法》《教育法》，其中涉及学前教育的内容较少，已有内容也只是对学前教育作了统领性、原则性的规定，实践性、操作性不足，地方立法难以"有法可依"。另外，就学前教育领域效力层级最高的《幼儿园管理条例》而言，其颁布时间距今已有30多年的时间，我国学前教育事业发展的大环境已经有了翻天覆地的变化，其中的某些内容显然也很难再为当下地方立法提供切实可行的依据。

由于缺乏上位法的统一规定，地方立法容易出现不一致甚至相互之间存在一定冲突的情况。比如对于学前教育性质的界定，不同地区的定位就有所差异。《北京市学前教育条例》将其界定为"学前教育是国家教育事业的组成部分"，而《江苏省学前教育条例》将其界定为"学前教育是国民教育体系的组成部分，是重要的社会公益事业"。再如关于办园体制的问题，《江苏省学前教育条例》这样规定"……实行政府主导、社会参与、公办民办并举的办学体制"，而在其所管辖的地级市制定的《徐州市学前教育管理条例》中却有这样的规定"学前教育机构以政府举办为示范，社会力量举办为主体，多种形式，面向全体学龄前儿童"。由此可见，上位法的缺失，造成了实践中的矛盾与困境。

三、我国学前教育法规体系建设的方向

立足于我国学前教育法规体系建设的基本情况，结合我国学前教育实践中面临的问题与困境，未来学前教育法规体系建设应遵循以下方向。

（一）尽快出台《学前教育法》，弥补法律空白

伴随着我国依法治国、依法治教的时代背景，我国教育法制化的进程不断加速且取得重大进展，形成了相对完善的教育法律体系，涵盖了义务教育、职业教育、民办教育、高等教育等各级各类教育，但唯独还未涵盖学前教育。尽管自21世纪初，教育部一直将学前教育立法工作作为年度工作要点，但至今《学前教育法》仍未能正式实施，可喜的是目前已有《中华人民共和国学前教育法（草案）》，且该文件已由国务院常务会议讨论并原则通过，并决定提交全国人民代表大会常务委员会审议，正式实施也许指日可待。

《学前教育法》的缺位，导致多年来困扰学前教育事业发展的体制机制问题、事关学前教育长远发展的关键性问题难以得到有效解决，从而在很大程度上阻碍了学前教育事业的发展。学前教育作为终身教育的开端、国民教育体系的重要组成部分，其重要性不言而喻，尽快完成立法不仅是必要的也是必需的。从国际经验来看，不少国家也非常重视通过立法来保障学前教育发展。因此，学前教育立法迫在眉睫。

一旦完成学前教育立法工作，学前教育领域中的很多工作便能够"有法可依"，多年来困扰甚至阻碍学前教育事业发展的关键性、深层次问题，也能够在一定程度上或彻底得以解决；法律的层级效力问题也能迎刃而解，法律空白也即将弥补。

因此，我国应尽快出台《学前教育法》，在为学前教育事业的发展提供强有力的法律保障的同时对"非法"行为予以震慑，真正为学前教育事业的发展保驾护航。

（二）配套法规、规章及时跟进，逐步构建完善的学前教育法律体系

完善的学前教育法律体系的构建，离不开国家层面及地方层面的共同努力。首先，伴随着《学前教育法》的出台，国务院及其各部门应及时根据上位法当中的具体条款出台实施细则，制定相应的法规及规章文件，以为地方学前教育立法提供更具操作性的依据。其次，地方人民代表

大会及其常务委员会、地方人民政府也应尽快依据上位法的规定，结合当地学前教育发展的实际需求，制定出适应当地的法规及规章文件，从而更好地促进当地学前教育的发展。

本章小结

学前教育政策与学前教育法规是国家管理学前教育事业的重要手段，它们具有各自的特点，两者之间既有区别也有联系。自1903年我国第一所官办幼稚园诞生以来，国家在不同的历史时期，均制定了相关的政策法规文件以引领与规范学前教育事业的发展，且体现了不同的特点。学前教育政策法规的发展历程，折射了我国学前教育事业发展的历程，两者之间相互制约、相互促进。

近年来，在各级人民政府的不断努力下，我国学前教育法规体系也初具特色与规模，但仍存在一些不足，如立法层级较低、约束力有限、存在立法空白等问题。尽快完成学前教育立法不仅是当务之急，同时也是完善我国学前教育法规体系的最优路径。

思考与练习

1. 对应于不同的发展时期，学前教育政策法规体现了怎样的特点？
2. 你认为影响学前教育政策制定的因素有哪些？请结合实际予以说明。
3. 阅读以下材料，分析学前教育政策法规的作用。

某幼儿园由于市政建设需要，被列为拆迁单位。幼儿园在施工期间有三年的周转期，需要另觅园舍。按照拆迁合同，负责拆迁工程的某房地产开发公司应为其提供周转园舍。经幼儿园方面实地考察，房地产开发公司提供的周转房不适合幼儿园使用。幼儿园园长认为，幼儿园园舍、场地应符合办园要求，所以必须有适合的办园场地，幼儿园才能搬迁；房地产开发公司则认为，幼儿园的做法妨碍了市政建设工程的进度。一时，双方争执不下，都向各自的主管部门和其他有关部门反映情况，寻求支持，相关的一些部门对此也有不同的看法。有的支持幼儿园的主张，有的认为幼儿园过于挑剔，应一切为市政建设的需要着想。最后，幼儿园方面以《幼儿园管理条例》和《幼儿园工作规程》的有关规定为依据，争取到了行政部门的支持，获得了由房地产开发公司提供的较为理想的周转房。

实践活动

观看纪录片《百年中国幼教》全集，了解我国学前教育发展的百年历程，梳理视频中所出现的政策法规文件，分析学前教育发展与政策法规文件之间的关系。

拓展资源

《中华人民共和国学前教育法（草案）》。

第三章 学前教育的政府职责

学习目标

① 理解学前教育的性质与功能,领悟学前教育的重要意义。

② 了解我国政府的教育管理职责,掌握我国政府发展学前教育的主要职责。

③ 感悟国家对学前教育事业的高度重视。

本章导读

教育是奠定"学生发展"与"人格成长"的基础。学前教育作为国民教育体系的重要组成部分，是每一个人终身学习的开端。近些年来，学前教育在世界范围内都受到越来越多的关注，许多国家积极采取措施，推动学前教育的发展。

本章将主要对学前教育的性质、意义与功能进行分析，对政府发展学前教育的主要职责进行介绍。希望读者在理解学前教育性质及功能的基础上，充分认识到学前教育的重要意义；通过对我国政府发展学前教育的主要职责的掌握，感悟国家对学前教育事业的高度重视。

思维导图

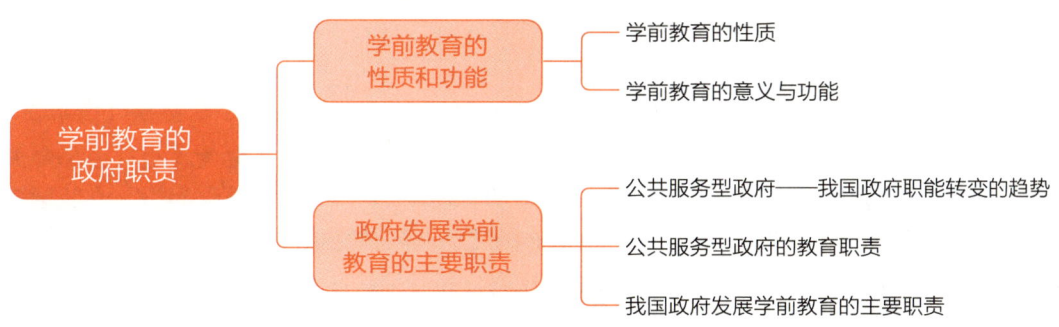

第一节 学前教育的性质和功能

学前教育是对3~6岁幼儿进行的教育、组织的活动和施加的影响，主要通过创设健康、丰富的生活和活动环境对幼儿实施保育和教育，促进幼儿的学习与发展。对学前教育的性质和功能的规定体现了一个国家对学前教育的重视程度，还体现了一个国家的教育发展水平和社会的文明与进步程度。

一、学前教育的性质

对学前教育的性质进行明确定位是明确学前教育发展方向和政府职责的重要基础。

我国有关学前教育的法规、政策明确了学前教育的两个基本性质：一是它是社会主义教育事业的重要组成部分；二是它是社会公共福利事业的重要组成部分。

（一）在学制系统中，学前教育是基础教育的组成部分

1. 学前教育是社会主义教育事业的重要组成部分，具有教育性

早在1951年10月，政务院发布的《中央人民政府政务院关于改革学制的决定》中规定了以下学制，即幼儿教育、初等教育、中等教育、高等教育。在随后的70多年里，学前教育作为我国社

会主义教育事业的重要组成部分这一性质始终没有改变。

1979年颁布的《城市幼儿园工作条例（试行草案）》明确规定：幼儿教育是社会主义教育事业的组成部分，是培养有社会主义觉悟的有文化的劳动者的基础。

1982年制定的《中华人民共和国宪法》第一章第十九条规定："国家发展社会主义的教育事业，提高全国人民的科学文化水平。国家举办各种学校，普及初等义务教育，发展中等教育、职业教育和高等教育，并且发展学前教育。"《宪法》先后进行了五次修正，但在根本法层面上始终坚持了学前教育是我国社会主义教育事业的重要组成部分这一主张。1995年我国颁布的《中华人民共和国教育法》第十七条规定了国家实行学前教育、初等教育、中等教育、高等教育的学校教育制度，这是从基本法层面上明确了学前教育与初等教育、中等教育、高等教育的并列地位。2021年修订的《中华人民共和国教育法》，仍然在第十七条明确了学前教育作为我国教育制度的重要组成部分，对普及基础文明、提高人口素质、增强综合国力具有不可替代的重要作用。2010年11月21日，国务院发布的《国务院关于当前发展学前教育的若干意见》提出了十条意见，从终身教育的视角再次明确"学前教育是终身学习的开端，是国民教育体系的重要组成部分，是重要的社会公益事业"。在2018年11月7日发布的《中共中央 国务院关于学前教育深化改革规范发展的若干意见》中，仍是在开篇便强调"学前教育是终身学习的开端，是国民教育体系的重要组成部分，是重要的社会公益事业"。

2. 学前教育是基础教育的初始阶段，具有基础性

1995年1月，李瑞环同志在全国政协八届常委会第九次会议上发表题为《全社会都要关心和支持基础教育》的讲话，指出"基础教育，包括学前教育、小学教育和中学教育，在我国教育事业中占有十分重要的地位"。2001年教育部颁布的《幼儿园教育指导纲要（试行）》指出："幼儿园教育是基础教育的重要组成部分，是我国学校教育和终身教育的奠基阶段"。2003年1月国务院办公厅转发教育部等部门（单位）的《关于幼儿教育改革与发展的指导意见》指出："幼儿教育是基础教育的重要组成部分，发展幼儿教育对于促进儿童身心全面健康发展，普及义务教育，提高国民整体素质，实现全面建设小康社会的奋斗目标具有重要意义"。2016年1月5日，教育部公布的《幼儿园工作规程》第二条再次明确"幼儿园教育是基础教育的重要组成部分，是学校教育制度的基础阶段"。

首先，从学前教育担负的任务来看，学前教育阶段保育和教育相结合，对幼儿实施德智体美劳全面发展的教育，促进其身心和谐发展，承担着为培养造就一代新人打好基础的任务，这在性质上决定其属于基础教育。其次，从学前教育的对象来看，学前教育是对3~6岁学龄前儿童实施保育和教育，按年龄阶段划分，是后面年龄阶段发展的基础，属于基础教育。

（二）从社会的影响看，学前教育是重要的社会公益事业

1. 学前教育源于鼓励和服务就业，具有福利性

学前教育不同于中小学教育的特点之一就是在教育之外具有提供托幼服务、鼓励和促进就业的社会服务职能，具有福利性。

我国的学前教育是以福利性为起源的。中华人民共和国成立之初，由于社会建设的需求，国家各行各业都需要劳动力。为了支援国家建设，方便职工安心地工作，解除他们的后顾之忧，相关方面尤其是教育部门和其他各部门，纷纷举办幼儿园，幼儿入园完全免费或只支付少量伙食费。按照1952年《幼儿园暂行规程（草案）》中"市、县所办幼儿园的经费，由市、县人民政府在地方教育事业费内统筹统支。其他公办和私立幼儿园的经费，由设立者或者董事会供给"的规定，当时的幼儿园具有突出的福利性质。学前教育事业获得了迅猛的发展。

随后，我国学前教育的法规文件中都规定了学前教育的社会公共福利性质。1979年，中共中央、国务院转发的《全国托幼工作会议纪要》提出：各级教育、卫生部门举办的幼儿园、托儿所经费以及其他活动所需费用分别由教育事业费和卫生事业费列支。各企业、事业、机关、部队举办的园所的经费，由各主办单位自行解决。对于民办园所，在经费来源中，一个重要的组成部分是"孩子家长所在单位，向送托园所交管理费"。这也充分体现了学前教育的福利性质。1987年，国务院办公厅转发了《关于明确幼儿教育事业领导管理职责分工的请示》，其中明确提出："幼儿教育是社会主义教育事业的重要组成部分，是我国学校教育的预备阶段，同时又是一项社会公共福利事业"。1996年，在正式施行的国家教委颁布的《幼儿园工作规程》中明确指出"任何组织和个人举办幼儿园不得以营利为目的"。

2. 学前教育涉及社会公共利益，公共性、公益性特征突出

美国公立教育之父贺拉斯·曼（Horace Mann）认为，教育特别是基础教育，从教育目标到教育内容都应以培养公共理性与公共精神为要务。随着学前教育事业的不断发展，学前教育的教育对象越来越广阔，开始面向和服务于全体社会成员，以社会共同价值利益为目标，促进幼儿各方面的健康发展。作为我国社会主义教育事业重要组成部分的学前教育，涉及广大社会公众、国家公共财政以及社会资源的使用，影响社会成员共同的必要利益。因为学前教育通过对幼儿实施保育和教育，为幼儿家长工作提供便利，从某种程度上解放了部分生产力，其所带来的利益并不是由幼儿家长个人单独享有，而是全社会共同受益。人们逐渐认识到了学前教育的公共性。进入现代社会的学前教育，不仅是家庭的职责，更是培养现代社会合格公民的重要途径，科学的学前教育能深入社区与家庭，有效地提高人口素质和生活水平，在根本上以教育手段促进社会现代化进程，对构建社会主义和谐社会并深入推进具有重要意义。鉴于对学前教育公共性的深刻认识，我国2010年颁发的《国家中长期教育改革和发展规划纲要（2010—2020年）》提出在未来的十年中，积极发展学前教育，到2020年，普及学前一年教育，基本普及学前两年教育，有条件的地区普及学前三年教育。2010年国务院颁发的《国务院关于当前发展学前教育的若干意见》明确提出"大力发展公办幼儿园，提供'广覆盖、保基本'的学前教育公共服务"。这正是学前教育公共性的重要体现和内涵。

基于对学前教育公共性的认识，学前教育的公益性特征备受重视。早在1987年国务院办公厅转发的《关于明确幼儿教育事业领导管理职责分工的请示》中就明确提出了："幼儿教育是社会主义教育事业的重要组成部分，是我国学校教育的预备阶段，同时又是一项社会公共福利事业"。2003年《关于幼儿教育改革与发展的指导意见》也明确指出："国务院教育部门会同财政部门和价格主管部门，按照不以营利为目的的原则，制定幼儿园（班）收费管理办法"。2010年《国务院关于当前发展学前教育的若干意见》进一步提出："发展学前教育，必须坚持公益性和普惠性，努力构建覆盖城乡、布局合理的学前教育公共服务体系，保障适龄儿童接受基本的、有质量的学前教育；必须坚持政府主导，社会参与，公办民办并举，落实各级政府责任，充分调动各方面积极性"。自2011年起我国连续实施了三期学前教育三年行动计划，每一期都以"坚持公益普惠"为基本原则。2019年中共中央、国务院印发了《中国教育现代化2035》，再次强调"扩大普惠性学前教育资源""实现学前教育全覆盖"。2021年由教育部等九部门印发的《"十四五"学前教育发展提升行动计划》也再次强调了"强化公益普惠"的基本原则。这充分说明，学前教育是我国公共服务体系的重要组成部分。我国倡导学前教育的社会公益性，致力于发展公益性的学前教育事业。

> **拓展阅读 3-1**
>
> 学前教育这十年：公益普惠底色更加鲜明
>
> 　　人生百年，立于幼学。中国共产党第十八次全国代表大会以来，学前教育改革发展牵动千家万户。
> 　　"这十年，我国学前教育取得跨越式发展，普及水平位列世界中上行列，广大适龄幼儿享有公平接受学前教育的机会；这十年，学前教育资源发生格局性变化，公益普惠底色更加鲜明，人民群众幸福感、获得感显著增强；这十年，学前教育治理体系不断完善，办园水平显著提升，为提高国民素质、建设教育强国奠定了坚实基础；这十年，学前教育始终立足国情、勇于创新，创造了中国特色的学前教育发展经验，为世界贡献了中国方案。"
> 　　在4月26日教育部召开的首场"教育这十年""1+1"系列发布会上，教育部基础教育司司长吕玉刚如是总结。
> 　　资料来源：靳晓燕. 学前教育这十年：公益普惠底色更加鲜明［N］. 光明日报，2022-04-28（8）.

二、学前教育的意义与功能

（一）学前教育的意义

　　学前教育作为国民教育体系的重要组成部分，对人的终身学习和发展具有重要意义。
　　2010年国务院颁发的《国务院关于当前发展学前教育的若干意见》中，连续用三个"关系"阐明了学前教育的意义，指出学前教育"关系亿万儿童的健康成长，关系千家万户的切身利益，关系国家和民族的未来"，肯定了学前教育在国计民生中的重要位置。中国共产党第十九次全国代表大会报告继续视学前教育为重要的民生问题，将"幼有所育"纳入习近平新时代中国特色社会主义思想和基本战略，强调要"办好学前教育"。

（二）学前教育的功能

　　功能是指某一活动或社会系统所发挥的作用。教育作为一项培养人的社会实践活动，通过对人的发展作用的发挥从而促进社会的发展。因此，个体发展功能和社会发展功能是教育功能的两个构成部分。其中，促进个体发展的功能是教育的本体功能，促进社会发展的功能是教育的派生性功能。本体功能的实现是派生性功能实现的基础。学前教育的功能则是教育功能在学前教育领域的具体化。

1. 学前教育的个体发展功能

　　人的存在是教育存在的根据，是社会存在的依托。学前教育应首先关注人的发展、人的价值。学前教育的个体发展功能主要是指学前教育在个体发展中所发挥的功能和效用。
　　台湾地区学者王连生曾将学前教育的个体发展功能概括为以下几个具体方面：促进幼儿身体安康，以建立其健全的生理的我；保持幼儿的情感健康，以树立其健全的情感的我；增进幼儿社会发展与道德判断力，以建立其健全的社会的我；发挥幼儿创造力，以确立其健全的创造的我；发展幼儿语言技能与心理能力，以稳固其健全的认知的我。由此可以看出学前教育的个体发展功能的全面性，即学前教育有助于促进学前儿童在身体、认知、情感和社会性等方面健康全面和谐地发展。

（1）学前教育的个体保育功能

　　学前期的个体处于生命发展初期阶段，身体各种器官、各个系统的机能还没有发育成熟。这一时期的个体独立性差，饮食起居都需要成人的妥善安排和照料，并且他们免疫能力较低，防病能力较差，稍不注意就容易患病，而且患病后全身反应比较强烈。同时，这一时期的个体由于年龄小，生活经验少，活动能力、自我控制能力、生活自理能力、安全意识和自我保护能力都比较弱，需要成人提供合理的饮食，安排合理的生活作息，给予他们精心的照料和细心的呵护，给他们提供较好的成长环境，保护他们的身体免受伤害，满足他们内心对安全的需求，促进他们身心健康成长。

（2）学前教育的个体认知发展功能

学前期是个体认知发展较为迅速的时期，也是为个体记忆力、推理能力、语言表达能力等认知能力发展奠定基础的重要时期。学前期的个体具有巨大的学习潜力，但关键期内个体发展的各种潜能要得到应有的发展，离不开早期教育。

早期良好的学前教育对儿童各方面认知能力的发展会起到积极的促进作用，这种影响是长期的且会持续到成年期。在学前阶段，根据儿童身心发展的特点和身心发展实际水平，在儿童不同方面发展的关键期，为儿童提供适宜的环境和适当的刺激，有助于促进儿童某一种能力得到充分的发展，为个体认知能力的发展奠定良好基础。

（3）学前教育的个体情感和社会性发展功能

学前期是个体发展的启蒙阶段，对个体终身发展起着奠基作用。德智体美劳全面发展是我国多年来一直坚持的教育目的，这就决定了学前教育也必须着眼于个体的全面发展。教育是促进个体社会化的过程，这就要求学前教育不仅要关注个体认知的发展，还必须重视个体情感的发展及健全人格的培养。学前期是个体社会性发展的重要时期，能够为个体道德品质、人际交往能力等方面的发展奠定基础，对其一生社会性的健康发展和身心和谐发展具有重要意义。如果个体在学前期没有形成良好的社会行为及人格品质，后继阶段的社会性发展就会出现困难。

2. 学前教育的社会发展功能

学前教育的社会发展功能是学前教育的派生性功能。这一功能表现在学前教育对其他社会子系统的作用，包括人口、政治、经济、文化等。学前教育所承担的社会发展功能是指学前教育对社会发展所具有的作用，主要表现为学前教育能满足社会政治、经济、文化等方面的发展需要，影响社会的发展。

（1）学前教育的政治功能

学前教育的政治功能主要表现在促进政治民主化上。学前期儿童可塑性强，接受新事物较快，同时他们生活经验少，掌握的知识也少，自我学习的能力较差，其成长在很大程度上受教育环境以及成人期待和社会期待的影响。家长和教师可通过游戏及其他儿童喜爱的形式，使儿童掌握民主、合作、分享等规则，从而培养儿童的社会适应能力，以此为更好地满足社会对人才培养的需求奠定良好基础。此外，学前教育还可通过对"弱势儿童"的关注，给他们提供相应的照顾，从而在处境不利人群中消除贫困，促进社会民主的发展，促进社会公平，维护社会的稳定。

（2）学前教育的经济功能

学前教育是基础教育的基础。一些教育家和心理学家的研究表明，提高人口素质不只是在入小学后的教育，很重要的是在入小学前的教育。20世纪60年代以来的脑科学、心理学、教育学、社会学等学科众多的研究成果也揭示了学前教育对人的能力的发展具有长期的积极效应，可以提高其未来的生产能力，进而促进经济增长。全国人民代表大会常务委员会原副委员长、中国民主促进会中央主席许嘉璐在百年中国幼教纪念大会上提出："人才培养的当务之急，就是把素质教育的视线，按照它本来的规律延伸到儿童出生的那一刻"。学前教育在提高劳动力的素质及促进社会经济发展上的作用越来越为人们所重视。现代社会经济的增长证明了人力资本是经济增长的关键，教育是形成人力资本的重要因素，而学前教育更是形成人力资本的首要的、关键的因素。学前教育由专业人员有目的、有计划地对儿童施加影响，促进儿童全面发展，为其进入小学打下良好的基础，为儿童以后的发展做好铺垫。学前教育的经济功能不仅表现在为提高劳动力素质、提升国家的公民素质、提高整个民族的文化和道德素养奠定基础上，还表现在解放妇女劳动力方面。由于传统角色定位及妇女和儿童的天然联系，妇女在家庭中担负着养育儿童的主要职责。学前教育机构的出现解除了妇女的后顾之忧，使她们有充沛的精力投入工作和学习之中。这不仅有助于提高妇女就业机会，促进男女平等，促进社会经济发展，还有助于打破"一代贫困，代代贫困"的恶性循环，降低贫困人口数量，降低社会救助费用。

（3）学前教育的文化功能

现代社会，各级各类教育都受到文化的影响，反过来也影响文化的传承和发展，学前教育也不例外。

首先，学前教育具有保存和传递文化的作用。现代社会，随着信息化、全球化的趋势日益扩展，文化多样性成为不争的事实。如何引导儿童了解中国文化与外国文化、传统文化与现代文化的关系十分重要。学前期，引导儿童热爱本民族文化和传统文化，对其将来正确处理文化多样性背景下的诸多矛盾，具有奠基性意义。

其次，学前教育具有选择和传播文化的功能。人类文化源远流长、浩瀚无涯，学前教育的内容只能选取人类文化中的一部分内容，而不是全部内容。选择什么样的内容教育儿童，其实也就是选择什么样的文化对儿童进行教育的问题，这对文化的传播有着直接影响。根据儿童身心发展规律，选取那些科学的、有利于儿童身心健康成长的内容，将优秀传统文化传递给儿童，以培养儿童真善美的人格。儿童接受和内化这些文化，其言行举止又成为优秀传统文化的直接传播载体，促进优秀传统文化的传播。

最后，学前教育具有创新文化的功能。学前教育在保存和传递文化的过程中，把已有的社会文化财富内化为受教育者个体的精神财富，变为他们的知识、才能、信仰和思维能力、实践能力，使其具备创新文化的能力和个性，进而推动文化的发展和更新。当然，学前儿童对文化创新的表现并不明显，这是一个长期的逐步显现的过程。

第二节　政府发展学前教育的主要职责

公共性是学前教育的基本属性。作为国民教育体系的重要组成部分、基础教育的奠基阶段，学前教育是一项关系亿万儿童、千家万户、国家和民族未来的公益事业。政府是提供公共服务的主要部门，明确和落实政府责任是学前教育事业健康发展的重要保证。

针对近年来各级人民政府对发展学前教育的职责认识不够明确、落实不力的现状，《国家中长期教育改革和发展规划纲要（2010—2020年）》提出了"明确政府职责"，《中国教育现代化2035》又将"实现基本公共教育服务均等化"作为推进中国教育现代化的十大战略任务之一，提出"努力让全体人民享有更公平的教育"，同时还提出了"推进教育治理体系和治理能力现代化"，要求"提升政府管理服务水平"。这表明政府职责的明确与落实是改革当前学前教育的管理体制、解决学前教育事业发展中的突出问题、加快学前教育普及和提高学前教育质量、促进学前教育事业健康发展的关键所在。

一、公共服务型政府——我国政府职能转变的趋势

（一）政府职能

政府职能也叫行政职能，是指国家行政机关作为国家管理的执行主体，在依法对国家政治、经济

和社会公共事务进行管理时应承担的职责和所具有的功能。政府职能体现了公共行政活动的基本内容和方向，是公共行政本质的反映。政府职能是公共行政的核心内容，直接体现公共行政的性质和方向。

（二）政府的公共服务职能

政府职能转变是行政管理体制和机构改革的关键。2003年，中国共产党第十六届中央委员会第三次全体会议上明确提出，适应社会主义市场经济体制的政府职能是"经济调节、市场监管、社会管理和公共服务"。在这四项职能中，公共服务是现代政府的主要职能，而且从根本上说，经济调节、市场监管和社会管理的最终落脚点也在于为社会和公众提供服务。可以说，公共服务型政府的本质在于"为社会、公民服务是政府的价值体现，增进社会福祉是政府的价值取向"。

2007年，中国共产党第十七次全国代表大会上的报告指出要加快行政管理体制改革、建设服务型政府，着眼于推动科学发展、保障和改善民生，加大机构整合力度，探索职能有机统一的大部门体制后，建设公共服务型政府成为我国政府职能转变的趋势。2008年，中国共产党第十七届中央委员会第二次全体会议通过了《关于深化行政管理体制改革的意见》和《国务院机构改革方案》，提出要遵循精简统一效能的原则，按照决策权、执行权、监督权既相互制约又相互协调的要求，建设服务型政府，到2020年建立起比较完善的中国特色社会主义行政管理体制。2013年，中国共产党第十八届中央委员会第三次全体会议通过的《中共中央关于全面深化改革若干重大问题的决定》中提出"加强中央政府宏观调控职责和能力，加强地方政府公共服务、市场监管、社会管理、环境保护等职责"，第一次把"公共服务"提升到地方政府职责的最前列。2017年，中国共产党第十九次全国代表大会上的报告提出，转变政府职能，深化简政放权，创新监管方式，增强政府公信力和执行力，建设人民满意的服务型政府。伴随着经济社会结构转型，立足新发展阶段，贯彻新发展理念，构建新发展格局，推动高质量发展，我国提出了2035年基本实现现代化的目标，对完善政府经济调节、市场监管、社会管理、公共服务等方面的政府职能提出了新的时代需求。为适应这一发展趋势，要将强化政府公共服务职能摆在突出位置，深化行政体制改革。

二、公共服务型政府的教育职责

（一）公共服务型政府的主要职能

公共服务型政府是指按照社会和公众的意愿和需要提供公共产品和服务的政府，其根本目标是满足公众的利益需求。政府职能以提供公共服务为主，更强调公共服务的提供要按照公众的意愿。政府的公共服务职能是指政府直接或间接地提供公共产品和服务以满足社会和公众需求的职责和功能。公共服务型政府的基本职能是为社会和公众提供公共产品和公共服务，而且应只限于这一范围。政府职能如果超出这一范围介入私人产品的生产，不仅会造成生产的低效率和社会资源的巨大浪费，还会破坏市场竞争的公平性、侵犯社会成员的财产权等基本权利。公共服务型政府的主要职能有以下几个方面。

1. 提供公共制度

公共服务型政府是秩序化和制度化的政府，必须为公众和社会提供秩序制度，也就是要确立权威的制度框架或者制度模式，包括法律制度、政治制度、财产权制度、财政制度、市场经济制度、教育制度、社会保障制度等。服务型政府最好和最大的服务就是良好的制度供给。

2. 提供公共政策

政府从公共性的角度出发，为解决社会稳定发展和经济可持续发展等问题制定的政策就是公共政策，如环境保护政策、社会保障政策、义务教育政策、金融政策、财政政策等。在基本制度确立以后，政府的主要服务就是提供良好的公共政策。

3. 提供公共产品

非竞争性等特征决定了公共产品不能通过市场解决，而只能由政府来提供。比如大江大河的整治、桥梁的建造等，如果由非政府力量供应，要么供应不足，要么利用不足。再如国防、立法和司法等，如果由非政府力量来提供，可能成为少数强势集团谋取私利的工具，从而损害大多数人的利益，危害国家安全。

4. 实施具体的公共服务行为

公共服务是政府机关及其工作人员满足社会公共需要、提供公共产品时的各类具体劳务行为的总称。政府提供的具体公共服务主要包括基础公共服务、经济公共服务、公共安全服务、社会公共服务。如公办教育、公办医疗都属于社会公共服务。

（二）我国政府的教育职责

自中华人民共和国成立以来，党和政府一直重视教育工作，对教育工作进行管理，促进了我国教育事业的发展。因此，教育职责一直是我国政府职能的重要组成部分。2007年，中国共产党第十七次全国代表大会上的报告中明确提出："必须在经济发展的基础上，更加注重社会建设，着力保障和改善民生，推进社会体制改革，扩大公共服务，完善社会管理，促进社会公平正义，努力使全体人民学有所教、劳有所得、病有所医、老有所养、住有所居，推动建设和谐社会"。因此，"办人民满意的教育"就成为政府义不容辞的责任。

1. 教育职责是我国公共服务职能的重要组成部分

首先，我国人民民主专政的社会主义国家性质，决定了人民是国家的主人，这就要求国家机构必须按照全心全意为人民服务的宗旨、遵循让人民满意的原则来履行教育职责。教育是民族振兴的基石，教育公平是社会公平的重要基础，享受教育权、享受公平的教育、享受优质的教育，是民众的共同愿望，也是重要的民生问题，教育职责是政府必须承担起的责任。

其次，教育可以通过让受教育者学到知识、提高能力来增强个人在未来社会活动中的竞争力，因此，教育产品具有竞争性和排他性。但是，教育产品在给受教育者带来利益的同时，还有相当大的一部分利益通过受教育者"外溢"给了社会。因此，教育产品既具有私人产品的属性，又具有公共产品的属性，被称为准公共产品，具有积极的公益性。其中，义务教育属于公共产品，对全社会具有较大的外部经济性，属于政府职能和财政供给范围，政府对义务教育的发展负有不可推卸的责任。义务教育之外的其他教育，作为准公共产品，也因教育的自身特性决定了政府必须承担职责。

2. 我国政府的主要教育管理职责

目前，我国政府管理教育的方式从直接管理转变为间接管理，从经验管理转变为科学管理。因此，教育管理手段应从单一的行政指令转变为规划、立法、拨款和必要的行政手段等多种手段的结合。

（1）制定和落实教育发展规划

为了推进教育的良性发展、满足受教育主体的发展需要，国家根据教育形势的变化及时制定了教育发展计划和相应的教育政策。从20世纪80年代开始，我国先后颁布了《中共中央关于教育体制改革的决定》《面向21世纪教育振兴行动计划》《中共中央 国务院关于深化教育改革全面推进素质教育的决定》《国家中长期教育改革和发展规划纲要（2010—2020年）》《中国教育现代化2035》等。借助这些教育发展计划和相应的教育政策，通过各级教育行政部门的落实，国家正在逐步解决我国由教育大国发展为教育强国、巩固提高义务教育、实现各类教育协调发展、构建终身教育体系和学习型社会、改善处境不利地区及人群的教育环境和条件等问题。

（2）完善和推进教育法治

教育法制是一个国家制定的有关教育的法律和制度的总和。教育法制的目的在于解决"有法可依"的问题。中华人民共和国成立以后，我国教育法制建设不断推进。尤其是1978年以来，颁布了一系列重要的教育法律、法规，先后制定了《学位条例》《义务教育法》《未成年人保护法》《教师法》《教育法》《教师资格条例》《高等教育法》及《民办教育促进法》《家庭教育促进法》等法律和多项教育行政法规。此外，国家教育部门在其职权范围内发布了很多的教育规章。这些法律、法规、规章的出台为促进各级各类教育的发展提供了重要的法律保障。

2014年，中国共产党第十八届中央委员会第四次全体会议通过的《中共中央关于全面推进依法治国若干重大问题的决定》指出"法律的生命力在于实施，法律的权威也在于实施"。因此，全面推进依法治教，重点就在于保证教育法律严格实施，只有实现从教育法制到教育法治的转变，才能使已有的教育法律、法规、规章发挥应有的作用。教育法治就是教育治理的法治化，具体而言，教育法治就是以法治思维解决教育领域中的管理问题、教育问题，即一切教育管理和改革都要依据法制执行。教育法治的目的在于解决"有法必依、执法必严、违法必究"的问题。"法律主权在民、法律面前人人平等、依法行政、程序正当"等都是教育法治的价值追求和当然目标。由于教育同社会各个方面联系比较复杂，在用法律手段处理教育关系时，往往存在着执法主体不明、监督不力的现象，这就更需要通过教育法治来加以完善和规范。

（3）保障教育投入

教育的公共性属性也决定了国家在教育投入上的保障职责。《教育法》规定，国家建立以财政拨款为主、其他多种渠道筹措教育经费为辅的体制，逐步增加对教育的投入，保证国家举办的学校教育经费的稳定来源。国家财政性教育经费支出占国民生产总值的比例应随着国民经济的发展和财政收入的增长逐步提高，各级人民政府教育财政拨款增长应当高于财政经常性收入的增长，并应按在校学生人数平均的教育费用逐步增长，保证教师工资和学生生均公用经费逐步增长。

目前，我国教育经费来源整体上可分为两部分，即国家财政性教育经费和非财政性教育经费。国家财政性教育经费主要包括公共财政预算教育经费，各级政府征收用于教育的税费，企业办学中的企业拨款，校办产业和社会服务收入用于教育的经费，其他属于国家财政性教育经费。非财政性教育经费主要包括社会团体和公民个人办学经费、社会捐（集）资办学经费、学杂费等。从投资来源上看，我国教育投资仍是以政府财政投入为主，国家仍是我国教育投入的主要保障主体。

（4）实施教育行政管理和监督

中华人民共和国成立后的很长时间内，我国教育行政管理体制的特点是中央高度集中，各级人民政府的教育管理权力和教育责任缺乏必要的法律划分，脱离了各地经济和社会发展不平衡的实际，束缚了地方政府和人民群众发展教育事业的积极性。在教育行政权的行使上，主体分散，政出多门，教育行政部门以外的其他行政部门承担了大量的教育行政管理职能，教育行政部门难以做到统筹规划和管理。基于此，1995年的《中华人民共和国教育法》对我国教育行政管理体制作了明确规定，确定了"分级管理、分工负责"的教育行政管理体制。中央和地方在教育事业上的管理权限和责任有原则划分，各级人民政府依法对教育负有不同的管理职能，同一级政府内部、各部门根据不同的职能分工，对教育事业发展负有不同的管理责任。

从法定教育责任划分情况看，我国实行以政府办学为主体、社会各界共同办学的体制。在现阶段，基础教育以地方政府办学为主；高等教育以中央、省（自治区、直辖市）两级政府办学为主，社会各界广泛参与办学；职业教育和成人教育实行在政府统筹管理下，主要依靠行业、企业、事业单位办学和社会各方面联合办学。

1995年的《中华人民共和国教育法》确立了我国实行教育督导制度。各级教育督导部门依据国家的教育方针、政策和法规对下级教育行政部门和学校进行视察、监督、评价、帮助和指导。教育督导作为教育行政监督环节，通过履行监督、检查、评估、指导职能，督促各级人民政府依法履行教育责任、各类学校贯彻教育方针等。通过教育督导，制止违规行为，帮助和指导下级部门的工作，促进教育事业的发展。

三、我国政府发展学前教育的主要职责

我国政府的教育职责和学前教育自身的特点，是确定我国政府发展学前教育职责的主要依据。

（一）完善学前教育法规体系，合理规划学前教育事业发展

服务型政府的基本职能在于为社会提供公共服务。学前教育是基础教育的初始阶段，具有突出的基础性特征。学前教育事业的发展与规划，是现代公共服务体系的重要组成部分，政府应作为学前教育事业发展的主导者，根据我国教育事业发展的整体蓝图，结合学前教育实际，制定学前教育的发展计划和相应的教育政策，完善学前教育领域的相关法规，为推进学前教育事业的健康发展，满足受教育主体对学前教育的需求提供方向引领、政策依据和法律保障。

当前我国学前教育发展中仍存在诸如学前教育发展较其他层级教育发展相对滞后，不同地区间、区域内及城乡学前教育发展不平衡等问题，政府部门要在高度重视的基础上，借助科学合理的学前教育发展的整体规划和专项规划，以及相应的学前教育政策法规，通过各级教育行政部门的落实，促进学前教育资源的均衡，改善贫穷儿童、残疾儿童、留守儿童、流动人口儿童等处境不利人群的学前教育环境和条件，保障所有幼儿享受平等的受教育权利，让学前教育惠及全体适龄儿童，更好地推进我国学前教育事业的健康发展，为实现我国各类教育协调发展，促进我国由教育大国发展为教育强国奠定良好基础。

（二）贯彻落实学前教育政策法规，确保学前教育投入

教育经费是教育事业又好又快发展的重要基础。各级人民政府依法多渠道筹措教育经费，规范教育收费行为，加强教育经费管理，用足、用好有限的教育经费，才能有效地促进教育事业的健康发展。

办学经费不足是长期以来制约学前教育发展的重要因素。政府作为发展学前教育的第一责任人，要合理使用公共财政，以公共财政为基础，着力扩大学前教育经费筹集渠道，建立完善的支撑学前教育健康发展的经费保障制度。各级人民政府须将学前教育的经费纳入财政预算，按照省级人民政府确定的定额标准，统筹安排生均公用经费并及时足额拨付，确保幼儿园正常运转；将维护、改造和建设农村学前教育机构校舍纳入社会事业发展和基础设施建设规划，把所需经费纳入政府预算；并不断加大资金投入，实现教育拨款的增长高于财政经常性收入的增长，生均预算内教育事业费逐年增长，不低于省或市规定的基准定额；构建扶持民办幼儿园的发展促进机制；同时，鼓励和引导社会各界和人民群众捐资助学，通过多种途径扩大学前教育经费筹集渠道，扩充学前教育资源。建立有效的保障和监督机制，规范学前教育收费行为，确保学前教育经费的合理使用，严禁截留、挤占和挪用学前教育经费的不良现象。

（三）加强学前教育行政管理，规范学前教育办学行为

各级人民政府有关部门的学前教育行政管理职责的有效履行，是学前教育事业健康发展的重要条件之一。其中，各级教育行政部门是政府管理各类教育的职能部门，也是政府教育行政管理职能的主要实施者。各级教育行政部门作为政府主管教育事业的职能部门，其主要职责是按照国家的教育发展战略，研究拟订符合实际的教育发展战略，全面贯彻落实党的教育方针和国家的各项教育政策；研究制定教育事业发展规划，拟订教育事业的发展重点、规模、速度和步骤，并予以实施。

统一规划与居住人口相适应的学前教育机构设施，拟定有关学前教育机构卫生保健方面的法规和规章制度等，对区域内的学前教育资源进行统筹规划、合理配置。充分发挥管理者的职能，

建立健全学前教育服务准入、评估和指导制度，完善学前教育办园标准，规范学前教育机构资质的审查、审批，对学前教育机构的教育工作、卫生保健工作等具体的办学行为进行监督和指导，规范学前教育办学行为，通过有效的制度措施不断提升学前教育质量。

（四）完善学前教育管理体制，改善学前教育大环境

教育行政部门应该从实践出发，不断完善学前教育的管理体制和办学机制，以推动学前教育事业的发展更好地满足人民群众日益增长的学前教育需求。将改善学前教育大环境作为一项系统工程，采取有效的制度举措，加大对学前教育机构基础设施改造工程建设，改善办学条件；调整区域范围内的教育层次、教育类型等结构和学校布局，以优化教育资源，促进学前教育的均衡发展；确定科学合理的学前教育机构教师配备和编制标准、相关待遇，优化教职工队伍结构，通过对教师、园长进行培训和继续教育等多种形式、多种渠道推动教师专业化，为学前教育发展提供充足的、有质量的教师资源，促进学前教育健康有序发展。

（五）有效地进行监督和评估，提升学前教育质量

监督和评估机制能够有效地推动学前教育的发展，是提升学前教育质量和效率的重要保障。政府一方面要加强对各级部门的监督和领导，要将学前教育的发展情况纳入考评指标体系之中，从外部环境上确保其能够保质保量地履行所肩负的保障学前教育健康发展的职责；另一方面要对学前教育机构加强监管，尤其是对安全工作和收费进行监管，促进学前教育管理的规范化和科学化。同时完善学前教育质量考核评价体系，对学前教育具体实施情况进行客观评价，对幼儿教师综合素质进行考核，以推动学前教育的良性发展，不断提高学前教育质量。

拓展阅读 3-2

明确和落实政府责任是我国学前教育事业发展的关键

从我国学前教育发展进程来看，学前教育事业发展无序、公众需求难以得到满足的地区，往往出现政府职能的缺位和错位。20世纪80年代以后，一些地方政府以学前教育为非义务教育为名，推卸发展学前教育责任，出现了甩包袱、减投入、将幼儿教育推向市场的做法。政府缺乏对学前教育的系统管理、缺少财政经费的投入，导致幼儿园从举办到质量都存在失范现象，公办幼儿园数量少，大部分幼儿园办园成本由家长承担，入园难、入园贵问题日益突出。政府错位则体现为一些政府行为偏离了推进学前教育事业健康发展的方向，偏离了促进学前教育公益普惠的宗旨。又或者各级政府权责不明，事权与财权不匹配，影响地方发展学前教育的意愿和能力。政府职责不明确、政府责任约束机制不健全是造成政府职责不到位的重要原因。明确和落实政府责任将为学前教育事业持续健康发展提供根本保障。

本章小结

学前教育作为基础教育的基础，对个体的成长和发展具有重要而深远的影响。我国的学前教育是社会主义教育事业的组成部分，是社会公共福利事业的组成部分，具有教育性、基础性、福利性、公共性和公益性。学前教育作为国民教育体系的重要组成部分，对人的终身学习和发展具

有重要意义，在个体发展和社会发展上发挥着重要作用。

政府是提供公共服务的主要部门，明确和落实政府责任是学前教育事业健康发展的重要保证。教育职责一直是我国政府职能的重要组成部分。作为公共服务型政府，在学前教育领域，应在不断完善学前教育法规体系、合理规划学前教育事业发展、贯彻落实学前教育政策法规、确保学前教育投入、加强学前教育行政管理、规范学前教育办学行为、完善学前教育管理体制、改善学前教育大环境，进行有效的监督和评估、提升学前教育质量等方面承担起重要职责，办好人民满意的学前教育。

思考与练习

1. 结合学前教育的性质与功能，谈谈你对学前教育意义的理解。
2. 结合实际，谈谈当前我国政府在履行发展学前教育职责中取得的主要成就。
3. 阅读以下材料，分析在学前教育高质量发展中我国政府应承担的主要职责。

材料①：建设高质量教育体系要在深化改革促进公平上迈开新步。以"坚持教育公益性原则，深化教育改革，促进教育公平"为导向，布置一套政策"组合拳"。为夯实高质量教育体系根基，重点是"推动义务教育均衡发展和城乡一体化，完善普惠性学前教育和特殊教育、专门教育保障机制，鼓励高中阶段学校多样化发展""提高民族地区教育质量和水平，加大国家通用语言文字推广力度"，加快健全"幼有所育、学有所教"等方面国家基本公共服务制度体系，努力让青少年儿童都能享有公平而有质量的教育，为其谋生发展打好基础。

资料来源：陈宝生.建设高质量教育体系［N］.光明日报，2020-11-10（13）.

材料②：学前教育是国民教育体系的重要组成部分，是终身教育的开端。学前教育的质量对整个教育体系具有重要影响。将发展学前教育纳入高质量教育体系建设的重大任务之中，对于学前教育的稳步发展和高质量教育体系的建设都至关重要。时至今日，学前教育仍然是我国教育体系中的薄弱环节，从一定程度上说，学前教育的发展水平将影响我国高质量教育体系的形成。

……

建设普及普惠安全优质的学前教育公共服务体系，既是建设我国高质量教育体系的需要，也是提高全民文化素质的需要，还是中国对人类文明进步的重大贡献。因此，发展我国学前教育是时代重任，也是历史担当，是国计民生，也是人类伟业。

资料来源：虞永平.建设高质量教育体系如何发展学前教育［N］.中国教育报，2020-12-13（1）.

实践活动

观看视频《教育这十年：党的十八大以来中国学前教育改革发展巡礼》《〈育见〉——砥砺十年 奠基未来 学前教育开启新篇章》，了解十年来我国学前教育改革发展的举措与成就，领会党和国家对学前教育的高度重视及职责履行。

拓展资源

1. 《中共中央 国务院关于学前教育深化改革规范发展的若干意见》。
2. 《"十四五"学前教育发展提升行动计划》。
3. 《中国教育现代化2035》。
4. 《中华人民共和国学前教育法（草案）》。

第四章 学前教育管理体制

学习目标

1. 理解学前教育管理体制的概念和重要性。

2. 了解改革开放以来我国学前教育行政管理体制的演变,把握现行学前教育行政管理体制。

3. 了解学前教育行政管理体制改革的关注点,提高对学前教育改革发展的关注度,增强专业敏感度。

4. 理解我国学前教育机构的内部管理体制。

本章导读

学前教育是我国教育体系的重要组成部分，在教育系统中占据着重要的地位。合理的学前教育管理体制对学前教育事业的发展有着调节、控制、领导的重要作用，是保障学前教育事业健康发展的关键。

本章将对学前教育管理体制的概念及重要性进行分析；在介绍改革开放以来我国学前教育行政管理体制演变的基础上，对我国现行的学前教育行政管理体制及其特点、改革关注点进行分析；以幼儿园为例，对我国学前教育机构的内部管理体制进行介绍。希望读者在理解学前教育管理体制的概念和重要性、了解改革开放以来我国学前教育行政管理体制演变的基础上，把握我国现行学前教育行政管理体制及其特点，理解我国学前教育机构的内部管理体制，提高对学前教育管理体制改革发展的关注度，增强专业敏感度。

思维导图

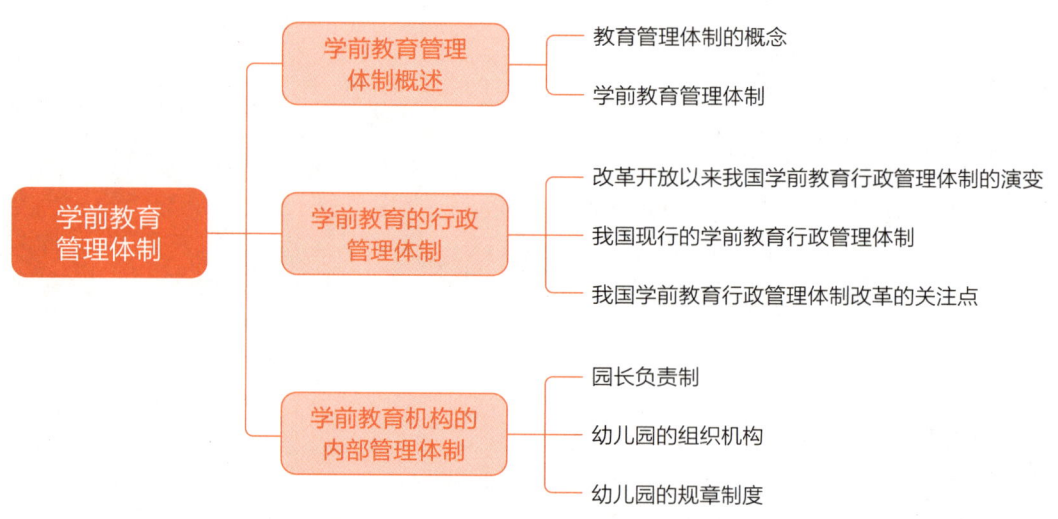

第一节 学前教育管理体制概述

一、教育管理体制的概念

在众多的教育制度中，教育管理体制处于中心位置。教育管理体制是教育政策的根本性问题。按照教育管理学的理论，教育管理体制是指教育领域中关于机构的设置、隶属关系以及权限划分等方面的制度。教育管理体制所要回答的问题主要包括：一个国家的教育管理权限如何确立和划分；中央和地方各自设置什么形式的教育管理机构；这些机构之间是否表现出一定的隶属关系；一个国家对教育的管理总体上是集中管理还是分散管理等。在这些问题中，核心的问题是中央政府和地方政府、教育管理部门和学校围绕教育事权方面的权限划分问题。归根结底，教育管理体制所要解决的是国家、地方及各级各类学校领导和管理教育事业的根本制度问题。

二、学前教育管理体制

学前教育管理体制是我国教育管理体制在学前教育领域的具体化，是学前教育体制的核心。

学前教育管理体制是指学前教育领域中关于机构的设置、隶属关系以及权限划分等方面的制度，包括学前教育行政管理体制和学前教育机构（主要是幼儿园）内部管理体制。

学前教育行政管理体制是从宏观层面看学前教育管理体制，是国家组织领导和管理学前教育事业的基本体系和工作制度。学前教育行政管理体制既是我国教育体制和教育管理体制的重要组成部分，也是国家行政体制中不可或缺的一环，隶属于公共管理的范畴。学前教育行政管理体制是保障政府切实履行发展学前教育职责，促进学前教育事业健康发展的关键所在。

学前教育机构（主要是幼儿园）内部管理体制是从微观层面看学前教育管理体制，是教育管理体制的重要组成部分，主要解决如何使教育机构有活力的问题。学前教育机构内部管理体制是关于学前教育机构（主要是幼儿园）的人员配备、机构设置、隶属关系和权限划分等方面的制度，包括学前教育机构内部的领导体制、管理机构、管理制度、人事制度和劳动分配制度等。其中，领导体制最为关键，是领导和管理学前教育机构的根本制度，支配着学前教育机构的全部管理工作。

学前教育管理体制是学前教育政策的根本性问题，在我国学前教育事业发展中起着领导、组织、协调、保障、监控等重要作用。科学合理的学前教育管理体制是保障学前教育事业健康、有序、可持续发展的关键因素，是落实政府发展学前教育主导责任的重要载体，也是政府推进学前教育供给侧改革的重要突破口。科学合理的管理体制既可以保障学前教育管理的有序运行，也能促进学前教育事业的健康、可持续发展。在学前教育发展中的责任主体、投入体制、教师补充机制等核心性问题的解决，需要有完善的学前教育管理体制。学前教育管理体制通过对政府职责的赋予和限定、管理机构的设置和权力的划分，从根本上保障学前教育事业的健康、可持续发展。

2018年11月7日发布的《中共中央 国务院关于学前教育深化改革规范发展的若干意见》中就将"到2035年，全面普及学前三年教育，建成覆盖城乡、布局合理的学前教育公共服务体系，形成完善的学前教育管理体制、办园体制和政策保障体系，为幼儿提供更加充裕、更加普惠、更加优质的学前教育"作为2035年学前教育深化改革的主要目标之一明确提了出来，并在加强组织领导部分将"健全管理体制"作为一项单独进行了表述。

> 📖 **拓展阅读 4-1**
>
> **《中共中央 国务院关于学前教育深化改革规范发展的若干意见》（节选）**
>
> ……
>
> 九、加强组织领导
>
> （三十）加强党的领导。全面加强党对学前教育事业的领导，按照管党建与管业务相结合的原则，市、县级党委教育工作部门或教育行政部门党组织统一领导和指导幼儿园

> 党建工作。认真落实全面从严治党要求，实现幼儿园党的组织和党的工作全覆盖。充分发挥幼儿园党组织作用，保障正确办园方向，认真做好教职工思想政治工作，厚植立德树人基础。
>
> （三十一）健全管理体制。认真落实国务院领导、省市统筹、以县为主的学前教育管理体制。积极推动各地理顺机关、企事业单位办幼儿园的办园体制，实行属地化管理。国家完善相关法规制度，制定学前教育发展规划，推进普及学前教育，构建覆盖城乡的学前教育公共服务体系。地方政府是发展学前教育的责任主体，省级和市级政府负责统筹加强学前教育工作，推动出台地方性学前教育法规，制定相关规章和本地学前教育发展规划，健全投入机制，明确分担责任，完善相关政策措施并组织实施；县级政府对本县域学前教育发展负主体责任，负责制定学前教育发展规划和幼儿园布局、公办园的建设、教师配备补充、工资待遇及幼儿园运转，面向各类幼儿园进行监督管理，指导幼儿园做好保教工作，在土地划拨等方面对幼儿园予以优惠和支持，确保县域内学前教育规范有序健康发展。城市街道办事处、乡（镇）政府要积极支持办好本行政区域内各类幼儿园。

第二节　学前教育的行政管理体制

中华人民共和国成立以来，随着政治、经济制度的发展及教育事业的不断变革，我国学前教育管理体制经历了从初步确立到逐步发展的过程。改革开放以来，在经济社会发展和教育制度变革的不同时期，我国先后进行了几次学前教育行政体制改革，学前教育管理体制主动或被动地发生着变化。

一、改革开放以来我国学前教育行政管理体制的演变

改革开放后全国工作重点都转移到社会主义现代化建设上来，随着生产力的发展和国民经济体制的改革，生活服务事业逐步走向社会化。学前教育管理政策所追求的是"恢复、发展、整顿和提高"，尤其以整顿为核心，强调恢复和重建学前教育的管理秩序。借鉴已有学者的研究成果，本书将改革开放以来我国学前教育行政管理体制的演变划分为以下几个阶段。

（一）集中领导，分级管理（1978—1982年）

这一时期我国学前教育的发展主要是进行恢复重建。随着改革开放的进行，我国学前教育事业重新受到重视。1978年，教育部在其下属的普通教育司内重新设立了幼教特教处，失去国家机关专职领导长达16年之久的学前教育事业又有了行政领导机构。1979年3月，我国恢复设立了中国人民保卫儿童全国委员会。1979年6月，在第五届全国人民代表大会第二次会议上，时任国务院总理的华国锋在其所作的《政府工作报告》中指出："要十分重视发展托儿所、幼儿园，加强幼儿教育。"不久，经过时任政协全国委员会副主席康克清的协调，经中央批准，教育部、卫生部、国家劳动总局、全国总工会和全国妇联，以及五单位的各省级负责人于1979年7月24日至8月

7日联合召开了全国托幼工作会议。会议建议国务院设立"托幼工作领导小组",由教育部、卫生部、计委、建委、农委、财政部、商业部、民政部、劳动总局、城建总局、全国总工会、全国妇联、中国人民保卫儿童全国委员会等13个单位的负责人组成。会议同时要求各省、自治区、直辖市设立与全国托幼工作领导小组相应的省级托幼工作领导小组,小组成员由省级相关部门负责人组成,以保证全国托幼工作领导小组的有关批示精神在基层能得到贯彻落实。中共中央、国务院高度认可这一会议,于1979年10月11日下达了《转发〈全国托幼工作会议纪要〉的通知》,决定全国托幼工作领导小组由时任国务院副总理的陈慕华任组长,办事机构设在全国妇联,以加强对托幼工作的领导力度,统筹政府有关部门共同协商托幼事业发展问题,使学前教育事业发展的很多关键问题得到基本解决。这样,在"十年动乱"期间中断的"条块结合,以块为主"的学前教育管理体制渐趋成熟。

1979年11月8日教育部,印发了"十年动乱"后国家层面颁布的第一个关于学前教育的政策性文件——《城市幼儿园工作条例(试行草案)》,进一步从政策层面对学前教育管理体制进行了梳理和明确,其中规定:各级党委要加强对幼儿教育的领导。各级教育行政部门应建立幼儿教育的领导机构或专职干部,领导本地区各种类型幼儿园(包括机关、部队、学校、厂矿、企业、事业单位主办的和民办的幼儿园)的保教业务、师资培训和科研工作。这一规定强调了地方党委和教育行政部门负责对学前教育的管理,为迅速恢复幼儿园正常工作秩序提供了政策保障。

这一时期的幼儿园主要是以集体举办为主,政府与幼儿园之间是上下级关系。办园单位获得允许可以在税前预留文化教育经费,同时,厂矿、企业、机关、学校等以免费或低收费的托儿所、幼儿园作为一种社会福利提供给其成员,受益对象主要是这些单位的职工。这一时期,政府对学前教育日益重视,将学前教育事业发展明确列入"六五"计划中。同时,政府还通过政策性文件规范幼儿园的工作秩序和教育教学质量。例如,1981年颁发的《幼儿园教育纲要(试行草案)》,强调和突出了幼儿园是对幼儿进行全面发展教育的机构,并对幼儿教育的方针、目标、内容和制度作出了详尽的规定,较为迅速地恢复了幼儿园的正常教育教学秩序。1983年9月21日发布的《关于发展农村幼儿教育的几点意见》,指出发展幼儿教育必须坚持"两条腿走路"的方针。农村应以群众集体办园为主,充分调动社(乡)、队(村)的积极性;县镇则应大力提倡机关、厂矿、企事业、街道办园,并支持群众个人办园。

这一时期学前教育行政管理是"由政府部门牵头、其他各部门相互配合"的集中领导和分级管理体制,为学前教育事业的恢复和重建提供了一个全局联动的保障机制,学前教育发展迈入新阶段。

(二)地方负责,分级管理,各有关部门分工协作(1982—1997年)

从1982年开始,我国开始了历时三年之久的以精简机构和人员为重点的行政管理体制改革。在这次机构改革中,刚刚成立不久的全国托幼工作领导小组,以及领导小组设立在全国妇联的办事机构均被撤销。然而,有关全国托幼工作领导小组的工作任务却一直没有进一步明确承担部门,因此造成了政府各个职能部门对学前教育工作的管理分工不清、职责不明,一度影响了学前教育事业的进一步发展。

这一时期我国学前教育的发展开始进入调整变革时期。1985年5月,中共中央召开了改革开放后的第一次全国教育工作会议,颁发了《中共中央关于教育体制改革的决定》,明确提出要"实行基础教育由地方负责、分级管理的原则,是发展我国教育事业、改革我国教育体制的基础一环",并进而规定中央和地方关于基础教育管理权限与职责的具体划分,指出"基础教育管理权属于地方。除大政方针和宏观规划由中央决定外,具体政策、制度、计划的制定和实施,以及对学校的领导、管理和检查,责任和权力都交给地方。省、市(地)、县、乡分级管理的职责如何划分，由省、自治区、直辖市决定"。这就表明中央把发展教育，尤其是基础教育的权力和责任交给了地方政府。这个文件的颁布，全面启动了我国的教育体制改革，也开启了学前教育回归社会的征程。政府对学前教育也予以高度重视，并从领导、管理、政策等方面予以保障。

针对1982年机构改革所造成的学前教育行政管理缺位问题，当时的国家教委、国家计委、卫生部、劳动人事部、财政部、城乡建设环境保护部、轻工业部、纺织部和商业部等九部门向国务院办公厅作了《关于明确幼儿教育事业领导管理职责分工的请示》。国务院办公厅于1987年10月15日转发国家教委等九部门的这份请示，明确指出"幼儿教育是社会主义教育事业的重要组成部分，是我国学校教育的预备阶段，同时又是一项社会公共福利事业，各级政府都应重视幼儿教育事业的改革和发展""除地方政府举办幼儿园外，主要依靠部门、单位和集体、个人等方面力量发展幼儿教育事业"，明确了幼儿教育必须在政府统一领导下，实行"地方负责，分级管理"和有关部门分工负责的原则；同时指出"有关幼儿教育工作中的重大政策问题，由国家教委牵头，有关部门参加，共同研究"，属于各主管部门分工负责的工作，又需同其他部门共同研究的重要问题，由主管部门牵头，有关部门参加。还进一步明确了教育部门、卫生部门、计划部门、财政部门、劳动人事部门、城乡建设环境保护部门、轻工部门、纺织部门、商业部门等政府职能部门的具体职责。同时还指出"幼儿园的行政领导由主办单位负责"。在这一政策的指引下，全国大多数地方建立了由上而下统一领导、分级管理和有关部门分工负责的管理新机制，实现了学前教育管理的地方化。

这个时期我国政府通过制定一系列幼儿教育法规、政策，保障和促进学前教育事业的发展。1988年，国务院办公厅转发国家教委等八部门（单位）的《关于加强幼儿教育工作的意见》。1989年，国家教委颁布了《幼儿园管理条例》，其中第六条指出："幼儿园的管理实行地方负责、分级管理和各有关部门分工负责的原则"，明确了"地方各级人民政府的教育行政部门，主管本行政辖区内的幼儿园管理工作"；第二十二条规定："各级教育行政部门应当负责监督、评估和指导幼儿园的保育、教育工作，组织培训幼儿园的师资，审定、考核幼儿园教师的资格，并协助卫生行政部门检查指导幼儿园的卫生保健工作，会同建设行政部门制定幼儿园园舍、设施的标准。"1991年6月17日，国家教委发布的《关于改进和加强学前班管理的意见》中明确"学前班的领导和管理，应根据《幼儿园管理条例》的规定，在行政上由主办单位及其上级部门管理。农村学前班可实行乡办乡管或村办村管；附设在小学的，可实行乡（村）办校管。在业务上归当地教育行政部门统一管理。教育行政部门应由主管幼儿教育的机构负责此项工作"。至此，我国"地方负责，分级管理，各有关部门分工协作"的学前教育管理体制基本建立，且从中央层面明确并践行了通过督导促进学前教育事业发展的基本原则和思路。

1992年，中国共产党第十四次全国代表大会提出要建设社会主义市场经济体制，随着计划经济向市场经济转型，政府的政治与经济职能分离，社会公共管理的职责和方式发生了转变。1993年，中共中央、国务院印发的《中国教育改革和发展纲要》指出："国家对社会团体和公民个人依法办学，采取积极鼓励、大力支持、正确引导、加强管理的方针"。进一步确定了我国以政府办学为主体、社会各界共同办学的体制，要求"继续完善分级办学、分级管理的体制"，同时要求"政府要转变职能，由对学校的直接行政管理，转变为运用立法、拨款、规划、信息服务、政策指导和必要的行政手段，进行宏观管理"。

（三）地方负责，分级管理，进一步明确主管部门（1997—2009年）

在市场化、社会化的形势下，学前教育领域出现了管理权限不明、管办评不分的现象，学前教育在管理层面上出现了政府责任缺失、监管失范的局面，亟须进一步的深化改革。

2003年1月27日，国务院办公厅转发了教育部等十部门（单位）的《关于幼儿教育改革与发展的指导意见》指出:"坚持实行地方负责、分级管理和有关部门分工负责的幼儿教育管理体制""建立和完善政府领导统筹,教育部门主管,有关部门调配合,社区内各类幼儿园和家长共同参与的幼儿教育管理机制"。并对中央、省、市、县、乡(镇)五个层级政府在学前教育发展中的具体职责进行了初步规定:国家制定有关幼儿教育的法规、方针、政策及发展规划;省级和地(市)级人民政府负责本行政区域幼儿教育工作,统筹制定幼儿教育的发展规划,因地制宜地制定相关政策并组织实施,积极扶持农村及老少边穷地区的幼儿教育工作,促进幼儿教育事业均衡发展;县级人民政府负责本行政区域幼儿教育的规划、布局调整、公办幼儿园的建设和各类幼儿园的管理,负责管理幼儿园园长、教师,指导教育教学工作;城市街道办事处配合有关部门制定本辖区幼儿教育的发展计划,负责宣传科学育儿知识,指导家庭幼儿教育,提供活动场所和设备、设施,筹措经费,组织志愿者开展义务服务;乡(镇)人民政府承担发展农村幼儿教育的责任,负责举办乡(镇)中心幼儿园,筹措经费,改善办园条件;要发挥村民自治组织在发展幼儿教育中的作用,开展多种形式的早期教育和对家庭幼儿教育的指导。该文件再次明确指出了幼儿教育的主管部门,并对政府其他相关职能部门的职责做了第三次分工,为学前教育事业发展的权责关系定下了基调。该文件首次提出了从中央、省、市、县、乡(镇)到村委会的具体职责和任务,建立了我国自上而下的完整的学前教育管理体系。

与此相应,各级人民政府也根据国家学前教育管理体制的总原则,明确规定了本级政府内部各相关部门的职责分工与重点,并通过建立学前教育联席会议制度、第三方参与管理等方式理顺并创新地方学前教育管理体制。例如,上海建立的托幼领导小组,浙江、山东、河北、广西、辽宁、深圳等地的联席会议制度等都是这一时期地方学前教育管理体制的改革探索。

(四)政府主导,地方负责,分级管理,有关部门分工协作(2010年至今)

在2003年《关于幼儿教育改革发展的指导意见》"以社会力量兴办幼儿园为主体"的政策导向下,各种社会力量所办的幼儿园,如民办园、街道园、私立园等大量出现,发展很快。但在转型过程中,一些地方政府和相关主管部门的发展观和认识严重滞后,主导责任不到位,发展职责不落实,行政管理力量严重不足,教育主管机构纷纷被撤,学前教育发展规划、组织领导和评估督导监管等失去基本保障。以"镇为主"的学前教育管理体制导致学前教育经费投入得不到有效保障,县域内学前教育发展不均衡问题开始显现,镇、村发展学前教育的积极性难以调动。有的甚至将幼儿园推向市场,减少或停止投入,甚至出售,导致学前教育发展出现了所谓"社会化"和市场化转向,造成了学前教育事业发展方向出现偏差,在一些地区大批优质教育资源流失,教育质量下降。2010年以来,连续多年削弱的"供"和日益增强的"需"之间的突出矛盾集中爆发,出现了"入园难""入园贵",乃至"入园荒"等社会反映强烈的问题。

为从根本上解决"入园难""入园贵"的问题,2010年7月29日发布的《国家中长期教育改革和发展规划纲要(2010—2020年)》将推进学前教育普及作为重要的发展任务,建立政府主导、社会参与、公办民办并举的办园体制,提出"加大政府投入""教育行政部门加强对学前教育的宏观指导和管理,相关部门履行各自职责,充分调动各方面力量发展学前教育",从政策高度再次强调了地方政府,尤其是省级人民政府对学前教育的统筹和管理。

2010年11月,国务院下发《国务院关于当前发展学前教育的若干意见》,首次将学前教育的发展纳入政府民生工程,明确了其公益性和普惠性原则。再次强调学前教育体制建设调整的目标和方向,即政府主导、成本分担、以县为主。其实质是加强学前教育公办体制建设,对地方政府,尤其是县级人民政府的学前教育规划和行政管理职能作出了强调,提出"各级政府要加强对学前教育的统筹协调,健全教育部门主管、有关部门分工负责的工作机制,形成推动学前教育发展的合力",同时要求各地"以县为单位编制学前教育三年行动计划"。

2014年，教育部、国家发展改革委、财政部联合印发了《教育部 国家发展改革委 财政部关于实施第二期学前教育三年行动计划的意见》，提出"以区县为单位制订幼儿园总体布局规划，合理确定公办园的布局""省级和地市级政府加强统筹，县级政府落实主体责任""各地要加强对幼儿园的监管，县级政府履行主体责任"。

2016年，国务院办公厅颁布的《关于加快中西部教育发展的指导意见》提出："积极探索以县为主的管理体制，县级人民政府负责统筹辖区内园所布局、师资建设、经费投入、质量保障、规范管理等。"2017年，教育部、国家发展改革委、财政部、人力资源和社会保障部等四部委联合印发《教育部等四部门关于实施第三期学前教育三年行动计划的意见》，首次提出"国务院领导，省地（市）统筹，以县为主"的学前教育管理体制。2018年11月中共中央、国务院发布的《中共中央 国务院关于学前教育深化改革规范发展的若干意见》更是从最高政策层面上明确国务院是中央具体领导部门，强调了省市和县不同层级政府的具体职责。2019年2月23日，中共中央、国务院印发《中国教育现代化2035》，立足当前，着眼未来，部署了推进教育现代化的十大战略任务，在"推动各级教育高水平高质量普及"中提出了"建立更为完善的学前教育管理体制、办园体制和投入体制，强化省级、地市级政府的统筹责任，落实县级政府发展学前教育的主体责任，充分发挥乡镇政府作用""加强县级政府对学前教育发展的统筹管理"。

这些对各级人民政府发展学前教育职能的具体政策规定，是国家对政府承担学前教育发展责任在地方的进一步延伸和明确，不仅有利于地方政府更好地在中央的指导、监督下实施具体的管理，确保国家发展学前教育的政策得以贯彻落实，而且有助于在统一领导下发挥地方管理的灵活性和积极性，充分展现地方特色与优势。

整体而言，这一时期，我国进一步明确和完善了各级人民政府和有关部门在学前教育管理上的权责划分，落实了政府主导责任，转变了政府职能，提高了学前教育公共服务水平，满足了人民群众对学前教育的需求。总之，我国学前教育行政管理体制在此时期得到了进一步的改进和完善，政府主导职责不断回归，为学前教育质量和效益的提升提供了管理体制方面的保障。

二、我国现行的学前教育行政管理体制

我国的教育基本法——《教育法》第十四条规定："国务院和地方各级人民政府根据分级管理、分工负责的原则，领导和管理教育工作。中等及中等以下教育在国务院领导下，由地方人民政府管理。高等教育由国务院和省、自治区、直辖市人民政府管理。"

"分级管理"指各级人民政府依法对教育负有不同的管理职能。按照中央和地方在教育事业上的管理权限和责任有原则划分。就中等及中等以下教育而言，中央主要进行宏观管理，如制定国家教育教学标准、审定通用教材、组织督导评估以及利用经济手段进行调控等。地方政府在中央领导下，统一规划和管理辖区内中等及中等以下教育，承担组织各方面力量发展中等及中等以下教育的主要责任；同时，地方各级政府统筹管理辖区内的职业教育和成人教育。

"分工负责"指在同一级政府内，教育、财政、人事等部门根据不同的职能分工，对教育事业发展负有不同的管理责任。首先，不同层级的教育行政部门是教育工作的主管单位，管理辖区内的教育工作。其中，教育部是专门负责教育行政管理的最高行政机构，负责贯彻落实国家的教育法律法规和政策，制定宏观教育政策，统一部署和指导教育体制改革，协调中央各部门有关教育的工作，统筹整个教育事业的发展。县级以上人民政府的教育行政部门主管本行政区域内的教育工作，是区域内教育行政权的主体。其次，其他行政部门，如财政、人事等部门根据同级人民政府的授权，在各自职责范围负责有关的教育工作。如卫生部门负责拟定有关幼儿园卫生保健方面的法规和规章制度，对幼儿园卫生保健业务工作进行指导；计划部门负责将幼儿教育事业发

展和建设等列入各级计划；财政部门负责会同有关部门研究制定有关幼儿教育事业经费开支的制度和规定；劳动人事部门负责会同有关部门研究制定幼儿园工作员工的有关编制、工资、劳动保护、福利待遇等方面的制度和规定。

我国的学前教育领域，是在"地方负责，分级管理和各有关部门分工负责"的基础上，实行"国务院领导，省市统筹，以县为主"的学前教育管理体制。现有的学前教育管理体制呈现以下特征。

1. 政府负责，学前教育管理地方化

学前教育是基础教育的一部分，在国务院统一领导下，"把发展学前教育的责任和权力交给地方，是为了充分调动地方发展和管理幼儿教育的积极性，使之能够根据当地经济和社会发展的实际需要，统筹规划，合理布局，使幼儿教育更好地适应当地群众生产和生活的需要，有利于因地制宜地加强领导和管理"。同时有利于我国学前教育事业发展方针的贯彻落实，学前教育事业管理体制的地方化，可以促进办园途径的多渠道化和办园形式的多样化。另外，将学前教育事业管理体制与基础教育管理一致起来，更便于地方教育行政部门操作。

地方负责即地方政府负责，强调地方各级人民政府要把学前教育作为基础教育的重要一环来抓。一方面要贯彻国家有关学前教育的方针政策、法令和宏观计划，另一方面还应依据当地实际，制定地方具体政策、规章制度，对地方学前教育事业的发展作出规划和布局方案，管理当地各类幼儿园。在《幼儿园管理条例》的实践中可以看到，由于把管理责任放权到地方，各级人民政府增强了责任感，加强了对学前教育工作的领导，政府各有关部门也增强了参与管理的意识，各地把学前教育工作纳入了本地区经济和社会发展规划，这些变化极大地推动了我国学前教育事业的发展，并在发展过程中，逐步形成了各自的特色。

2. 分级管理，教育行政部门发挥主管主导作用

如上所述，我国各级人民政府对学前教育的发展负有不同的管理责任，教育行政部门作为政府管理各类教育的职能部门，在管理学前教育的过程中要发挥主管主导的作用。教育行政部门担负着相关的学前教育决策的参谋者及贯彻执行的组织者的角色。其职能主要包括综合管理、社会协调和业务指导。《幼儿园管理条例》在确定"地方负责、分级管理"这一原则时，还规定"地方各级人民政府的教育行政部门，主管本行政辖区内的幼儿园管理工作"。在1987年国务院办公厅转发的国家教委等九部门《关于明确幼儿教育事业领导管理职责分工的请示》中对教育行政部门的具体职责作出明确的规定：贯彻中央、国务院有关幼儿教育工作的方针、政策、指示，拟订行政法规和重要的规章；研究拟订幼儿教育事业发展规划；负责对各类幼儿园的业务领导，建立视导和评估制度；组织培养和训练各类幼儿园的园长、教师，建立园长、教师考核和资格审定制度；办好示范性幼儿园；指导幼儿教育科学研究工作。

3. 分工负责，学前教育管理社会化

学前教育事业本身由于涉及卫生、福利、文化、经济等诸多领域，因而必须依靠和动员全社会的关心、支持和参与。例如，幼儿园的人事编制、房舍设备、卫生保健、教育和生活用品等各方面均需得到各有关部门的支持。因此，除地方各级政府及其教育行政部门负责管理，还需有关部门分工负责。

在国务院办公厅转发的《关于明确幼儿教育事业领导管理职责分工的请示》中，对有关部门的职责作出了规定。但是，教育行政部门作为政府的主管职能部门，应主动争取政府其他部门和社会力量的支持，做好社会协调。各级幼儿教育行政管理机构还应注意依靠各种群众组织，调动它们的积极性，特别应继续发挥妇联、工会等群众组织参与幼教工作的领导、管理和协调作用，形成发展幼教事业的合力。

三、我国学前教育行政管理体制改革的关注点

改革开放40多年来,我国学前教育管理体制经历了从中华人民共和国成立初期计划经济体制下的"集中领导"到改革开放后"地方负责"的转变。尤其是2010年以来,随着学前教育事业的快速发展,学前教育管理体制改革也在有序推进,明确了"政府主导",并在此基础上逐步规范了各级人民政府的主要职责,"九五"期间学前教育社会化所引发的政府职能弱化甚至消减的趋势在一定程度上得以缓解,学前教育政府职能不断回归并逐步增强,保障了学前教育管理体制改革的深化及学前教育事业的规范发展。

回顾改革开放以来我国学前教育行政管理体制的发展历程,面对我国经济社会发展和政府职能转换的不断推进,当前我国学前教育行政管理体制改革应重点关注以下几个方面。

(一)促进公平、保障质量

改革开放以来,尤其是中国共产党第十八次全国代表大会以来,我国学前教育的发展取得了巨大的成就,伴随着国家一系列公益普惠学前教育政策的实施,我国"入园难""入园贵"问题得到了有效缓解,学前教育公益普惠的底色愈发鲜明。当前,人民群众对公平而有质量的学前教育的需求最为迫切。因此,办好人民满意的学前教育、提供公平而有质量的学前教育,真正实现从"幼有所育"向"幼有优育"的过渡,是时代赋予我们的重要使命。

早在《国家中长期教育改革和发展规划纲要(2010—2020年)》中,"促进公平"和"提高质量"就被纳入到工作方针之中。《中国教育现代化2035》中确立推进教育现代化的八大基本理念,其中"更加注重面向人人"再一次强调了努力提供公平、优质、包容的教育,将"普及有质量的学前教育"作为2035年主要发展目标之一,要求全面提高幼儿园办园质量。

因此,各级人民政府必须重视学前教育这一国民教育体系中不可或缺的重要组成部分,承担起发展学前教育的责任。政府必须切实承担起促进学前教育公平和保障学前教育质量的重任,全面理顺学前教育管理的体制机制,明确各级人民政府和政府各部门之间的"职、权、责、利",切实体现政府对学前教育事业发展的科学、高效管理,引导并保障学前教育事业公平、有质量地发展。

(二)明确政府主导责任

改革开放以来我国的学前教育行政管理体制改革,基本上是以服务经济体制改革为目的的,是以中央政府为主体自上而下配置政府职责、自上而下强制推行的运动式改革方式。随着政府支持、引导、推进学前教育发展的职能弱化,一些社会资本发现了学前教育所蕴含的商机并投入其中,人民群众在公共学前教育资源严重不足的情况下,出于自身工作的原因和孩子接受学前教育的需要,不得不把孩子送进民办园,甚至是无证园,这自下而上地对学前教育管理体制产生了深远影响。

学前教育作为国民教育体系的基础和社会公共服务体系的重要组成部分,其公益性已成为共识。这也就决定了学前教育发展中政府必须发挥其保障性功能。因此,必须明确并不断强化政府在学前教育事业发展中的主导责任并保障有效落实。一方面,政府要在政策引导、规划发展、资源配置等方面发挥其得天独厚的权威性优势。另一方面,政府必须不断加强管理、规范办园行为、加强幼儿园教师培养培训并依法落实其地位和待遇等方面的责任。只有这样,才能实现适龄儿童都能"有园入"且"入好园",确保每一位适龄儿童能够接受公平而有质量的学前教育。

(三)实现政府职能转变

改革开放以来,我国政府对学前教育事业的行政管理经历了一个从统一领导的行政计划式到

通过政策、经济手段引导的宏观调控式的转变过程，此过程中也经历了学前教育的社会化和市场化转向，一度导致学前教育行政管理出现缺位、错位、不到位的无序状态。自2004年温家宝总理明确提出要"建设服务型政府"以来，建构公共服务体系、提供公共服务已经成为我国政府职能转变的基本目标与定位。从"以政府为中心"的行政模式逐步过渡到"以满足人民需求为中心"的模式是"以人为本"构建"和谐社会"的必然要求。在国家发展的新形势下，加强和优化公共服务理念，调整政府结构，转变政府职能，以满足日益扩大的社会公共需求，已经成为我国政府行政改革的核心。

学前教育管理体制是保障政府管理学前教育职能得以实现的必要条件，学前教育管理体制的组织机构是否完备、权责配置是否合理、运转是否顺畅、制度规范是否健全完善，直接关系到政府发展学前教育的职能能否充分履行。明确学前教育的公益性质，充分发挥政府在保障学前教育事业健康发展中所应承担的责任，是一个国家的学前教育事业得以健康发展的根本保障。目前在我国学前教育事业发展中，应该明确并不断强化政府发展学前教育的主导责任，在实践中进行体制机制创新，合理借鉴理性科层制和后现代科层制的先进管理理念，建立起计划、立法、监督、经营、指导和服务等不同职能合理搭配的政府主导学前教育事业发展的模式，真正实现政府职能转变。

（四）合理配置权责

政府的最佳运作机制是事权与财权大致匹配，各级地方政府之间公共服务职责和支出管理责任分别与其财权和财力相匹配。在行政体制改革中给予地方一定的自主权，一方面能调动地方的积极性，另一方面也能鼓励创新，有助于探索改革的新路径。在"地方负责，分级管理和各有关部门分工负责"的学前教育管理体制下，中央、省、市、县、乡（镇）五个层级政府在学前教育发展中都负有各自的职责。

为切实保障各级人民政府能够真正履行职责，需要按照事权与财权相匹配的原则对各级人民政府学前教育管理、服务等职责进行合理配置，并随着未来国家财政体制的渐进改革，不断对学前教育行政管理体制进行调整和完善，并保障学前教育事业发展的财政性经费的合理使用，缩减管理成本，切实提高管理效率。

第三节　学前教育机构的内部管理体制

学前教育机构的内部管理体制是指学前教育机构内部管理系统的职责权限、隶属关系、机构设置、组织制度等多方面综合的结构体系。建立科学、健全的内部管理体制是学前教育机构健康发展的必然要求。我国学前教育机构的内部管理主要是园长负责制。本节对学前教育机构内部管理体制的探讨也主要以幼儿园为例。

一、园长负责制

园长负责制属于学前教育机构的领导体制，是学前教育机构内部管理体系的核心，是学前教育机构管理的灵魂。

（一）园长负责制的提出与确立

1985年中共中央颁布的《中共中央关于教育体制改革的决定》中提出"学校逐步实行校长负

责制",为改革后公立学校实行校长负责制提供了最早的政策依据。此后,全国许多地方出现了校长负责制的试点。

1993年颁布的《中国教育改革和发展纲要》进一步明确提出:"中等及中等以下各级学校实行校长负责制。"《教育法》第三十一条规定:"学校及其他教育机构的举办者按照国家有关规定,确定其所举办的学校或者其他教育机构的管理体制。"目前,我国基础教育机构的内部管理体制主要是"校长负责制""校董事会领导下的校长负责制"等。

作为基础教育的重要组成部分,学前教育机构内部管理体制上依据《中共中央关于教育体制改革的决定》,在1989年6月国家教委发布的《幼儿园工作规程(试行)》中第五十条第一款规定:"幼儿园实行园长负责制,园长在设置者和教育行政部门领导下,依据本规程负责领导全园工作。"同年9月,国家教委发布的《幼儿园管理条例》第二十三条第一款规定了幼儿园内部管理的总原则,明确"幼儿园园长负责幼儿园的工作"。1996年3月国家教委发布的《幼儿园工作规程》第五十二条第一款确认"幼儿园实行园长负责制"。2016年1月教育部发布的《幼儿园工作规程》第五十六条第一款再次确认"幼儿园实行园长负责制"。基于此,园长负责制是我国学前教育机构最基本的内部管理体制。社会力量举办的学前教育机构可以实行理事会(董事会)领导下的园长负责制。《民办教育促进法》第二十条规定:"民办学校应当设立学校理事会、董事会或者其他形式的决策机构并建立相应的监督机制。"

(二)园长负责制的概念

园长负责制是一个以园长责权为核心内容的结构性概念,有着特定的内涵,指为实现幼儿园的工作目标,幼儿园在上级宏观领导下,以园长对园内工作全面负责为核心,同党组织的保证监督、教职工民主管理有机结合所形成的内部管理体制。

园长负责制属于幼儿园的领导体制,是幼儿园管理的灵魂,也是学前教育机构内部管理体制改革的核心所在。

(三)园长负责制的要素构成

作为以园长责任和职权为主要内容的学前教育机构内部管理体制,园长负责制由上级机关领导、园长全面负责、党组织的保证监督和教职工民主管理四个相互联系、又互有区别的基本要素组成,目的是建立起充分发挥领导职能的、统一的高效率的园内指挥系统。此处重点介绍后三个要素。

1. 园长全面负责

幼儿园园长在教育行政部门和举办者领导下,依据《幼儿园工作规程》负责领导全园工作。园长对外要代表学前教育机构,对内要统一指挥和领导幼儿园工作,对上级承担起幼儿园管理的全部责任,即全面负责学前教育机构的教育、保育和行政管理工作。园长对幼儿园工作具有最高行政权,依法行使决策指挥权、人事权、财权与奖惩权。

依据《幼儿园工作规程》第四十条的规定,幼儿园园长的主要职责如下:

①贯彻执行国家的有关法律、法规、方针、政策和地方的相关规定,负责建立并组织执行幼儿园的各项规章制度。

②负责保育教育、卫生保健、安全保卫工作。

③负责按照有关规定聘任、调配教职工,指导、检查和评估教师以及其他工作人员的工作,并给予奖惩。

④负责教职工的思想工作,组织业务学习,并为他们的学习、进修、教育研究创造必要的条件。

⑤关心教职工的身心健康，维护他们的合法权益，改善他们的工作条件。
⑥组织管理园舍、设备和经费。
⑦组织和指导家长工作。
⑧负责与社区的联系和合作。

整体而言，园长有权在幼儿园统一规定的目标指导下，决定幼儿园的教育目标和规划幼儿园的发展，统筹安排幼儿园教育教学、卫生保健和总务行政工作；组织领导班子和建立幼儿园组织体系并确立职权关系；聘用工作人员，并进行考核、评定与奖励；在符合国家规定的范围内支配幼儿园的财政费用，规划和使用幼儿园的财产设备；有权在符合国家要求的范围内制定规章制度。

实行园长负责制，加强园长的职责和权限，权责统一，有益于发挥行政管理系统的作用，实行集中统一领导，提高管理效益；同时，有利于保证对幼儿园保教工作的业务领导，按教育规律办园办教育，确保幼儿园双重任务的完成。

但园长负责并不是园长一个人负责所有的工作，而是由以园长为核心的学前教育机构的领导班子负责，包括园长和园长领导下的分管各项工作的副园长（主要有业务副园长、财务副园长、总务副园长等）。园长负责领导全园工作，副园长则负责自己分管的工作，并协助园长做好全园的领导工作。学前教育机构的领导班子应在园长的领导下建立完善的教育研究、业务档案、财务管理、园务会议、人员奖励、安全管理以及与家庭、小学联系等制度。

拓展阅读 4-2

《一个好园长就是一所好幼儿园》（节选）

苏联教育学家苏霍姆林斯基曾说过，"一个好校长就是一所好学校"。对于幼儿园来讲，"一个好园长就是一所好幼儿园"，园长的思想定位和价值引领对幼儿园发展至关重要。那么，园长该如何定位自己的角色，具备相应的素养呢？

园长是幼儿园发展的引领者

幼儿园要发展，关键靠园长；幼儿园要发展好，关键要有一位好园长。园长是幼儿园的灵魂。作为园长要用心学习思考，以自己对教育的思考形成先进独到的办学理念，科学谋划并引领幼儿园发展，给幼儿园以方向。作为园长要坚持不懈地执着追求，静下心来做细做实，不动摇，不折腾，给幼儿园以定力。

园长对幼儿园的真正领导是价值领导，园长要把幼儿园带出精神，带出品质，从而形成幼儿园的品牌。品牌可以树立幼儿园形象，品牌可以凝聚教师士气，品牌更可以促进幼儿园发展。幼儿园只有实现了品牌发展，才能真正凸显价值，才能富有生机和活力。

园长是幼儿园发展的设计者

园长是幼儿园发展的设计者，需要重点厘清幼儿园品牌建设规划，基于规划逐项落实到品牌的各个方面，从而促进幼儿园的发展。古人云："人无远虑，必有近忧。"作为幼儿园的领导者和决策者，必须有深远的目光，要给幼儿园的发展和未来设计好宏伟蓝图，要设定好近期发展和中长期发展规划，通过多种举措逐步实施，直到完成规划，达到预期目标。

……

园长是幼儿园发展的实施者

教育有时缺的不是理念，是理念落实的方法论。教育需要引领，更需要落地。

园长要注重让活动更有实效。当前幼儿园有很多常规活动，但重要的是有没有效果与价值，有效才是教育活动开展的根本。我们要把天天、周周进行的活动，不断创新，做到实处，切实做出成效。

园长要突出内涵进行文化引领。卓越的园长培育的是精神。幼儿园的发展最终要靠文化的引领，只有优秀的幼儿园文化，才会有卓越的幼儿园。文化是引领幼儿园向特色幼儿园和品牌幼儿园发展的最根本和最终手段。只有幼儿园构建起了文化框架，并以此来引领幼儿园发展，这样幼儿园发展的力量才会强大。幼儿园文化打造不能停留在形式上，而是要深入到教师的教学思想和教育教学活动中……

园长要坚持不懈突出特色。特色并不是特殊，特色是某一项工作或工作的某一个方面比别人做得更好，更加完美。特色就是工作的坚持，特色就是常规的积淀，真正的特色应反映教育的本质。教育需要创新，但创新并不是改变其本质，而应该是坚持其本质，创新做法，使其更加符合本质。事实告诉我们，特色体现着幼儿园的办学理念，体现着园长对幼儿园文化的传承。特色是一根主线，要贯穿于幼儿园工作的全程之中，要坚持不懈地传承，真正让特色成为幼儿园的灵魂，让特色办学成为幼儿园的品牌。

陶行知先生在《整个的校长》一文中讲道："国家把整个的学校交给了你，要你用整个的心去做整个的校长。"愿每一位园长都能成为幼儿园的灵魂，这是园长的使命和责任。

资料来源：山东省寿光市文正教育集团校长．一个好园长就是一所好幼儿园［N］．中国教育报，2018-04-15（2）．

2. 党组织的保证监督

党的领导是办好幼儿园的根本保证。园长负责制的实行，改变了以往以党代政、党政不分、包办代替的情况，使党政明确各自职责，有利于加强党的领导，发挥党组织的政治核心作用和战斗堡垒作用，确保幼儿园正确的办园方向。

幼儿园基层党组织即党支部的政治核心作用是通过政治领导、思想领导和组织领导三者的有机结合，做好幼儿园思想政治工作和精神文明建设，保证、监督教育方针的全面贯彻执行。

具体来看，主要体现在以下三个方面：

①发挥保证监督作用，在办园方向上，在园所发展规划及干部与教职工任免等重大问题上参与决策，有审核权；负责监督园长与各职能部门贯彻执行党的路线、方针政策的情况。

②支持园长与行政部门行使职权和履行职责，协助行政部门领导听取各方面意见，与园长一起共同保证幼儿园各项任务的完成。

③教育激励群众，调动群众的积极性，做好思想政治工作；要加强党的思想建设与组织建设，充分发挥党组织的模范带头作用，带领教职工完成园所任务；组织和领导教代会、工会、共青团等群众组织的工作，发挥其在组织、团结、教育群众中的纽带和助手作用。

因此，幼儿园党支部作为幼儿园贯彻落实党的政策方针的领导组织，其任务是发挥党员的模范带头作用，让幼儿园的教育工作更加贴近国家的教育方针，教师队伍的整体素质能够提高。党支部要严格控制党员的准入规则，从源头上确保幼儿园党支部的水平，加强对党员的培训工作，要让党员时刻保持党性意识，鼓励党员深入一线教育工作，要让党支部的作用落到实处。

3. 教职工民主管理

改革后的新的领导体制，确立了教职工作为幼儿园工作主体的主人翁地位。这既是社会主义制度的体现，同时也是现代管理所倡导的全员参与管理、集思广益、群策群力、提高管理水平的要求。

我国《宪法》规定："人民依照法律规定，通过各种途径和形式，管理国家事务，管理经济和文化事业，管理社会事务。"学前教育机构实行民主管理既是由我国教育的社会主义性质所决定的，也是由教职工在其中所处的地位决定的，教职工既是管理的对象，也是管理的主体。为此，《教育法》规定："学校及其他教育机构应当按照国家有关规定，通过以教师为主体的教职工代表大会等组织形式，保障教职工参与民主管理和监督。"教职工民主参与管理制度的核心是教职工代表大会。

我国的园长负责制并不是园长可以为所欲为、独断专行，而是采用民主集中制的管理办法，有相应的民主管理和监督机制加以制约。《幼儿园工作规程》规定："幼儿园应当建立教职工大会制度或者教职工代表大会制度，依法加强民主管理和监督。"《民办教育促进法》第二十七条规定："民办学校依法通过以教师为主体的教职工代表大会等形式，保障教职工参与民主管理和监督。"

教职工代表大会是广大教职工行使民主权利，对园所工作积极进行民主管理和民主监督的组织形式。教职工代表大会制度是健全学前教育机构民主管理、完善园长负责制的基本保证，是实行园长负责制的重要组成部分。因此，学前教育机构实行园长负责制，明确园长的职责，同时必须建立教职工代表大会制度，加强民主管理和监督。尽管实行理事会或者董事会决策，园长全面负责学前教育机构的教育教学和日常行政工作，但是教师和其他职工仍有权参与民主管理和监督。这有利于贯彻国家的教育方针，防止学前教育机构决策的重大失误。

教职工代表大会的主要职责是维护教职工民主管理的权益，工作内容具体包括：

①听取园长的工作报告，审议办园方针、发展规划、教育改革方案、管理制度以及经费使用等有关幼儿园建设和改革的重大问题，提出意见和建议。

②团结教育广大教职工，支持园长正确行使职权。

③关心教职工生活，决定有关教职工生活福利的重要事项。

④监督评议园长和其他幼儿园管理人员的工作和业绩。随着园所体制改革的深入，教职工代表大会应有权依照教育行政部门所规定的园长任职条件，推举并建议深受广大教职工满意和拥戴的幼儿园园长人选。

教职工代表大会不设常设机构，建立定期的会议制度。工会承担教职工代表大会工作机构的任务。工会是维护教师和职工的合法权益，保障教职工参与民主管理的组织。工会对于加强民办学前教育机构的民主管理，维护教职工的合法权益，具有重要意义。

学前教育机构的园务委员会是园长决策的咨询审议机构，是学前教育机构日常管理民主化的重要组织形式。

《幼儿园工作规程》第五十六条第二款指出："幼儿园应当建立园务委员会。"该文件明确了园务委员会的构成，规定"园务委员会由园长、副园长、党组织负责人和保教、卫生保健、财会等方面工作人员的代表以及幼儿家长代表组成。园长任园务委员会主任"。该文件也对园务委员会的运行及其职责进行了规范，要求园务委员会要建立定期或不定期召开会议的工作制度，明确规定"园长定期召开园务委员会会议，遇重大问题可临时召集，对规章制度的建立、修改、废除，全园工作计划，工作总结，人员奖惩，财务预算和决算方案，以及其他涉及全园工作的重要问题进行审议"。

由以上梳理可以看出，设立园务委员会是提高决策科学性、避免失误的组织措施。不设园务委员会的学前教育机构，上述重大事项则需由园长召集全体教职工开会商议。

总之，园长负责制是民主管理在学前教育机构内部管理中的集中体现。民主管理是园长负责制不可缺少的重要组成部分，是园长负责制的基础。实行园长负责制，园长要遵循有关法规，服从上级教育行政部门和直接隶属行政部门的领导，接受党支部的监督；要增强民主意识，树立依靠全体教职工的思想，尊重和维护他们的民主权利，发挥教职工代表大会的民主监督和管理作用，以及工会、共青团等群众组织团结、教育群众的纽带和桥梁作用，提高管理效率。教师是进行教育改革、办好学前教育的中坚力量，园长应尊重教师、相信教师、依靠教师，充分发挥教师在教育改革中的主动性，允许和提倡教师根据国家的教育方针，进行各种教育改革的研究和实验，充分调动全园教职工的积极性和创造性，努力办好学前教育机构，提高学前教育质量。

二、幼儿园的组织机构

组织作为一个实体，是人们通过某种结构形态，通过分工、合作以及不同层次的权利和责任制度，为实现共同目标而协调努力的集合体。建立适宜的组织机构，确定领导关系和职责权限分工，是保证组织目标实现、使各种活动有序高效运行的重要保障。

以幼儿园为例，作为一个学前教育机构，幼儿园组织目标的实现，也需要将实现幼儿园工作目标所必须进行的各种活动加以分类，并据此拟定职务、建立机构、选用人员、配备物资、明确职权，内外协调，发挥管理职能，提高幼儿园工作效率，高效实现幼儿园教育目标，否则就会影响幼儿园工作任务的效能和质量。幼儿园的组织机构一般包括行政组织、业务组织、党群组织和其他组织。

（一）行政组织

幼儿园行政组织承担幼儿园的具体管理职能，是幼儿园行政管理职能的组织保证。园长是这个行政机构的核心，负责主持全园的行政工作，幼儿园的行政组织架构因幼儿园的规模大小有所不同，主要以工作性质和范围分设相应的职能组织和职务。

（二）业务组织

幼儿园以保教工作为中心，因此业务组织是幼儿园工作开展的主体，承担着育人的各种具体工作，是幼儿园人员配备的主要部分，一般要设业务园长、教研组长。

（三）党群组织

党组织、教职工代表大会（职工代表大会）、工会都属于党群组织，起着保证、配合、监督、制约的作用，是幼儿园管理不可缺少的组成部分。

（四）其他组织

根据幼儿园工作及幼儿园的规模大小还可设立家长委员会、园务委员会、爱卫会、治安保卫小组等组织，这些组织配合幼儿园完成保教任务。

在学前教育实践中，依据《幼儿园工作规程》《幼儿园管理条例》《纲要》等有关规定，各幼儿园结合自身实际情况建构相应的组织机构体系。

三、幼儿园的规章制度

"没有规矩不成方圆"，制度是任何一个组织正常运转的保证。制度建设是办好一个组织的重要命脉。如果规章制度不合理、执行不严格、员工不认可、领导没有以身作则，则会引起组织的秩序混乱，造成严重的负面影响。

幼儿园作为复杂的机体，其管理工作也是一种综合性、整体性很强的行为，需要根据实际情况的变化，采用多种途径和手段进行宏观调控，以保证幼儿园各项工作取得整体的最优效果。其中，幼儿园规章制度建设是园所管理的一项常规性工作，也是实现科学管理的手段。通过规章制度强化管理，有助于规范人们的行为，协调相互关系，减少工作失误和人事冲突，实现事事有章可循、人人明确职责，从而保证幼儿园的正常工作秩序，全体员工既分工负责、各司其职、各得其所，又协调配合，逐步将外部的制度规范内化为行为主体的责任意识，自觉地加以执行，这对于提高管理成效，提高工作效能，形成良好园风都具有重要意义。

（一）幼儿园规章制度的含义

制度是要求每个人共同遵守的办事规程或行为准则，是组织的基本活动准则。规章制度通常是指一定社会组织以条文的形式确定下来的，用于规范组织的各项工作及组织成员行为的各种规则、章程和制度的总称。

幼儿园规章制度是为了实现幼儿园目标，对幼儿园各项工作和对各类人员的要求加以条理化、系统化，规定出必须遵守的行为准则和工作规程。这是幼儿园根据党和国家有关方针、政策、法规，按照保教工作规律和园所实际情况，采用条文的形式，对全园教职工的工作、学习和生活等行为活动提出的具有约束力和一定强制性的准则和规范。某种意义上就是幼儿园的"法"。通过规章制度的建立和执行，使管理工作程序化、规范化、科学化，保证完成幼儿园的工作任务。

（二）幼儿园规章制度涵盖的主要内容

幼儿园规章制度的管理效能涉及园所工作的各个方面，主要涵盖以下内容。

1. 确定组织系统各层次各部门的工作制度与人员职责

每一所幼儿园都是一个由不同层次、部门组成的有机整体。要根据园所总的目标制定各个部门的工作任务，并落实到有关的工作人员中。如办公室工作制度、资料室工作细则、保健室工作制度、库房管理办法等。

2. 确定全园和各部门工作学习的秩序和标准

幼儿园全园和各组织部门要根据幼教工作规律，建立起稳定、有效的工作和学习秩序，确定工作质量标准，保证园所工作正常运行。如依据园所工作以学期、学年为单位运行的阶段性特点，建立起工作常规，安排幼儿园在学期初、学期中、学期末及庆祝节假日的例行活动。特别是保教工作，一定要细致严密地制定常规工作的程序和标准，从编班、一日作息、教育活动安排表到制定教育工作计划，建立备课制度以及保教工作常规、教育质量的检查、评价等，要形成规范。

3. 制定教职工行为规范

行为规范是必须遵守的行为准则。幼儿园要根据教育目标和工作任务，结合教师工作特点与师德要求，提出全园教职工必须遵守的行为规范，培养良好的行为习惯和工作作风。

4. 对各类活动协调管理的规定

幼儿园要规定出适当的规章制度对组织活动进行协调和控制，以保证全园各部门、各类人员在教育和管理活动中步伐一致、协调配合。包括园内领导班子的分工管理职责制度、家长工作制度、园所各种会议制度、汇报制度等。

（三）幼儿园规章制度的层次与类型

按照颁布和制定规章制度的部门的不同，幼儿园规章制度分为两个不同层次：一个层次是由国家立法机关即全国人民代表大会、各级人民政府及其教育行政部门等统一制定的教育法规和有关的规章制度，另一个层次是由幼儿园依据国家法律和教育行政机关制定的幼儿园内部规章制度。

国家和各级人民政府宏观管理各级各类幼教机构的法令、法规，是管理幼儿园的根本依据，对于建立幼儿园正常秩序具有指导作用。幼儿园领导者、管理者要熟悉了解并认真学习有关教育和幼儿教育的各项法规条例，理解其精神并掌握各项法规条例所规范的具体内容，同时还要注意向全园教职工广为宣传，以便其遵照执行，依法治教。

幼儿园内部规章制度是幼儿园依据国家法律和教育行政机关制定的法规，结合本园实际自行制定的规章制度，这是幼儿园具体实施园所管理的工具，是幼儿园维护正常工作秩序、协调各类人员行为、提高组织活动效率的保证。以下仅对幼儿园内部规章制度进行介绍。

幼儿园内部规章制度主要有四大类：全园性规章制度、部门性规章制度、各类人员岗位责任规章制度以及考核与奖惩规章制度。

1. 全园性规章制度

全园性规章制度可以起到指导、组织集体的共同活动，统一各类人员的行为，建立工作常规和行为规范的作用。

幼儿园应根据园所总目标和培育优良园风的要求，制定出一整套指导集体活动的规章制度，使各部门各类人员的工作、学习和生活有一个统一的准则或规范，包括教职工职业规范或工作守则，教职工考勤制度、交接班制度、值班制度、学习制度，以及个人卫生与环境卫生制度等。另外，还包括接送制度、安全制度、家长联系制度等，并使全园教职工广为周知并遵照执行。

2. 部门性规章制度

建立和完善幼儿园各部门的规章制度，可以起到明确各层次、各部门工作任务和职责，加强科学管理的作用。

（1）幼儿园行政管理的各种会议制度

会议是一种重要的管理手段。通过会议，可以使幼儿园领导之间、园所管理层级之间及各部门之间互通信息、协调运转。园长可以通过会议，统一指挥、研究部署工作，实现对各部门的调控。会议也可以作为科学决策和民主管理的重要形式。园所例行的会议制度一般包括园务会议制度、年级组长会议制度、教研组长会议制度、教职工代表大会制度、家长会或家长委员会制度，以及卫委会、伙委会制度等。要发挥管理成效，就要注意提高会议效率，要规定召开会议的时间期限、任务与内容、主持者或负责人。

（2）幼儿园卫生保健工作制度

幼儿园卫生保健工作制度包括生活作息制度、体格锻炼制度、健康检查制度、卫生防疫制度、伙食营养卫生制度及卫生保健登记制度等。

（3）幼儿园业务部门工作制度

幼儿园业务部门工作制度包括学籍管理制度、保教人员工作常规、备课听课制度、计划与记录制度、保教质量全面检查制度、教研活动制度等。

（4）幼儿园总务部门规章制度

幼儿园总务部门规章制度包括财务制度、财产管理制度、物资采购与验收制度、档案资料管理制度、安全保卫制度、收发工作制度等。

3. 各类人员岗位责任规章制度（岗位责任制）

岗位责任制是通过明确的规定，使每个工作岗位的职责明晰化，并将它落实到具体负责人的一种制度。岗位责任制是在对组织的全部工作实行定员、定编、定岗的基础上，对每个岗位规定出完成工作的时间、工作质量与数量的制度。岗位责任制使一定工作岗位上的人，与这个岗位该完成的工作之间建立有机联系，将工作落实到每个岗位和组织中的每个成员，以保证相应工作得到切实的贯彻落实。岗位责任制起着明确职责，调整和处理各个岗位之间的职务、责任、权力关系的作用，使组织的各类人员能够"在其位、行其事、尽其责"。

岗位责任制是幼儿园各项规章制度的核心。抓好岗位责任制，其他制度的执行才有保障。岗位责任制应包括工作任务内容、方法和质量要求，要明确具体、条理清楚、定性与定量结合，要便于执行和检查。幼儿园应注重建立各类人员岗位责任制，包括园长职责、保教主任职责、教师职责等，既要体现各岗位的共性特征和一般要求，确立各岗位的基本职责范围，又要明确各岗位在具体机构中具有的独特性或个别特点的工作职责范围或工作任务。岗位责任制的建立和执行有利于实现"人人有专责，事事有人管，办事有标准"，使幼儿园工作纳入规范、科学管理的轨道，提高工作效率；同时也有益于培养人人尽责尽职的良好风气。

4. 考核与奖惩规章制度

岗位责任制和其他制度规章的贯彻执行，有赖于建立考核奖惩制度与之相配套。否则，没有考核评价就可能造成有章不循，幼儿园各项规章制度就可能流于形式，各项工作就会难以落实。同时，对各类人员工作状况如不及时给予奖惩，也会挫伤广大教职工的积极性。将考核奖惩制度与岗位责任制和其他规章制度有机结合，可以赏功罚过、功过分明，既体现管理法规的严肃性、有效性，又可起到激励组织成员尽职尽责，建设奋发向上的工作集体的作用。

考核是对组织成员履行职责情况和工作任务完成情况进行的检查评定。考核工作中，一般由党政工团代表组成，或是通过民主选举产生，成立考评小组，确保其代表性、权威性，以便公正客观地作出判断。考核的方式多将自评、群众互评及领导评价检查三者相结合。

奖惩是在考核评定基础上进行的，对考核结果给予肯定的或是否定的评价制度，是对责任者必须承担并履行职责后果的制度，是对考核加以强化的管理措施。

幼儿园应建立健全的各项规章制度，确保工作的开展有规可依的同时，通过对规章制度的宣传讲解、领导者的率先垂范、严格的检查督促等促进规章制度的贯彻执行，引导教职工将外部的规范内化为行为主体的自觉意识，从而强化责任感，培养良好的工作作风，并在全园形成健康向上的园风园纪，推动组织文化建设。

总之，制度建设是促进幼儿园可持续发展、提升幼儿园办学质量的一个重要途径。任何一所幼儿园都应注重制度建设，并要把园所制度建设付诸实践，努力做好每一项工作，遵守每一项制度，使幼儿园更上一个档次，能接受更多的挑战。

本章小结

学前教育管理体制是我国教育管理体制在学前教育领域的具体化，是学前教育体制的核心，是学前教育政策的根本性问题。学前教育管理体制包括学前教育行政管理体制和学前教育机构内部管理体制。我国的学前教育管理体制随着学前教育事业的发展不断完善。

学前教育行政管理体制作为国家组织领导和管理学前教育事业的基本体系和工作制度，是保障政府切实履行发展学前教育职责，促进学前教育事业健康发展的关键所在。改革开放以来，在经济社会发展和教育制度变革的不同时期，我国先后进行了几次学前教育行政体制改革，学前教育管理体制主动或被动地发生着变化，政府主导职责不断回归，现行的"国务院领导，省市统筹，以县为主"的学前教育管理体制，呈现"政府负责，学前教育管理地方化；分级管理，教育行政部门发挥主管主导作用；分工负责，学前教育管理社会化"的特征，为学前教育质量和效能的提升提供了管理体制方面的保障。

学前教育机构内部管理体制作为教育管理体制的重要组成部分，是关于学前教育机构（主要是幼儿园）的人员配备、机构设置、隶属关系和权限划分等方面的制度，解决如何使学前教育机构有活力的问题。科学、健全的内部管理体制是学前教育机构健康发展的必然要求。其中，园长负责制属于学前教育机构的领导体制，是学前教育机构内部管理体系的核心，是学前教育机构管理的灵魂。园长负责制由上级机关领导、园长全面负责、党组织保证监督和教职工民主管理四个相互联系、又互有区别的基本要素组成，目的是建立起充分发挥领导职能的、统一的、高效率的园内指挥系统。适宜的幼儿园组织机构，通过确定领导关系和职责权限分工，将幼儿园拥有的人力、物力、财力等有效组织起来，保证幼儿园目标实现所依托的各种活动的有序高效进行。幼儿园规章制度是实现幼儿园科学管理的重要手段。通过规章制度强化管理，有助于规范全园的各项工作和全园教职工的行为，从而保证幼儿园的正常工作秩序，对提高管理成效、工作效能，形成良好园风具有重要意义。

思考与练习

1. 我国现行的学前教育行政管理体制是什么？
2. 简述我国学前教育机构内部管理体制。
3. 阅读以下材料，分析材料中这一现象产生的原因，并尝试提出改进策略。

　　××幼儿园中三班的李老师性格开朗、为人正直、热爱幼教、业务精通，深得家长和小朋友的喜爱，并经常为园所工作献计献策，也深得领导和教职工的喜爱，几次被评为"优秀教师"。

　　近日，幼儿园召开了职评会，职评会的成员不同意园长方案，李老师正要说出理由，被园长强制制止了，怕她的话有导向作用。李老师认为园长霸道、专横、工作没有人情味，不讲民主，非常气愤，与园长吵了起来。此事在幼儿园教职工中影响较大。

　　如今，李老师无精打采，沉默不语，不接受领导的工作安排，不参加学校组织的任何活动，甚至见到园长扭身就走。

实践活动

　　结合本章所学，设计一份调查问卷，调查附近幼儿园内部的制度建设现状，对幼儿园现有规章制度的内容与类型、教职工对规章制度的认识、规章制度实施成效等进行了解，记录下你发现的问题，并谈谈你的看法与主张。

拓展资源

1. 《中共中央 国务院关于学前教育深化改革规范发展的若干意见》。
2. 《"十四五"学前教育发展提升行动计划》。
3. 《中国教育现代化2035》。

第五章 学前教育机构的法律地位及设立与运行

学习目标

1. 理解学前教育机构法律地位的内涵与特点。
2. 了解学前教育机构与其他民事法律主体和行政机关的法律关系。
3. 掌握学前教育机构的基本权利和义务。
4. 了解学前教育机构设立的法定实体条件与程序条件。
5. 了解学前教育机构运行的基本机制。
6. 能结合理论知识和法律法规,对实践中学前教育机构的行为进行学理分析。

本章导读

学前教育机构作为我国基础教育体系中的重要实体，是实现教育目的的有机组成。随着人口政策和市场经济的发展，出现了不同设立主体、不同性质的学前教育机构，为了使机构在法律框架内有序运行，国家出台了一系列法律法规和政策规章来规范调整机构的行为。因此，我们就需要了解学前教育机构有怎样的法律地位，享有哪些权利并履行哪些义务，成立机构需要具备哪些条件，机构又要在怎样的机制框架内运行等问题。本章将对这些法律问题展开阐述。

思维导图

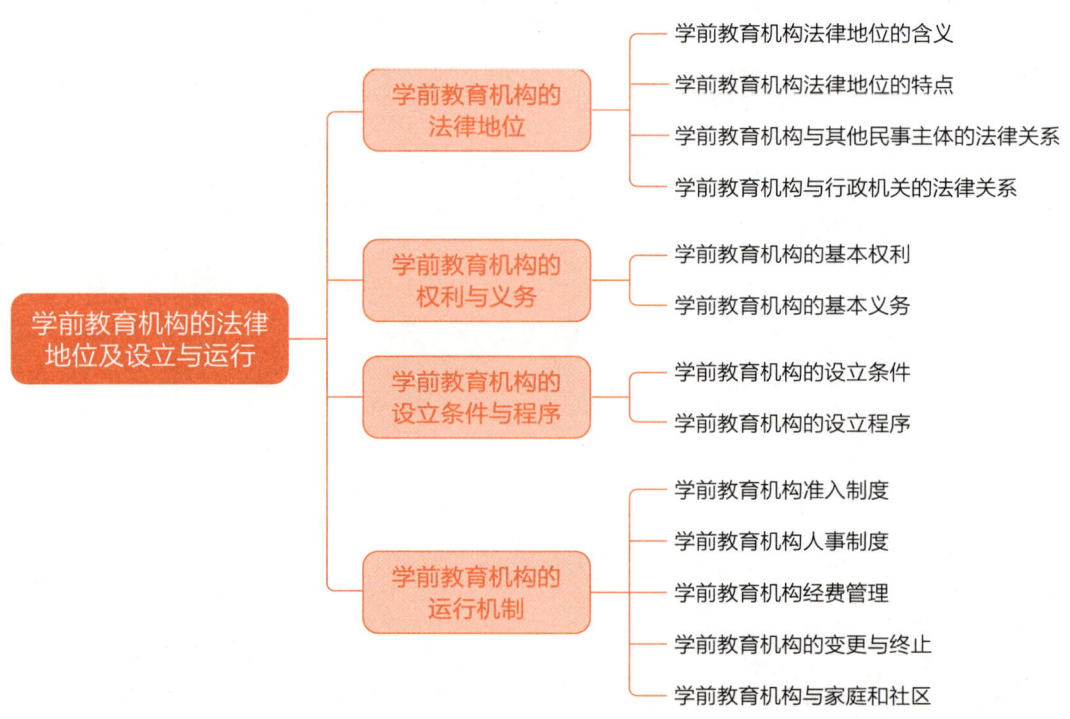

第一节　学前教育机构的法律地位

一、学前教育机构法律地位的含义

幼儿园、托育机构等学前教育机构由于具有比较特殊的社会性和规范性，其设立和运行就必须受到法律法规的制约。一方面，需要通过法律保障受教育者获得平等受教育的权利，这是实现社会公平正义的必然要求；另一方面，教育机构在法律框架内运行有助于规范各方法律主体的权利与义务关系，明确法律责任。

广义的学前教育机构法律地位包括：机构的地位状态、条件、社会地位；机构在办学过程中和政府、其他社会机构或组织以及教育机构内部各法律主体之间的法律关系；机构在办学过程中的权利、义务、权利能力、行为能力和法律责任等。狭义的学前教育机构法律地位仅指机构的权利、义务和法律责任。一般我们谈论的学前教育机构法律地位可以作狭义解释，即"实施保育教育的主体在法律关系中所处的位置，主要体现为法律上的权利和义务"。

理解学前教育机构的法律地位，需要明确其法律主体资格。法律意义上的主体除了生命体意义的自然人以外，还包括机构和组织（法人）。法人是法律拟制的"人"，是由法律赋予机构和组织人格并将其视同自然人一样具有独立的意志和利益的社会组织体。符合一定法律标准的学前教育机构被赋予独立人格，依法取得法人资格，在民事活动中依法独立享有民事权利，承担民事责任。根据《民法典》及有关法律法规的规定，学前教育机构可以广泛参与与保育和教育相关的民事活动，依法享有法人财产权、知识产权、名誉权、荣誉权等民事权利，也要依法承担一切因自身行为而产生的民事责任，如违约责任、侵权责任等。

在我国学前教育发展历程中，产生了不同性质的学前教育机构，其中公办和民办两种划分形式是主要的分类标准。根据《事业单位登记管理暂行条例》的规定，事业单位是指"国家为了社会公益目的，由国家机关举办或者其他组织利用国有资产举办的，从事教育、科技、文化、卫生等活动的社会服务组织"；《民办教育促进法》规定，"民办教育事业属于公益性事业，是社会主义教育事业的组成部分"，明确了民办学校的举办者可以自主选择设立非营利性或者营利性民办学校，与之配套制定的《民办学校分类登记实施细则》第七条规定，"正式批准设立的非营利性民办学校，符合《民办非企业单位登记管理暂行条例》等民办非企业单位登记管理有关规定的到民政部门登记为民办非企业单位，符合《事业单位登记管理暂行条例》等事业单位登记管理有关规定的到事业单位登记管理机关登记为事业单位"；《民法典》第八十七条第一款规定，"为公益目的或者其他非营利目的成立，不向出资人、设立人或者会员分配所取得利润的法人，为非营利法人"。可见，学前教育机构可根据自身情况，分别取得事业单位法人、民办非企业法人和企业法人资格。

二、学前教育机构法律地位的特点

学前教育机构法律地位的特点包括三个方面，即公共性、公益性和多重性。

（一）公共性

学前教育机构法律地位的公共性指的是该机构体现了"公"的特点或者是国家的特点。在许多国家，都有"公法人"的概念。所谓公法人，一般是指为公共利益而存在的主体。如德国规定，学校（幼儿园）是公共机构，同时也是国家机构；日本规定，法律所承认的学校（幼儿园）具有公共性质。虽然我国没有"公法人"的概念，但学前教育机构是为公共利益而存在的主体，其教育权力归属国家，教育权行使的目的是要促进全社会的福祉，表现在以下几个方面。

①学前教育机构法律地位是依据有行政法性质的《教育法》确立的，机构的设立、变更、终止必须向教育行政部门注册登记。

②学前教育机构以提高全民族素质、培养人才、促进物质文明和精神文明建设为目的。各种教育机构的活动都要符合国家、人民的利益和社会公共利益的需要，对国家、人民和社会负责，不得损害国家、人民的利益和社会的公共利益。同时，无论是国家举办还是社会力量举办的学前教育机构，都必须接受国家和社会依法进行的管理和监督。

③学前教育机构行使的教育权，实质上是属于国家教育权的一部分，学前教育活动的开展是

对我国公民受教育权的保障。《教育法》中明确规定了学校享有的教育教学权利，对幼儿园等教育机构来说，行使的保育教育实施权，既是国家授予的权利，又是国家交给的任务，只能正确行使，而不能放弃。《幼儿园工作规程》指出："幼儿园教育是基础教育的重要组成部分，是学校教育制度的基础阶段。"以上规定说明，学前教育机构依法实施教育行为既充分行使了国家赋予的教育权，又充分保障了我国公民的受教育权。

（二）公益性

《民法典》第八十七条第二款指出："非营利法人包括事业单位、社会团体、基金会、社会服务机构等。"把教育机构规定为非营利、公益性机构，是世界各国的普遍认同。值得注意的是，2021年新修订的《中华人民共和国教育法》第二十六条第四款指出，"以财政性经费、捐赠资产举办或者参与举办的学校及其他教育机构不得设立为营利性组织"，这是对1995年《中华人民共和国教育法》第二十五条第三款"任何组织和个人不得以营利为目的举办学校及其他教育机构"的调整，对该条款的修改反映了社会主义市场经济下对多种举办主体的平等尊重，鼓励各类主体参与教育事业的发展。虽然《民办学校分类登记实施细则》承认了营利性民办学校的合法地位，但由于该条例要符合上位法《教育法》中对"教育活动必须符合国家和社会公共利益"的规定，因此，不管公办还是民办学前教育机构，其本质仍然是非营利性法人组织，具有公益性属性。例如，幼儿园不能用其资产进行抵押、担保，社会资本不得通过兼并收购、受托经营、加盟连锁、协议控制等方式控制公办幼儿园和非营利性民办幼儿园。

（三）多重性

幼儿园等学前教育机构在实施法律行为的过程中，必然与其他法律主体之间产生权利和义务关系。当其参与教育行政法律关系，取得行政法上的权利和承担行政法上的义务时，它就是教育行政法律关系的主体；当其参与教育民事法律关系，取得民事权利和承担民事义务时，它就是教育民事法律关系的主体。所谓的教育行政法律关系，是指幼儿园、托育机构等在实施教育活动中，与国家行政机关发生的关系，如向教育主管部门申请办学许可、向卫生保健部门申请健康证明许可等，此时教育机构是作为行政管理相对人出现的。所谓的教育民事法律关系，是指幼儿园、托育机构等与不具有行政隶属关系的行政机关、企事业组织、社会团体、自然人之间发生的社会关系，这类法律关系涉及面颇广，如财产、人身、土地、劳动等多重关系。在教育民事法律关系中，学前教育机构与其他民事主体处于平等的法律地位。

三、学前教育机构与其他民事主体的法律关系

学前教育机构作为具有独立民事权利能力和民事行为能力的法人，常常与不同的民事主体产生民事法律关系，包括教师、幼儿、家长、社会组织及其他公民个人等。例如，幼儿园租赁另一方所有的房屋作为办学场地而产生租赁合同关系；幼儿园订购厂家的桌椅等教学设备而产生买卖合同关系；幼儿园聘用员工而产生劳动合同关系。此时，学前教育机构就是民法所保护的民事主体，与其他民事主体之间的法律关系具有以下几个方面的特点。

（一）法律地位上的平等性

《民法典》第四条明确规定："民事主体在民事活动中的法律地位一律平等。"基于民事主体的人格平等性，不论是自然人还是法人，在民事法律关系中都处于平等的法律地位，都是独立和平等的民事主体。学前教育机构与另一方参与者的法律地位是平等的，是基于自愿、公平、诚

信原则从事民事活动，不存在相互隶属关系，双方都有权利采取同等的法律救济途径。法律禁止民事活动中的不平等，不允许任何民事主体在民事活动中有超越法律的特权，取得非法利益。民事法律关系中主体的平等性是区别于其他法律关系的一个显著标志，是民事法律关系的一个重要特征。

（二）权利义务的对等性

学前教育机构与其他民事主体之间产生的民事法律关系与一般的社会关系不同，它是以权利和义务为内容的社会关系，即本质上的民事权利义务关系。学前教育机构的产生、变更甚至消亡的整个过程都会与其他民事主体产生各种各样的社会关系，而正确处理好这些关系，实现教育体系稳定良性发展，就需要法律提供最基本的规范来调整这些关系。我国民事关系中不存在特殊的民事主体，学前教育机构不管进行民事活动的对象是个人还是其他法人组织，不能只享有权利而不承担义务，或者只承担义务而不享受权利，其权利和义务具有对等性。

（三）法律行为的自愿性

基于我国《民法典》规定的自愿性原则，学前教育机构实施的法律行为必须基于自己真实的意思，即完全根据自己的意愿做出设立、变更和终止民事法律关系的行为，任何虚假、欺诈、胁迫等情况下所实施的民事法律行为不能产生正常的民事法律行为效力。比如幼儿园购买教学设备，就要建立在双方协商自愿的基础上，在商品的质量、数量、价格等方面达成一致才会促使这一买卖合同的成立，不存在一方屈从于另一方或受另一方意志的支配。这种自愿原则在西方传统民法中称为"意思自治原则"，曾被奉之为私法的"最高原则"。但这种自愿或自由也不是不受限制的，它必须符合我国法律的一般强制性条件，比如不违反公序良俗、不侵害国家和第三方的合法利益。

四、学前教育机构与行政机关的法律关系

学前教育机构与行政机关的法律关系是一种行政法律关系，受行政法调整，行政机关是行政主体，学前教育机构属于行政相对人。学前教育机构作为行政相对人具有以下特点：在行政管理中具有被动性；在行政法律关系中具有法定性；在行政诉讼中具有主动性。从学前教育的公益性属性出发，学前教育机构是为社会公共利益服务的，是国家行政的一部分，因此，政府及教育主管部门与幼儿园、托育机构是领导与被领导、管理与被管理的行政关系。

学前教育机构与行政机关法律关系的特点主要体现在以下几个方面。

（一）法律关系上的不对等性

行政法律关系的双方主体之间是平等的，行政主体和行政相对人在法律上都是具有独立身份和相对自主性的主体，但法律地位的平等并不代表双方在权利义务上完全相等，这也是行政法律关系与民事法律关系之间最大的区别所在。所谓权利义务的不对等性，是指双方主体在权利义务上并不是完全等量的。拥有行政管理职权的是行政机关，且几乎没有义务需要履行，而行政相对人只能配合与服从，履行相应的义务；在行政诉讼法律关系中，虽然教育机构有权就不服的行政处罚或强制措施提起行政复议，乃至向法院提起行政诉讼，但是决定行政复议结果的主体还是教育行政机关，而行政诉讼往往复杂、漫长且败诉风险大。可见，行政法律关系主体双方是"平等下的不平等"。

（二）权利义务关系的法定性

与民事法律关系不同，行政法律关系中学前教育机构和教育行政机关的权利和义务都由法律明文规定，不是完全基于意思自治行事。对于教育行政机关而言，"法无授权不可为"，必须接受法律的规范，严格依法行政，保证行政主体不得滥用公权力；对幼儿园等学前教育机构而言，需要根据法律法规的规定履行相应的义务，没有自由选择的余地。例如，在学前教育机构设置的有关规定中，幼儿园的园舍面积、教师资格、人员编制、卫生保健标准、玩教具配备等都是由法律法规所规范的。

（三）行政管理上的隶属性

学前教育机构与教育行政机关或政府之间存在着行政管理法律关系，两者的法律地位并不平等，一方是处于管理、命令地位的管理者，有国家公权力和强制力作为执行的保障；另一方是处于被管理地位的行政相对人，应当遵守和履行已经生效的行政管理行为。例如，在幼儿园的注册登记过程中，没有教育行政机关作为行政管理的主体，申请登记的幼儿园就不可能发生行政法律关系；若学前教育机构违反行政机关的管理规定，就有可能收到行政处罚决定。《幼儿园管理条例》第二十二条明确规定："各级教育行政部门应当负责监督、评估和指导幼儿园的保育、教育工作，组织培训幼儿园的师资，审定、考核幼儿园教师的资格，并协助卫生行政部门检查和指导幼儿园的卫生保健工作，会同建设行政部门制定幼儿园园舍、设施的标准。"教育行政部门作为政府管理教育的职能部门，担负着当地政府对有关幼儿教育决策的参谋者及贯彻执行的组织者的作用。近几年，国家的法制建设开始重视限制公权力，在一定程度上约束行政机关对权力的滥用，但主体隶属性的特点依然存在。

第二节　学前教育机构的权利与义务

学前教育机构作为法人，享有民法意义上的民事权利，包括人身权中的名称权、名誉权和荣誉权，财产权中的物权、债权和知识产权。《教育法》明确规定了学校及其他教育机构合法行使的权利和应当履行的义务。本节将主要根据《教育法》《教师法》《幼儿园管理条例》《幼儿园工作规程》等的规定具体说明并解读学前教育机构在教育方面的基本权利和义务。

一、学前教育机构的基本权利

学前教育机构作为依法成立的实施保育和教育活动的专门机构，为实现其基本职能，必须依法享有不同于其他社会组织的特定的权利，这是保障学前教育机构法律地位的重要条件。

（一）自主管理权

《教育法》第二十九条第（一）项赋予了学校自主管理权，即学校有权"按照章程自主管理"，这是关于学校自主管理权最重要的法律渊源和法律依据。学前教育机构同其他学校一样享有自主权，可以按照自己的章程确定办学宗旨、管理体制及重大原则，有权制定具体的规章制度和发展计划，自主作出管理决策，并建立、完善自己的管理系统，组织实施管理活动，不必事无巨细地向主管部门或举办者请示。主管部门或举办者对园所的符合其章程规定的管理行为无权干涉。作为教育法人，学前教育机构本身具有基本的人格，有权按其依法设立时所确定的章程管理自身内部的活动。

（二）组织实施保教活动权

《幼儿园工作规程》规定：幼儿园按照保育与教育相结合的原则，遵循幼儿身心发展特点和规律，实施德、智、体、美等方面全面发展的教育，促进幼儿身心和谐发展。学前教育机构有权根据自己的办园宗旨和任务，依据国家教育主管部门的有关规定，自行决定和实施自己的保育教育计划，决定具体的课程模式和教学方法，决定一日活动安排，组织保教活动评比检查等。这项权利也被《教育法》所确认。确定这项权利，既可以保证学前教育机构在全面贯彻教育方针、全面实施幼儿教育法规中享有设计、安排、开展保育、教育活动的自主权利，又可防止外来力量对其正常保教秩序的冲击。

（三）招生权

学前教育机构一旦为《教育法》确认为具有进行保育教育活动权利能力的法人，那么招收学生作为其组织实施保育教育活动的必要前提，就被认定为其所有的特殊的法定权利。这一权利体现在学前教育机构根据自己的办园宗旨、培养目标、任务及办学条件和能力，依据《幼儿园工作规程》中有关"幼儿园每年秋季招生。平时如有缺额，可以随时补招"等有关招生编班的规定（一些民办学前教育机构不受固定招生时间的局限），有权制定本机构具体的招生办法，发布招生广告，确定招生范围和来源，决定招生的具体数量和人员等。招生权作为学前教育机构的一项特殊的法定权利，同时也是学前教育机构的基本权利，当然在行使这一权利时，也要遵守国家规定，不能擅自突破国家有关招生、编班的规定，造成班额过大，违背幼儿身心发展规律。主管部门如非法限制或取消学前教育机构的自主招生权，则属于侵权行为，必须制止和纠正。

（四）奖励处分权

《教师法》规定，学校或者其他教育机构应当对教师的政治思想、业务水平、工作态度和工作成绩进行考核，考核结果是受聘任教、晋升工资、实施奖惩的依据，并且教师在教育教学、培育人才、科学研究、教学改革、学校建设、社会服务、勤工俭学等方面成绩优异的，由所在学校予以表彰、奖励。当然，对于违反机构制定的合法的规章制度，机构也有权给予相应处分，甚至解除聘任合同，当然解聘的前提是不违背《中华人民共和国劳动法》的相关规定。《幼儿园工作规程》第四十五条也作出相应的规定，"对认真履行职责、成绩优良的幼儿园教职工，应当按照有关规定给予奖励。对不履行职责的幼儿园教职工，应当视情节轻重，依法依规给予相应处分"。《教师法》等法律法规赋予了学前教育机构有权制定符合本园情况的奖励与处分制度，这项权利有利于调动教职工的积极性，提高办园质量和效益。

（五）设施和经费管理使用权

《教育法》规定了学校及其他教育机构有权管理、使用本单位的设施和经费。在学前教育领域，这一权利是指学前教育机构对其占有的场地、教室、宿舍、教学设备等设施、办学经费及其他有关财产，享有财产管理权和使用权，必要时可对其占有的财产进行处分或取得一定的收益。

为了防止国有资产的严重流失，接受财政扶持的提供普惠性服务的国有企事业单位办园、集体办园和民办园等，其所有财产中属于国有资产的，该园所只享有占有、使用、收益的权利，而不能对其进行处分，只有所有权人才能完全支配所有物。

（六）拒绝他人和组织的非法干涉权

《教育法》规定了学校、幼儿园等其他教育机构有拒绝任何组织和个人对教育教学活动非法干涉的权利。这是一种以自我保护为目的、带有防御性的被动权利，所谓的"被动"是指须有非法干涉保教活动的侵权行为发生在先，是一种要求对方排除侵害或做出赔偿的请求权。学前教育机构有权拒绝和抵制来自行政机关（包括教育行政机关）、企事业单位、宗教团体、其他社会组织、个人及国外势力等任何方面的非法干涉保教活动的行为。

特别要注意的是"非法"二字，学前教育机构对行政部门等合法的介入、强制措施、处分行为等并无排除干涉权。因此，所谓的"非法干涉"，指行为人违背法律法规和有关规定做出的不利于保教活动正常开展的行为。例如，行政部门随意征用幼儿园的活动用房和场地，影响幼儿的正常活动需求。

二、学前教育机构的基本义务

权利与义务是相统一的，学前教育机构在享受权利的同时，必须自觉履行相应的责任义务。规定学前教育机构履行法律义务的意义在于：一是为了保证学前教育机构实现其办园宗旨，实施保育教育活动的需要；二是为了保护幼儿和教师的合法权益的需要，尤其是为了保障公民受教育权的实现。

（一）遵守法律法规的义务

首先，这项义务是我国宪法的要求。《宪法》第五条规定："一切国家机关和武装力量、各政党和各社会团体、各企业事业组织都必须遵守宪法和法律。一切违反宪法和法律的行为，必须予以追究。任何组织或者个人都不得有超越宪法和法律的特权。"幼儿园、托育机构等学前教育机构，必须履行遵守宪法和法律的义务。

其次，这项义务是我国《教育法》及其他教育法律法规的要求。学前教育机构除了遵守宪法外，还要严格遵守国家教育法律法规以及规章中针对学校和其他教育机构规定的法定义务，以保障其办学宗旨的实现和保育教育活动的实施。

（二）保证保育教育质量的义务

《教育法》第五条规定："教育必须为社会主义现代化建设服务、为人民服务，必须与生产劳动和社会实践相结合，培养德智体美劳全面发展的社会主义事业建设者和接班人。"而学前教育机构作为国家教育事业的重要组成部分同样承担着实现教育目的的任务，在《幼儿园工作规程》中就对幼儿园的保育和教育活动提出了明确的目标，即"贯彻国家的教育方针，按照保育与教育相结合的原则，遵循幼儿身心发展特点和规律，实施德、智、体、美等方面全面发展的教育，促进幼儿身心和谐发展"。学前教育机构要执行国家关于保育教育的标准，努力改善办园条件，加强育人环节，保证不断提高保育教育质量。履行此项法律义务，有利于保证学前教育机构的社会主义性质，克服当前出现的如"小学化""超前学习"等违背全面发展的教育方针的不良教育倾向。

（三）维护幼儿、教职员工合法权益的义务

2021年新修订的《中华人民共和国未成年人保护法》从未成年人的人格尊严、受教育权、参与权、人身安全等方面明确了学校、幼儿园、婴幼儿照护服务机构、早期教育服务机构、校外培训机构、校外托管机构等法律主体的责任和义务，全力保障未成年人的合法权益，促进未成年人

身心健康。需要澄清的是，学前教育机构对幼儿负有教育、管理和保护的职责与义务，但并非意味着幼儿在园发生的一切损害行为都是由园所承担。由于幼儿的自我保护能力较弱，加上好奇心强，容易在园出现一些意外情况，实践中常常出现家长对幼儿在园受到的伤害要求园所承担全部责任的情况。对此，法律上对学前教育机构的责任采取过错推定原则，即如果园所尽到了注意、管理和保护的职责，且对幼儿的伤害行为无过错，那么对幼儿的受损害行为无须承担责任；如果不能证明自己没有过错，则应当承担侵权责任，《民法典》第一千一百九十九条对此作出明确规定。这一条款并非是为了刻意减少学前教育机构的责任，而是在法律上明确了园所在哪些范围内承担义务，这样也在某种程度上保障了教职员工及园方的合法权益。

> **拓展阅读 5-1**
>
> **幼儿园法定义务：保育保护，不等于监护**
>
> 2019年10月29日午饭后，某幼儿园的两名老师带领胡某与李某等小朋友在操场按照逆时针方向依次踩着地面白点进行跨步跳活动，其中一名老师在监控镜头远处站立作为小朋友绕行的标杆，另一名老师则跟随小朋友的队伍实时进行指导和看管。胡某与李某相隔一个小朋友，胡某在先，准备向前跳跃时，李某从背后斜向突然冲出（未按顺序），在即将相撞之际，李某使用左手推了胡某后背，导致胡某失去重心摔倒在地受伤，现场两位老师立即上前扶起了胡某。受伤当天，胡某被送至医院，X线影像学诊断为右肱骨远端外上髁骨折，门诊及住院治疗产生医疗费共计16507.77元。
>
> 一审判决中，法院认定李某父母应当承担侵权责任，但一审后李某父母上诉，认为幼儿园未尽到教育管理职责，在管理上存在一定疏漏，应当承担一定比例的赔偿责任。经过审理，二审法院认定幼儿园不承担赔偿责任。理由在于：无民事行为能力人在幼儿园、学校或者其他教育机构学习、生活期间受到人身损害的，幼儿园、学校或者其他教育机构应当承担责任，但能够证明尽到教育、管理职责的，不承担责任。据此，该幼儿园在教育过程中应尽到教育、管理职责，并非监护人职责。我国《民法典》第一千一百八十八条规定，无民事行为能力人、限制民事行为能力人造成他人损害的，由监护人承担侵权责任。监护人尽到监护责任的，可以减轻其侵权责任。因此，李某的监护人应当承担行为后果。本案中，在组织幼儿活动时，由两名老师带领，且其中一名老师跟随小朋友的队伍实时进行指导和看管，系被告李某未遵守游戏规则，突然从胡某身后斜插跑出推倒了胡某导致其受伤，属于突发情况，作为一般人难以在极短时间内作出超乎常人的反应，阻止事件的发生，因此，幼儿园并不存在过错，不应承担责任。
>
> 资料来源：中国裁判文书网（2020）渝01民终8197号二审民事判决书

除了对幼儿合法权益的保护是学前教育机构的义务，还要充分保障教职员工的权利，比如学前教师有进行保育教育活动，开展保育教育改革和实验的权利；全体教职工有权行使民主管理权，对园所的规章制度有权发声、参与制定；依据《教师法》的规定，教师有"按时获取工资报酬"的权利等，这些权利都要受到学前教育机构的尊重。

（四）以适当方式为幼儿监护人了解幼儿发展状况等提供便利的义务

《教育法》第三十条规定了学校及其他教育机构应当履行以适当方式为受教育者及其监护人

了解受教育者的学业成绩及其他有关情况提供便利的义务。这一义务的本质是保障作为幼儿法定监护人的家长的相关知情权。《幼儿园工作规程》中也要求幼儿园应当主动与幼儿家庭沟通合作，建立幼儿园与家长联系的制度，成立家长委员会等帮助家长了解幼儿在园的成长经历，了解幼儿园保育教育的内容、方法和幼儿园工作计划。随着自媒体技术的发展，学前教育机构还会通过微信朋友圈、抖音等平台发布一些幼儿在园活动情况供家长随时了解，但这种保障家长知情权的方式必须在合法合理的范围内进行，切不可侵害幼儿的隐私权。

（五）收取并公开收费项目的义务

《幼儿园管理条例》第二十四条第一款规定："幼儿园可以依据本省、自治区、直辖市人民政府制定的收费标准，向幼儿家长收取保育费、教育费。"本条第二款规定："幼儿园应当加强财务管理，合理使用各项经费，任何单位和个人不得克扣、挪用幼儿园经费。"《幼儿园工作规程》明确规定，幼儿园实行收费公示制度，收费项目和标准向家长公示，接受社会监督，幼儿园的经费坚持专款专用，不得挪作他用，并接受财物、审计等有关部门的监督检查。需要指出的是，这里的监督检查仅针对按照国家和地方相关规定接受财政扶持的提供普惠性服务的国有企事业单位办园、集体办园和民办园等幼儿园，并不涉及营利性学前教育机构，这些机构需要接受税务部门的监管。

第三节　学前教育机构的设立条件与程序

学前教育机构需依法设立，符合法律法规的相关设置条件。1989年的《幼儿园管理条例》和2019年《托育机构设置标准（试行）》对幼儿园、托育机构的设立作出明确规定，规范了0～6岁学前教育机构的开办要求。当然，学前教育机构的开办还需符合《民法典》对法人设立的条件要求和《教育法》对学校及其他教育机构的实体条件与程序条件。

一、学前教育机构的设立条件

（一）具有举办学前教育机构的主体资格

举办学前教育机构的主体资格是对哪些组织和公民可以举办学前教育机构的能力限定。我国《宪法》第十九条第四款规定："国家鼓励集体经济组织、国家企业事业组织和其他社会力量依照法律规定举办各种教育事业。"《教育法》第二十六条规定："国家制定教育发展规划，并举办学校及其他教育机构。国家鼓励企业事业组织、社会团体、其他社会组织及公民个人依法举办学校及其他教育机构。"《幼儿园管理条例》第五条规定："地方各级人民政府可以依据本条例举办幼儿园，并鼓励和支持企业事业单位、社会团体、居民委员会、村民委员会和公民举办幼儿园或捐资助园。"《民办教育促进法》第十条规定："举办民办学校的社会组织，应当具有法人资格。举办民办学校的个人，应当具有政治权利和完全民事行为能力。民办学校应当具备法人条件。"这些法律法规对我国学前教育机构的办学体制、办学原则和办学主体资格作了限定。

根据以上相关法律法规的规定，国家、企事业组织、社会团体、其他社会组织及公民个人具有举办学前教育机构的主体资格，可依法举办学前教育机构。同时也说明了以下组织和公民不得举办学前教育机构：不具有法人资格的社会组织；以营利为目的，被政府行政部门责令停止办学的；限制民事行为能力或无民事行为能力者；被剥夺政治权利的或被判处有期徒刑以上正在服刑者。

（二）具有健全的组织机构和章程

健全的组织机构和合理的人员配置，是学前教育机构得以正常运转的重要保证。设置组织机构就是通过建立适宜的机构及活动规则，确定领导关系和职权分工，将学前教育机构所拥有的人力、物力等组织起来，较好地实现学前教育机构的任务目标。组织工作是幼儿园管理的一项重要职能。《幼儿园管理条例》规定了举办幼儿园的条件、审批程序，以及幼儿园的行政事务；《幼儿园工作规程》中，对幼儿园的招生、编班提出了基本要求；《托育机构设置标准（试行）》明确了机构设施、人员构成。一般来说，托幼机构的组织机构包括园长、保教主任、保健室、财务室、后勤、教职工代表大会、工会等。在一定的环境条件下，这些组织机构按一定的形式与层次组成机构体系，形成有机结合的活动功能系统，对内维系不同人群集合体的内部关系，对外处理与特定机构和社会系统的外部关系。

学前教育机构具有独立自主管理的权利，但这种独立实体除了需要一定的人员、经费和物质条件外，还必须按一定的规则组织起来，形成彼此分工又相互合作的关系，使得机构的管理从人治向法治转变。学前教育机构的章程是规范托幼机构举办者、监控机构行为的重要手段，适用于公办和民办学前教育机构。章程的本质是办学者在法律约束下的"契约"，是学校管理民主化、科学化的需要，有利于克服管理的随意性。学前教育机构的章程，是指为了保证机构的正常运行，主要就学前教育机构的宗旨、内部管理体制、财务活动等重大的、基本的问题，作出全面规定而形成的自律性文件。章程需载明本机构的名称、地址、开办宗旨、园长职责及产生、教师及其他工作人员的权利和义务、学籍管理制度、财物管理制度、人事管理制度、章程变更程序及其他需要说明的事项等。《教育法》明确规定了章程是设立学校及其他教育机构的必备基本条件，学前教育机构的章程自学前教育机构被批准开办之日起生效，其内容不得违背相关法律法规的规定。

（三）拥有合格的保教人员、医务及其他工作人员

建立一支符合法律法规规定的教职工队伍是保证学前教育机构能够依法、依规开展幼儿保育和教育活动的必要人员条件。学前教育机构需要根据办园规模、保育和教育需求、日常管理需要来依法聘请相应数量的教职工。《幼儿园管理条例》《幼儿园工作规程》对幼儿园的教师、保育员、卫生保健人员和其他工作人员规定了所应具备的具体条件。《幼儿园工作规程》第三十九条规定了幼儿园教职工必须共同具备的基本条件是："幼儿园教职工应当贯彻国家教育方针，具有良好品德，热爱教育事业，尊重和爱护幼儿，具有专业知识和技能以及相应的文化和专业素养，为人师表，忠于职责，身心健康。幼儿园教职工患传染病期间暂停在幼儿园的工作。有犯罪、吸毒记录和精神病史者不得在幼儿园工作。"

1. 园长

园长是幼儿园的行政负责人和法人代表。《幼儿园工作规程》第四十条规定："幼儿园园长应当符合本规程第三十九条规定，并应当具有《教师资格条例》规定的教师资格、具备大专以上学历、有三年以上幼儿园工作经历和一定的组织管理能力，并取得幼儿园园长岗位培训合格证书。"《托育机构设置标准（试行）》规定："托育机构负责人负责全面工作，应当具有大专以上学历、有从事儿童保育教育、卫生健康等相关管理工作3年以上的经历，且经托育机构负责人岗位培训合格。"

2. 教师

幼儿园教师必须具有《教师资格条例》规定的幼儿园教师资格，并符合《幼儿园工作规程》第三十九条规定。幼儿园教师实行聘任制。

3. 保育人员

幼儿园保育员应当符合《幼儿园工作规程》第三十九条规定，并应当具备高中毕业以上学历，受过幼儿保育职业培训。在《托育机构设置标准（试行）》中，并没有区分教师和保育员，开展婴幼儿照护服务的人员统称为保育人员，规定了"保育人员主要负责婴幼儿日常生活照料，安排游戏活动，促进婴幼儿身心健康，养成良好行为习惯。保育人员应当具有婴幼儿照护经验或相关专业背景，受过婴幼儿保育相关培训和心理健康知识培训"。

4. 卫生保健人员

幼儿园卫生保健人员除了须符合《幼儿园工作规程》第三十九条规定外，医师应当取得卫生行政部门颁发的《医师执业证书》；护士应当取得《护士执业证书》；保健员应当具有高中毕业以上学历，并经过当地妇幼保健机构组织的卫生保健专业知识培训。托育机构的保健人员也需符合此标准。

5. 其他工作人员

幼儿园其他工作人员的资格和职责，按照国家和地方的有关规定执行。《托育机构管理规范（试行）》要求托育机构应当明确专兼职消防安全管理人员及管理职责，加强消防设施维护管理，确保用火用电用气安全。《托育机构设置标准（试行）》规定保安人员应当取得公安机关颁发的《保安员证》，并由获得公安机关《保安服务许可证》的保安公司派驻。

（四）具有符合标准的保教场所和设施

园舍、场地、设备、设施是学前教育机构办学的物质条件。《教育法》规定设立学校及其他教育机构，必须有符合规定标准的教学场所及设施、设备等。《幼儿园管理条例》第八条规定："举办幼儿园必须具有与保育、教育的要求相适应的园舍和设施。幼儿园的园舍和设施必须符合国家的卫生标准和安全标准。"《幼儿园工作规程》的第六章对此也作了更为详细的规定。

1. 园址、环境方面的要求

环境是影响幼儿健康成长的重要因素之一，因此幼儿园的选址应充分考虑环境因素对幼儿的影响。为此，《幼儿园管理条例》第七条专门规定："举办幼儿园必须将幼儿园设置在安全区域内。严禁在污染区和危险区内设置幼儿园。"这里所讲的安全区域，一般是指不会出现危险和事故，不会使幼儿身心受到威胁的区域；污染区，通常是指有粉尘污染、大气污染、水质污染、噪声污染的区域；危险区，一般是指危及人们健康和生命的区域。

与幼儿园相比，市场上不少托育机构的保教场所更为多样和复杂，例如设置在大型商场内部或者居民区的生活用房的托育机构，往往存在较多的安全隐患。因此，《托育机构设置标准（试行）》对托育机构的场地设施作出更为明确的规定，包括：托育机构应当有自有场地或租赁期不少于三年的场地；托育机构的场地应当选择自然条件良好、交通便利、符合卫生和环保要求的建设用地，远离对婴幼儿成长有危害的建筑、设施及污染源，满足抗震、防火、疏散等要求；托育机构的建筑应当符合有关工程建设国家标准、行业标准，设置符合标准要求的生活用房，根据需要设置服务管理用房和供应用房；托育机构的房屋装修、设施设备、装饰材料等，应当符合国家相关安全质量标准和环保标准，并定期进行检查维护。

2. 园舍方面的要求

《幼儿园工作规程》第三十四条规定："幼儿园应当按照国家的相关规定设活动室、寝室、卫生间、保健室、综合活动室、厨房和办公用房等，并达到相应的建设标准。有条件的幼儿园应当优先扩大幼儿游戏和活动空间。寄宿制幼儿园应当增设隔离室、浴室和教职工值班室等。"第三十五条规定："幼儿园应当有与其规模相适应的户外活动场地，配备必要的游戏和体育活动设施，创造条件开辟沙地、水池、种植园地等，并根据幼儿活动的需要绿化、美化园地。"第三十七条规定:"幼儿园的建筑规划面积、建筑设计和功能要求,以及设施设备、玩教具配备,按照国家和地方的相关规定执行。"《托育机构设置标准(试行)》第十六条规定:"托育机构应当设有室外活动场地,配备适宜的游戏设施,且有相应的安全防护设施。"

3. 设施、设备方面的要求

考虑到幼儿身心发展的特点,相关法律法规对学前教育机构的玩具、教具及生活用具也作了相应的规定。《幼儿园工作规程》第三十六条规定:"幼儿园应当配备适合幼儿特点的桌椅、玩具架、盥洗卫生用具,以及必要的玩教具、图书和乐器等。玩教具应当具有教育意义并符合安全、卫生要求。幼儿园应当因地制宜,就地取材,自制玩教具。"《托育机构设置标准(试行)》规定:"托育机构应当配备符合婴幼儿月龄特点的家具、用具、玩具、图书和游戏材料等,并符合国家相关安全质量标准和环保标准。"

(五)具有稳定的资金和经费来源

开展教育保育活动的学前教育机构,必须有充足的资金保障其正常运作。按照我国现行的法律法规规定,幼儿园的办学资金及经费来源主要有三种途径:一是由国家举办的幼儿园,即公办幼儿园,按照《教育法》的规定,在以财政拨款为主、其他多种渠道筹措教育经费为辅的体制下,获得必备的办园资金和经费;二是举办幼儿园的企业事业单位、社会团体、其他社会组织及公民个人依法筹措保障进行保育、教育以及维修或扩建、改建幼儿园的园舍与设施的办园资金和经费;三是幼儿园按照国家和地方的有关规定进行的收费。幼儿园所获得的资金和经费应当按照规定的范围合理使用,并坚持专款专用,任何单位和个人不得克扣、挪用。另外,幼儿园举办者筹措的经费,在保证保育和教育需要的前提下,要有一定比例的经费可用于改善办园条件和开展教职工培训。

二、学前教育机构的设立程序

根据《幼儿园管理条例》的规定,国家实行幼儿园登记注册制度,未经登记注册,任何单位和个人不得举办幼儿园。由此可看出,进行登记注册是开办幼儿园的必经程序。为3岁以下婴幼儿提供全日托、半日托、计时托、临时托等托育服务的机构,需要到有关部门登记、卫生健康部门备案。学前教育机构的登记注册备案制度的实施程序有以下几点需注意。

(一)审批登记注册的机关

《幼儿园管理条例》第十二条规定:"城市幼儿园的举办、停办,由所在区、不设区的市的人民政府教育行政部门登记注册。农村幼儿园的举办、停办,由所在乡、镇人民政府登记注册,并报县人民政府教育行政部门备案。"2003年1月,国务院办公厅转发了教育部等部门(单位)的《关于幼儿教育改革与发展的指导意见》,其中明确规定:"县级以上教育部门负责审批各类幼儿园的举办资格、颁发办园许可证,并定期复核审验。"由此可见,我国城市、农村幼儿园的举办、停办,均应当由县级以上教育行政部门负责审批。

2019年国务院办公厅颁发的《国务院办公厅关于促进3岁以下婴幼儿照护服务发展的指导意见》中,规定了民政部门负责非营利性婴幼儿照护服务机构法人的注册登记,市场监管部门负责营利性婴幼儿照护服务机构法人的注册登记。随后颁布的《托育机构设置标准(试行)》进一步明确了托育机构登记后,应当向机构所在地的县级以上卫生健康部门备案。

(二)登记注册需提交的申请材料

国家没有统一制定学前教育机构的登记注册办法,而是由各省、自治区、直辖市根据自身实际情况予以制定，因而各省、自治区、直辖市对学前教育机构进行登记注册时所应该提交的材料要求各不相同。通常来说，幼儿园登记注册需要提交申请报告、举办者的资格证明、办园场地证明、办园资金和经费来源证明、所办幼儿园的章程、拟聘园长及其他教职工的资格证明、健康证明、无犯罪记录证明等材料。一部分省份，如云南、四川，还要求填写统一制作的《幼儿园登记注册申请表》，然后由规定的登记注册机关对所提交材料进行审核，经审核符合条件的，方可办理登记注册手续。托育机构在向卫生健康部门备案后，要提交评价为"合格"的《托幼机构卫生评价报告》、消防安全检查合格证明、场地证明、工作人员资格证明等材料，填写备案书和承诺书。提供餐饮服务的，应当提交《食品经营许可证》。卫生健康部门应当对申请备案的托育机构提供备案回执和托育机构基本条件告知书。

（三）登记注册后的监督管理

登记注册机关负责对已登记注册的幼儿园进行监督管理，对幼儿园的举办情况依法进行监督检查，对有违反相关法律法规情况的，依照《幼儿园管理条例》第二十七条至第二十九条的规定进行处罚，情况严重的可以取消办园资格，构成犯罪的依法追究刑事责任。对于托育机构，各级妇幼保健、疾病预防控制、卫生监督等机构对托育机构卫生保健工作提供业务指导、咨询服务和进行监督执法，通过建立托育机构信息公示制度和质量评估制度，实施动态管理，加强社会监督。

第四节　学前教育机构的运行机制

当学前教育机构具备了人、财、物等方面的基本条件后，这些要素作为一个工作系统的组成部分发挥其功能的运行方式，并在相互作用过程中产生的结构关系和功能关系就是学前教育机构的运行机制。本节讨论的是学前教育政策法规中所涉及的与学前教育机构运行机制有关的制度或条款。

一、学前教育机构准入制度

此处所提及的"准入制度"，其基本含义等同于"登记注册制度"，但细究之下还是略有不同。在一些政策指导性文件中，既使用了含义较为宽泛的"准入制度"，同时又出现了"登记注册制度"。如2010年11月21日国务院颁发的《国务院关于当前发展学前教育的若干意见》规定："加强幼儿园准入管理。完善法律法规，规范学前教育管理。严格执行幼儿园准入制度。各地根据国家基本标准和社会对幼儿保教的不同需求，制定各种类型幼儿园的办园标准，实行分类管理、分类指导。县级教育行政部门负责审批各类幼儿园，建立幼儿园信息管理系统，对幼儿园实行动态监管。完善和落实幼儿园年检制度。未取得办园许可证和未办理登记注册手续，任何单位和个人不得举办幼儿园。对社会各类幼儿培训机构和早期教育指导机构，审批主管部门要加强监督管理。"

很明显，准入制度不再仅仅是种"门槛"，而是作为教育行政部门对学前教育机构进行动态管理的一种手段，具体包括了登记注册制度和年检制度。严格意义上，年检手续是登记注册手续向后的延伸，因为每隔固定时间进行一次年检就相当于登记注册手续的重复，好比学生每学期或每学年开学所要进行的报到注册。通过年检制度，进一步加强了对学前教育机构教育质量的监管，形成了具有主动清退不合格者功能的较为完善的准入机制。

对近年来民办幼儿园暴露出的种种乱象,《国务院关于当前发展学前教育的若干意见》就无证幼儿园问题作出了排查、指导与整改的解决意见,要求"各地要对目前存在的无证办园进行全面排查,加强指导,督促整改。整改期间,要保证幼儿正常接受学前教育。经整改达到相应标准的,颁发办园许可证。整改后仍未达到保障幼儿安全、健康等基本要求的,当地政府要依法予以取缔,妥善分流和安置幼儿"。

二、学前教育机构人事制度

广义的人事制度包括工作人员的选拔、录用、培训、工资、福利、监督、退休与抚恤等各项具体制度。狭义的人事制度指国家公务人员的任用、管理制度。可见,学前教育机构人事制度指的是广义上的人事制度,且探讨的主要内容是教师的聘任制度、培训制度和考核奖励制度。

(一) 教师的聘任制度

教师资格是从事教师工作的必备条件,但这并不意味着有了教师资格就一定能够从事教育教学工作,教师资格证的持有人只有被学校或其他教育机构聘任后,才能成为教师。《教师法》第十七条规定:"学校和其他教育机构应当逐步实行教师聘任制。教师的聘任应当遵循双方地位平等的原则,由学校和教师签订聘任合同,明确规定双方的权利、义务和责任。实施教师聘任制的步骤、办法由国务院教育行政部门规定。"从该法条可以看出,聘任制的概念涵盖了以下几个要素:聘任方和受聘者双方处于完全平等的地位,并本着完全自愿的原则,任何一方都无权强求另一方必须同意某些条款;以合同形式约定下来的有关责、权、利等方面的内容具有法律效力并受法律保护。

教师聘任制依其聘任主体所实施的行为可分为以下几种形式。

①招聘。即学前教育机构面向社会公开、择优选拔具有教师资格的专业人员。在招聘环节中,必须高度重视的是双方一定要签订纸质的、规范的聘用合同,签订合同时的注意事项能帮助新教师解决其面临的困惑。聘用合同必须具备下列条款:聘用合同期限;岗位及其职责要求;岗位纪律;岗位工作条件;工资待遇;聘用合同变更和终止的条件;违反聘用合同的责任。经双方当事人协商一致,可以在聘用合同中约定试用期、培训和继续教育、知识产权保护、解聘提前通知时限等条款。

②续聘。即在聘任合同期满后,学前教育机构与教师继续签订聘任合同。在续聘时,教师可就工资待遇等一系列问题与学前教育机构进行协商,并写入续聘合同之中。值得注意的是,依据我国现行法律,有编制教师的聘用合同不受《劳动合同法》调整,而是适用于《中华人民共和国公务员法》;对于非在编教师,根据《劳动合同法》的规定,连续订立两次固定期限劳动合同,且没有出现用人单位可解除劳动合同情形的,续聘时可订立无固定期限的劳动合同。

③解聘。即学前教育机构因某种原因不适宜继续聘任教师,双方解除聘任合同关系。解聘广义上分为到期自动解除聘任和用人单位提前解除合同两类,在此是狭义的解聘,仅指后者。解聘的理由可能是幼儿教师的过错,也可能是幼儿园出现了某些"危机",如民办园经营不佳做出的人员精简。无论是哪一方的原因导致解聘,幼儿园都需要有充分合理并合法的理由,否则要因过错承担违约责任。

④辞聘。即教师主动请求学前教育机构解除聘任关系的一种法律行为。教师可以随时终止聘任合同的继续履行,但若由于自己的过错而导致合同无法履行,则要承担相应的违约责任。若教师能证明是对方先行违反合同内容的,则无需承担法律责任。若双方均有过错,就按过错大小分担责任。需要指出的是,以合理理由辞聘的,应该提前1个月向学前机构负责人提交书面辞职报告。

> **拓展阅读 5-2**
>
> 　　王某于2020年10月14日开始在林海幼儿园担任园长职务,负责幼儿园全面工作,约定每周工作三日,月工资5000元,双休日正常休息。2021年5月10日,林海幼儿园转让,王某离职。2021年6月23日,王某向该幼儿园所在县仲裁委申请仲裁,提出在其工作期间,林海幼儿园未为其缴纳社会保险,且工作期间幼儿园一直未与王某签订劳动合同。由于仲裁裁决未支持王某请求,遂诉至法院。
>
> 　　经过审理,法院认为王某提供的微信转账凭证、微信聊天记录、照片、录音资料等,可以证明其与林海幼儿园存在事实上的劳动关系。双方均符合劳动者与用人单位的主体资格,王某所从事的工作,属于林海幼儿园的经营业务范围。林海幼儿园与王某虽然未签订书面《劳动合同》,但是幼儿园法定代表人与王某约定的工作岗位、工作内容、工作时间、劳动报酬和劳动条件等,具备成立劳动关系的必备事项和要素内容;在王某方面,是其接受园方的指示、安排,直接行使林海幼儿园园长的实际管理和工作安排等事项,而具体明确地体现出符合认定劳动关系的要素内容;同时,王某的劳动报酬由幼儿园法定代表人通过微信按约定数额每月5000元发放等,亦具备劳动关系持续稳定的特征。
>
> 　　根据《劳动合同法》第十条规定,建立劳动关系,应当订立书面劳动合同,已建立劳动关系,未同时订立书面劳动合同的,应当自用工之日起一个月内订立书面劳动合同。林海幼儿园在整个用工关系中处于优势、支配地位,其没有依法履行法定义务,与王某签订书面劳动合同,依法应该承担给付未签订劳动合同二倍工资的法律责任。最终法院根据《劳动合同法》判决林海幼儿园支付王某双倍工资差额35000元。
>
> 资料来源:中国裁判文书网(2021)皖0123民初6393号一审判决书

(二)教师的培训制度

《教育法》第三十五条规定:"国家实行教师资格、职务、聘任制度,通过考核、奖励、培养和培训,提高教师素质,加强教师队伍建设。"《教师法》第十九条规定:"各级人民政府教育行政部门、学校主管部门和学校应当制定教师培训规划,对教师进行多种形式的思想政治、业务培训。"由此可知,教师作为以传授知识和技能为工作内容的专业人员,其自身的思想政治素质、职业道德品质、知识结构和业务水平尤为重要,需要不断更新和提高。此外,《国务院关于当前发展学前教育的若干意见》中也明确指出:"完善学前教育师资培养培训体系。"这里的培训对象包括幼儿特教教师、幼儿园园长、农村幼儿教师和城镇幼儿教师等,满足幼儿教师多样化的学习和发展需求。

对幼儿教师的培训主体既有政府主导的国家级、省级培训,更多的培训责任需要由学前教育机构来落实,通过园本培训、集团化培训等方式不断增强幼儿教师的教育教学能力。

(三)教师的考核奖励制度

《教师法》第二十二条规定:"学校或者其他教育机构应当对教师的政治思想、业务水平、工作态度和工作成绩进行考核。教育行政部门对教师的考核工作进行指导、监督。"根据这一规定,教师考核的具体内容包括政治思想、业务水平、工作态度、工作成绩,即德、能、勤、绩四个方面。《教师法》第三十三条规定:"教师在教育教学、培养人才、科学研究、教学改革、学校建设、社会服务、勤工俭学等方面成绩优异的，由所在学校予以表彰、奖励。"《幼儿园工作规程》第四十五条也指出："对认真履行职责、成绩优良的幼儿园教职工，应当按照有关规定给予奖励。"建立考核奖励制度是对提升教师教育教学质量具有积极作用的评价和激励机制，有助于稳定教师队伍，提高教师工作积极性。

三、学前教育机构经费管理

学前教育机构应当有必备的办学资金和稳定、可靠、合法的经费来源。《幼儿园工作规程》第四十七条、第五十条和第五十一条分别规定："幼儿园收费按照国家和地方的有关规定执行。幼儿园实行收费公示制度，收费项目和标准向家长公示，接受社会监督，不得以任何名义收取与新生入园相挂钩的赞助费。幼儿园不得以培养幼儿某种专项技能、组织或参与竞赛等为由，另外收取费用；不得以营利为目的组织幼儿表演、竞赛等活动。""幼儿膳食费应当实行民主管理制度，保证全部用于幼儿膳食，每月向家长公布账目。""幼儿园应当建立经费预算和决算审核制度，经费预算和决算应当提交园务委员会审议，并接受财务和审计部门的监督检查。幼儿园应当依法建立资产配置、使用、处置、产权登记、信息管理等管理制度，严格执行有关财务制度。"

对于政府财政拨款的公办幼儿园而言，其经费来源较为充裕，财务管理制度较为健全，而大多数民办幼儿园依靠政府所获得的经费较少，为了维持正常经营，需要多方筹措资金或者提高保教费用，缺少严格的审计监督，易出现经费使用不当的问题。因此，规范办园是学前教育机构的生命线，必须严格执行经费管理制度。

四、学前教育机构的变更与终止

学前教育机构作为法人，同自然人一样，会经历从生到死的过程，即法人的设立、变更和终止。

（一）合并与分立

法人的变更包括分立与合并。法人的分立，是指一个法人分成两个或两个以上的法人。分立的方式有两种：一种是创设式分立，即一个法人分成两个以上法人，原法人消灭；另一种是存续式分立，即原法人存续，但分出某一部分财产和人员设立新法人。前者是原有的幼儿园一分为二拆解成完全不相干、彼此独立的两所新幼儿园；后者是原有的学前教育集团为拓展业务，成立新的分园。法人的合并，是指两个以上的法人合并为一个法人。合并的方式同样有两种：一是新设合并，即两个以上的法人合并为一个新法人，原来的法人消灭，新的法人产生；二是吸收合并，即一个或多个法人归并到一个现存的法人中去，被合并法人的主体资格消灭，存续法人的主体资格仍然存在。

实践中，合并分立的主体主要是民办幼儿园、托育机构，不同于公办学前教育机构的决策者是政府机关，变更程序较为复杂，民办学前教育机构作为民办非企业法人，董事会或理事会根据经营发展的现状和需求灵活规划园所的规模和形式。但灵活不代表随意，需要遵循法定的变更程序。《民办教育促进法》第五十三条规定，"民办学校的合并、分立，在进行财务清算后，由学校理事会或者董事会报审批机关批准。申请分立、合并民办学校的，审批机关应当自受理之日起三个月内以书面形式答复"。可见，民办学前教育机构需要向行政机关履行报批的程序，提交变更后园所的名称、办学层次、类别等方面的材料，以防止擅自变更行为的发生，从而更好地维护园所、幼儿和家长的合法权益。

（二）清算与终止

法人的终止如同自然人的死亡，即法人主体资格的完全消灭。法人一旦终止，则它的民事权利能力和民事行为能力随之丧失。受到市场和政策等多方面的影响，一些民办学前教育机构因经营不善选择终止办学，也有一些园所因被吊销办学许可证或资不抵债无法继续办学。为了最大限度地保护幼儿的合法权益，《民办教育促进法》第五十七条规定："民办学校终止时，应当妥善安置在校学生。"终止办学并非简单发布公告即可，必须依法进行清算，清理已解散幼儿园的财产（收回债权、偿还债务、依法分配剩余财产）、了结其民事法律关系，从而使其归于消灭。《民办教育促进法》第五十八条规定了三种不同的清算方式："民办学校自己要求终止的，由民办学校组织清算；被审批机关依法撤销的，由审批机关组织清算；因资不抵债无法继续办学而被终止的，由人民法院组织清算。"民办学前教育机构决定清算或法院决定依法清算后，任何人未经清算组批准，不得处分学校财产。《民办教育促进法》第五十九条规定："对民办学校的财产按照下列顺序清偿：（一）应退受教育者学费、杂费和其他费用；（二）应发教职工的工资及应缴纳的社会保险费用；（三）偿还其他债务。"民办学校清偿上述债务后的剩余财产，按照有关法律、行政法规的规定处理。若园所财产不足以清偿同一顺序债务或费用时，则按比例清算。

经过了法定的清算程序，最后需要办理注销登记。《民办教育促进法》第六十条规定："终止的民办学校，由审批机关收回办学许可证和销毁印章，并注销登记。"至此，该园所便彻底不再具备办学的民事主体资格，不得再以该园所的名义从事任何教育教学活动。

五、学前教育机构与家庭和社区

世界各国的学前教育机构从诞生起就不是孤立封闭的存在，它与家庭、社区密不可分，是作为一个开放的社会系统与周围环境不断发生互动的。学前教育机构的运行离不开家长和社区的理解和支持，《幼儿园工作规程》《纲要》以及《托育机构管理规范（试行）》都特别强调，幼儿园及托育机构应当加强与家庭和社会的联系与合作，要建立与家长的联系制度，通过家长开放日、家长委员会、家长会议等方式实现家园共育，并面向社区宣传科学育儿知识，开展灵活多样的公益性早期教育服务等以争取更多的社区支持。

对于教育部门来说，也要加强学前教育机构与家庭和社区的联系，初步形成家庭、幼儿园和社区相结合的早教网络。教育部门要主动与卫生部门、社区、村民自治组织密切合作，充分利用社区资源，建立托儿所、幼儿园、游戏小组、社区玩具图书馆、家庭教育咨询服务等正规与非正规形式相结合的社区早教服务网络；依托社区，面向0~6岁儿童家长开展多种形式的早期教育宣传、指导等服务，促进学前教育与家庭教育质量的不断提高。

本章小结

学前教育机构的法律地位是实施保育教育的主体在法律关系中所处的位置，主要体现为法律上的权利和义务，其特点涉及三个方面，即公共性、公益性和多重性。在学前教育机构运行过程中，会与不同的民事主体和行政机关发生各种法律关系，与其他民事主体主要基于法律地位的平等性和权利义务的对等性而进行民事法律活动，而与行政机关之间主要是管理和被管理的行政法律关系。

学前教育机构作为依法成立的实施保育和教育活动的专门机构，为实现其基本职能，依法享有不同于其他社会组织的特定的权利，包括自主管理权、组织实施保教活动权、招生权、奖励处分权等基本的教育权利；同时，也必须履行相应的义务，包括遵守法律法规、保证保教质量、维护幼儿和教职员工的合法权益等基本义务。

开办学前教育机构需要具备法律规定的实体条件和程序条件。在设立时既要符合主体资格，还要有健全的组织机构和办园章程，并且要配备合格的保教人员、医务人员和其他工作人员，在保教场所和设施上也要符合相应标准，保证正常运营还要有稳定的资金来源，最后通过备案登记完成园所的注册。

学前教育机构的运行是各要素发挥其整体功能的过程，应当建立完备的运行机制。一般包括准入制度、人事制度、经费管理、机构的变更与终止、与家庭和社区的关系等。

思考与练习

1. 试述学前教育机构的权利和义务。
2. 谈一谈开设一个幼儿园需要具备哪些条件。

实践活动

1. 小组讨论并撰写一份托育机构章程。
2. 查阅"中国裁判文书网"，搜集判决案例，分析学前教育机构在运行过程中可能出现的法律纠纷。

第六章 学前教育机构的保育与教育

学习目标

1. 熟悉幼儿园保育工作的意义及其本要求。
2. 理解幼儿园教育工作的特点,掌握幼儿园教育工作的原则和基本要求。
3. 熟悉《幼儿园工作规程》的基本内容。
4. 掌握《纲要》的基本内容与精神。
5. 掌握《指南》的框架与实施原则。
6. 在学前教育活动中能结合工作实践,深化对学前教育机构保教工作的认识,并自觉遵守和贯彻相关政策与法规中的原则和要求。

本章导读

本章将主要对学前教育机构的保育与教育工作进行论述,并主要以幼儿园的保育教育工作为例进行说明。幼儿园是对幼儿实施保育和教育的机构。保育方面,结合《托儿所幼儿园卫生保健工作规范》《幼儿园工作规程》等法律法规,讲解幼儿园保育工作的意义及基本要求。教育方面,结合《幼儿园工作规程》《幼儿园管理条例》等法律法规,讲解幼儿园教育工作的原则和基本要求。并且重点解读我国学前教育发展的纲领性文件《纲要》和《指南》。

必须注意的是,保育和教育相结合是我国学前教育的基本原则,在理解和应用相关政策法规时,要将二者结合起来加以分析和解决问题。

思维导图

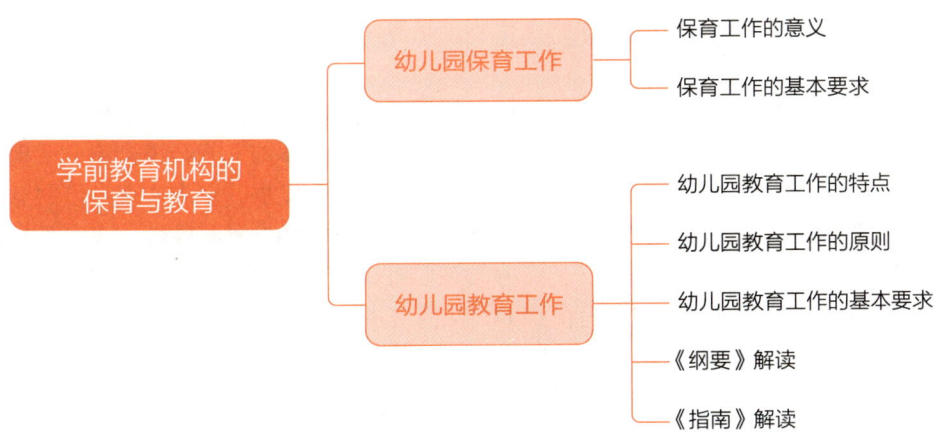

第一节 幼儿园保育工作

幼儿园保育工作,是指幼儿园教育者为幼儿提供生存、发展所必需的环境和物质条件,同时给予精心的照顾和保护,以促进他们身心健康成长与生活自理能力提高的活动。狭义的理解,保育就是对幼儿身体的保护和养育。广义的理解,保育是对幼儿身心两方面发展的保护和促进。

案例6-1

"大题小做"的保育员

小二班小朋友刘某下楼梯时滑倒了,啼哭,保育员林某看了看,见刘某头部微肿无出血,就轻轻地给他揉了揉,说:"没关系,男子汉勇敢些,不要哭。"餐后,刘某出现了呕吐,林某问:"肚子不舒服么?喝点水,漱漱口,就好了。"随后,清扫了呕吐物。

> **问题**：保育员的做法正确吗？运用相关知识，结合自己的实践，谈谈如何正确处理幼儿头部摔伤？并且，试分析：幼儿园的保育工作有何重要意义？

幼儿园应为幼儿提供精心的照顾和保护，当遇到突发状况时，应给予正确的辨别和处理，以免耽误病情救治。案例中的保育员林某，不重视幼儿头部摔伤，没有按照正确程序进行观察，错把呕吐当作消化道疾病处理。正确的做法是，对幼儿头部摔伤未见出血的情况，要密切观察24小时，观察中有下列症状应及时送医：恶心、呕吐、剧烈头痛、眼耳鼻出血、抽风、麻痹、语言障碍、意识丧失等。

一、保育工作的意义

（一）良好的保育工作，有利于促进幼儿身心健康发展

《幼儿园工作规程》第十七条规定："幼儿园必须切实做好幼儿生理和心理卫生保健工作。"根据该条规定，我们应该意识到幼儿园的保育工作不仅是对幼儿身体的保护，更是对幼儿心理健康的保护和促进。

学前儿童正处于生长发育非常迅速的重要时期，他们虽然已经具有人体的基本结构，但是各器官、各系统尚未发育完善，对外界环境及变化的影响极为敏感；学前儿童会说会跑，活动范围不断扩大，对万事万物充满好奇心，其自主性、主动性不断萌芽和发展，要求实现自己的意志，但又因为经历和经验有限，缺少自我保护的意识和能力。幼儿阶段的这种特殊性，决定了成人必须对他们特别关注。因此幼儿园的工作人员，一方面需要对幼儿进行精心照顾和保护，另一方面需要为他们创设良好的条件和环境以供其自由探索，从而促进其身心健康发展。

《幼儿园工作规程》把"促进幼儿身体正常发育和机能的协调发展，增强体质，促进心理健康，培养良好的生活习惯、卫生习惯和参加体育活动的兴趣"放在了幼儿园保育和教育的主要目标的首位。众所周知，当今社会，许多家长，尤其是独生子女家庭或是隔代教养家庭，对孩子吃饭、穿衣等日常事务，大多包办代替，导致幼儿生活自理能力差。许多在城市中生活的孩子从小便是居家多、外出少，独处多、社交少，出现生活不规律、身体素质下降、缺乏自信等问题。因此，增强体质，培养幼儿良好的生活、卫生习惯，引导幼儿形成良好的情绪和个性也应成为学前教育机构保育工作的重点任务。

（二）良好的保育工作，有利于促进家长对保育工作的科学认识

《幼儿园工作规程》明确指出，"按照保育与教育相结合的原则"。但在幼儿园工作中，保育工作的实际地位远远低于其理论地位。望子成龙、望女成凤的愿望迫切，很多家长对保育工作存有偏见：把保育工作当作一些不值一提的吃喝拉撒睡及卫生清洁工作，不把"保育员"看作幼儿教师；只注重幼儿智力方面的发展，而忽视幼儿的生活、卫生习惯以及自理能力和自我保护意识的培养。许多幼儿教师常常抱怨"过个周末回来，孩子们在幼儿园养成的好习惯就被打乱了，真不知道家长是怎么带孩子的"。

改变这一现状最为有效的办法就是提高幼儿园保育工作的质量，使其朝着更专业、更科学的方向发展，进而引起家长对幼儿园保育工作的了解和重视。同时借助家长会、家长园地等方式向家长传授幼儿保育的经验与方法。幼儿教师也可以通过与家长接触，了解家长在家庭保育方面好的经验，不仅丰富自己的保育工作，还可予以推广，从而使得幼儿不管是在幼儿园、还是在家

庭中，都能在统一的保教要求下发展。这样协调一致开展的保育工作，既有利于幼儿身心和谐发展，也为全民素质的提高打下坚实的基础。

二、保育工作的基本要求

《指南》指出：发育良好的身体、愉快的情绪、强健的体质、协调的动作、良好的生活习惯和基本的生活能力，是幼儿身心健康的重要标志。围绕这些目标，幼儿园保育工作要能做到以下几个方面。

（一）合理安排幼儿一日生活，培养幼儿良好的作息习惯

合理的生活作息制度和适宜的生活节奏，是保证幼儿身心健康发展的重要因素。《幼儿园工作规程》第十八条规定："幼儿园应当制定合理的幼儿一日生活作息制度。"2012年颁发的《托儿所幼儿园卫生保健工作规范》明确提出："托幼机构应当根据各年龄段儿童的生理、心理特点，结合本地区的季节变化和本托幼机构的实际情况，制订合理的生活制度。"

幼儿一日活动的组织应注意以下几点：

①时间分配的结构，应包括有利于幼儿身心发展的全部活动，比如睡眠、进餐、大小便、游戏等，注意各环节的时间分配、顺序、次数。

②有指导、有组织的集体活动与自选活动，安静活动与运动性活动，集体活动与个人活动、小组活动在时间分配上应有合理比例，交替进行。要给幼儿一定的独自活动时间，以便幼儿独立性的发展。

③时间表应富有节奏和重复性，同时又有一贯性和灵活性，既有利于幼儿养成良好习惯，又不致使幼儿产生生理、心理疲劳。

④尽可能减少时间的等待和浪费。有些地方的幼儿园，存在幼儿睡眠时间不足、户外体育活动时间不足、过渡环节时间偏长、幼儿消极等待等现象，这些现象应该引起幼儿园重视，并努力改善。

《托儿所幼儿园卫生保健工作规范》还明确指出："严格执行一日生活制度，卫生保健人员应当每日巡视，观察班级执行情况，发现问题及时予以纠正，以保证儿童在托幼机构内生活的规律性和稳定性。"

（二）提供合理的饮食，培养幼儿良好的进餐习惯

合理充足的营养与良好的进餐习惯，是保证幼儿正常生长发育、维持身体的各项生理活动、提高机体免疫力与抵抗力的重要法宝。

《幼儿园工作规程》第二十一条规定："供给膳食的幼儿园应当为幼儿提供安全卫生的食品，编制营养平衡的幼儿食谱，定期计算和分析幼儿的进食量和营养素摄取量，保证幼儿合理膳食。幼儿园应当每周向家长公示幼儿食谱，并按照相关规定进行食品留样。"第二十二条规定："幼儿园应当配备必要的设备设施，及时为幼儿提供安全卫生的饮用水。"《托儿所幼儿园卫生保健工作规范》从膳食管理和膳食营养两方面出发，对儿童膳食提出了更具体的要求，规定：托幼机构应当根据儿童生理需求，以《中国居民膳食指南》为指导，参考"中国居民膳食营养素参考摄入量（DRIs）"和各类食物每日参考摄入量（表6–1），制订儿童膳食计划。《托儿所幼儿园卫生保健工作规范》还提出"托幼机构至少每季度进行1次膳食调查和营养评估"，提供的"食物品种要多样化且合理搭配"，要用适当的烹调方法"减少营养素的损失""烹调食物注意色、香、味、形，提高儿童的进食兴趣"。

表6-1 儿童各类食物每日参考摄入量

食物种类	1～3岁	3～6岁
谷类	100～150克	180～260克
蔬菜类	150～200克	200～250克
水果类	150～200克	150～300克
鱼虾类		40～50克
禽畜肉类	100克	30～40克
蛋类		60克
液态奶	350～500毫升	300～400毫升
大豆及豆制品	—	25克
烹调油	20～25克	25～30克

注：《中国孕期、哺乳期妇女和0～6岁儿童膳食指南》（中国营养学会妇幼分会，2010年）

案例6-2

食物中毒：豆奶变质，商家、园方均有责

某公司是某幼儿园奶类食品的固定供应商。按照食谱，这一天的午点是豆奶和饼干。当该公司将豆奶送到幼儿园、发至各班后，有的幼儿喝到豆奶有酸味，便问老师："今天喝的是酸奶吗？"老师闻言，马上意识到可能有问题，立即对豆奶进行检查，结果发现豆奶变质，于是立即叫小朋友不要再喝。但此时已有很多幼儿喝下不少豆奶，而且开始肚子痛、呕吐。老师立即报告了园领导，园方派车将中毒幼儿送往医院治疗。

事后，中毒幼儿的家长纷纷向幼儿园要求索赔。幼儿园则认为豆奶供应商应对这起事故负责，幼儿园同样是受害者，不需要承担赔偿责任。

在这起食物中毒事故中，家长应该向幼儿园还是豆奶供应商提出损害索赔？

评析：

本案例是关于幼儿在幼儿园里发生食物中毒事故法律责任的认定问题。

幼儿园是否要对这起事故承担法律责任，根据幼儿园在这起伤害事故中有无过错进行分析。

《托儿所幼儿园卫生保健工作规范》规定："儿童食品应当在具有《食品生产许可证》或《食品流通许可证》的单位采购。食品进货前必须采购查验及索票索证，托幼机构应建立食品采购和验收记录。"《学生伤害事故处理办法》第九条第（三）项明确规定："学校向学生提供的药品、食品、饮用水等不符合国家或者行业的有关标准、要求的"，造成的学生伤害事故，学校应当依法承担相应的责任。据此，在本案例中，由于幼儿园对提供给幼儿的食品是否符合国家或行业规定的标准或要求没有给予充分的注意，没有把好食品质量关，存在明显的过失，因此应根据情况承担一定的责任。

但是，腐败变质、有毒有害的豆奶才是造成伤害的直接原因，而它们是由豆奶供应商提供的，因此供应商负有不可推卸的主要责任。

至于损害的索赔,《中华人民共和国产品质量法》(以下简称《产品质量法》)第四十三条规定:"因产品存在缺陷造成人身、他人财产损害的,受害人可以向产品的生产者要求赔偿,也可以向产品的销售者要求赔偿。属于产品的生产者的责任,产品的销售者赔偿的,产品的销售者有权向产品的生产者追偿。属于产品的销售者的责任,产品的生产者赔偿的,产品的生产者有权向产品的销售者追偿。"幼儿家长可以选择向幼儿园、供应商中的任何一方提出,也可一并提出。如果家长只向幼儿园提出索赔,幼儿园在承担损害赔偿后,可向豆奶供应商追偿。

建议:

(1)幼儿园应向具有卫生许可证的食品生产商购买幼儿用餐食品,并与食品供应商签订规范完备的合同。

(2)幼儿园要建立幼儿用餐卫生监督制度,由具有幼儿营养卫生基本知识的专人负责幼儿用餐的管理工作。

(3)幼儿园要建立和严格执行幼儿用餐卫生制度,保证食品卫生、环境卫生、工作人员个人卫生、用具卫生、操作流程卫生等。

(三)积极开展体育活动,提高幼儿身体素质

幼儿正处在身体发育的关键时期,开展体育锻炼、努力提高幼儿身体素质是学前教育机构保育工作的首要任务。《幼儿园管理条例》第十三条强调"幼儿园应当保障幼儿的身体健康"。积极组织幼儿开展体育锻炼,经常组织户外活动是促进幼儿身体发育、增强体质最为有效的措施,是对幼儿进行的最积极的身体保育。

《幼儿园工作规程》第十八条提出:"在正常情况下,幼儿户外活动时间(包括户外体育活动时间)每天不得少于2小时,寄宿制幼儿园不得少于3小时;高寒、高温地区可酌情增减。"第二十三条中还具体规定:"幼儿园应当积极开展适合幼儿的体育活动,充分利用日光、空气、水等自然因素以及本地自然环境,有计划地锻炼幼儿肌体,增强身体的适应和抵抗能力。正常情况下,每日户外体育活动时间不得少于1小时。幼儿园在开展体育活动时,应当对体弱或有残疾的幼儿予以特殊照顾。"《托儿所幼儿园卫生保健工作规范》还指出:"运动中注意观察儿童面色、精神状态、呼吸、出汗量和儿童对锻炼的反应,若有不良反应要及时采取措施或停止锻炼;加强运动中的保护,避免运动伤害。运动后注意观察儿童的精神、食欲、睡眠等状况。"

案例6-3

别为了安全,限制孩子活动

某幼儿园是一所公立幼儿园,日常管理工作比较规范。但是在一次组织幼儿春游时,还是发生了意外:孩子们乘坐的一辆包租的旅游车发生了车祸,导致2名幼儿受重伤。由于幼儿园存在过错,为此支付了高额的赔偿金。结果从那以后,为避免意外事件的再次发生,幼儿园决定减少幼儿的户外活动和游戏的时间,索性把幼儿整天闷在教室。

幼儿园为了避免意外事件的"做法"倒是保险了,可是否合法呢?

> **评析：**
>
> 本案例涉及儿童法律权利的保障问题。
>
> 幼儿园应向幼儿提供规范、安全的学习条件和生活环境，不能因为担心出意外就限制或减少幼儿的户外活动时间。联合国《儿童权利公约》第三十一条规定，儿童应有时间休息和游戏，有同等的机会参加文化和艺术活动。因此，幼儿园不得以安全为理由，减少和限制孩子们的活动。
>
> **建议：**
>
> （1）幼儿园应为幼儿提供规范、安全的室外活动环境。
>
> （2）在幼儿园组织户外活动时，应对幼儿进行必要的安全教育和能力培养训练。

（四）完善各项保育制度，使保育工作有规可循

1. 健康检查制度

幼儿园的健康检查应涉及"儿童的健康检查"和"工作人员的健康检查"两个方面。

儿童的健康检查制度主要体现在入园（所）健康检查、定期健康检查、晨午检及全日健康观察三个方面。

在入园（所）健康检查方面。《托儿所幼儿园卫生保健工作规范》提出："儿童入托幼机构前应当经医疗卫生机构进行健康检查，合格后方可入园（所）。"儿童入园（所）时，托幼机构应当查验"儿童入园（所）健康检查表""0～6岁儿童保健手册""预防接种证"。若发现没有按要求预防接种，应当在30日内向相关机构报告，并督促、复验。

在定期健康检查方面。《幼儿园工作规程》第十九条提出："幼儿园应当建立幼儿健康检查制度和幼儿健康卡或档案。每年体检一次，每半年测身高、视力一次，每季度量体重一次；注意幼儿口腔卫生，保护幼儿视力。幼儿园对幼儿健康发展状况定期进行分析、评价，及时向家长反馈结果。幼儿园应当关注幼儿心理健康，注重满足幼儿的发展需要，保持幼儿积极的情绪状态，让幼儿感受到尊重和接纳。"《托儿所幼儿园卫生保健工作规范》还指出："所有儿童每年进行1次血红蛋白或血常规检测。""儿童离开园（所）3个月以上需重新按照入园（所）检查项目进行健康检查。"

在晨午检及全日健康观察方面。《托儿所幼儿园卫生保健工作规范》规定："做好每日晨间或午间入园（所）检查。检查内容包括询问儿童在家有无异常情况，观察精神状况、有无发热和皮肤异常，检查有无携带不安全物品等，发现问题及时处理。""应当对儿童进行全日健康观察，内容包括饮食、睡眠、大小便、精神状况、情绪、行为等，并作好观察及处理记录。""卫生保健人员每日深入班级巡视2次，发现患病、疑似传染病儿童应当尽快隔离并与家长联系，及时到医院诊治，并追访诊治结果。""患病儿童应当离园（所）休息治疗。如果接受家长委托喂药时，应当做好药品交接和登记，并请家长签字确认。"

> **案例 6-4**
>
> **园内伤害：遵嘱喂药老师无过，家长园方共担其责**
>
> 某幼儿园中一班小朋友王佳感到头有点发热，老师立即打电话通知了王佳的家长。王佳的妈妈带王佳去了医院，经诊断是扁桃体发炎导致发热，医生为她开了两天的消炎药和退烧药。

当晚，王佳服药后烧已退去。不过第二天王佳的妈妈在送王佳入园时还是将两包药放进王佳的书包，打算委托老师给王佳喂服早上和中午的药。但是在去幼儿园的途中，单位有急事让她马上回去处理，王佳妈妈只好委托另一位同园幼儿的家长带王佳上幼儿园，并交代说："王佳书包里有两包药，让老师早上和中午各喂一次。"

保育老师按这位家长的转告将两包药分别在早上和中午给王佳喂服。结果下午2点钟王佳被发现起不了床，老师怎么叫也醒不来。老师马上找来幼儿园保健医生。医生问明情况，确诊是超剂量用药引起的药物中毒，立即将王佳送往医院抢救。

因抢救及时，王佳平安无事。但王佳的家长还是要求幼儿园承担所花费的1200元医疗费。

幼儿园是否应承担这起药物中毒事故的责任？

评析：

本案例是一起幼儿误用药物引起药物中毒事故的责任处理纠纷。

经调查，王佳误吃药物中毒的原因，是其家长委托幼儿园为王佳喂药的语言表达不准确，没有讲明药物的名称、剂量，从而造成超剂量服药。从引发事故发生的因果关系来看，幼儿家长是委托方，因委托的语言存在明显失误，应当承担事故损失的主要责任。同园幼儿的家长和幼儿园老师是受托方，受托方尊重委托方的意志是应当的，而且在整个过程中他们没有违背委托人的意志，与事故的结果不构成因果关系，因此不应承担责任。

至于幼儿园，则责任比较明显。从案例中可以看出，该园的卫生安全管理工作存在重大隐患，是导致这起药物中毒事故的间接因素：

（1）幼儿药品的管理与使用本是医务人员的职责范围，不应当由保育员来完成。医务人员是专业人员，对药品、药性、药物功能及药物剂量都比较熟悉，可以避免误吃药物或超剂量服药而引起的药物中毒事故的发生。

（2）卫生保健工作制度不健全。幼儿药品没有统一管理，无专人负责，对幼儿的用药没有严格的审查登记制度。

从这两方面可以认定该园卫生保健工作管理比较混乱，幼儿园在药品管理上既然存在过错，就要承担相应的责任。

因此，对责任和赔偿问题，双方应尽量协商解决；协商不成，可请求教育行政部门进行调解。幼儿园家长也可直接向人民法院起诉。

建议：

（1）幼儿园应加强药品管理，聘请合格的专业医务人员，药品由医务人员统一管理，同时建立幼儿用药审查登记制度。

（2）建议小型幼儿园由医务保健人员亲自喂药，大型幼儿园在医务人员的指导下由教师喂药，以有效避免药物中毒事故的发生。

工作人员的健康检查制度主要体现在上岗前的健康检查和定期健康检查两个方面。《托儿所幼儿园卫生保健管理办法》第十四条规定："托幼机构工作人员上岗前必须经县级以上人民政府卫生行政部门指定的医疗卫生机构进行健康检查，取得《托幼机构工作人员健康合格证》后方可上岗。托幼机构应当组织在岗工作人员每年进行1次健康检查；在岗人员患有传染性疾病的，应当立即离岗治疗，治愈后方可上岗工作。精神病患者、有精神病史者不得在托幼机构工作。"

2. 卫生保健制度

《托儿所幼儿园卫生保健管理办法》中指出：托幼机构应当严格按照《托儿所幼儿园卫生保健工作规范》开展卫生保健工作。

托幼机构卫生保健工作包括以下内容：

①根据儿童不同年龄特点，建立科学、合理的一日生活制度，培养儿童良好的卫生习惯。

②为儿童提供合理的营养膳食，科学制订食谱，保证膳食平衡。

③制订与儿童生理特点相适应的体格锻炼计划，根据儿童年龄特点开展游戏及体育活动，并保证儿童户外活动时间，增进儿童身心健康。

④建立健康检查制度，开展儿童定期健康检查工作，建立健康档案。坚持晨检及全日健康观察，做好常见病的预防，发现问题及时处理。

⑤严格执行卫生消毒制度，做好室内外环境及个人卫生。加强饮食卫生管理，保证食品安全。

⑥协助落实国家免疫规划，在儿童入托时应当查验其预防接种证，未按规定接种的儿童要告知其监护人，督促监护人带儿童到当地规定的接种单位补种。

⑦加强日常保育护理工作，对体弱儿进行专案管理。配合妇幼保健机构定期开展儿童眼、耳、口腔保健，开展儿童心理卫生保健。

⑧建立卫生安全管理制度，落实各项卫生安全防护工作，预防伤害事故的发生。

⑨制订健康教育计划，对儿童及其家长开展多种形式的健康教育活动。

⑩做好各项卫生保健工作信息的收集、汇总和报告工作。

3. 安全防护制度

联合国《儿童权利公约》第十九条规定："缔约国应采取一切适当的立法、行政、社会和教育措施，保护儿童在受父母、法定监护人或其他任何负责照管儿童的人的照料时，不致受到任何形式的身心摧残、伤害或凌辱，忽视或照料不周，虐待或剥削，包括性侵犯。"

2021年6月1日起施行的新修订的《中华人民共和国未成年人保护法》第三十五条规定："学校、幼儿园应当建立安全管理制度，对未成年人进行安全教育，完善安保设施、配备安保人员，保障未成年人在校、在园期间的人身和财产安全。学校、幼儿园不得在危及未成年人人身安全、身心健康的校舍和其他设施、场所中进行教育教学活动。学校、幼儿园安排未成年人参加文化娱乐、社会实践等集体活动，应当保护未成年人的身心健康，防止发生人身伤害事故。"第三十七条规定："学校、幼儿园应当根据需要，制定应对自然灾害、事故灾难、公共卫生事件等突发事件和意外伤害的预案，配备相应设施并定期进行必要的演练。未成年人在校内、园内或者本校、本园组织的校外、园外活动中发生人身伤害事故的，学校、幼儿园应当立即救护，妥善处理，及时通知未成年人的父母或者其他监护人，并向有关部门报告。"

案例 6-5

园内伤害：抢时间、不质检，新装修的园舍成杀手

某幼儿园为了迎接市一级幼儿园评估，与某装修公司签订了改造装修旧园舍的合同。8月20日，改造装修工程完毕。由于开园时间迫近，再加上迎检工作繁重，幼儿园没有请相关质检部门进行检测、验收就投入了使用。11月，幼儿的出勤率开始下降，发病率不断上升。医生检查诊断的结果大多是咽炎和慢性哮喘。12月，在卫生部门每年进行的例行检查中发现，该幼儿园课室和睡室的空气中甲醛含量超标，进一步检测发现装修

材料不符合国家质量标准,说明幼儿的发病与该园课室和睡室的空气质量中甲醛含量超标有直接关系。

幼儿家长纷纷要求幼儿园承担全部责任,幼儿园该怎样处理这起事件呢?

评析:

本案例是一起幼儿园提供的园舍不符合国家卫生安全标准所引起的幼儿伤害事故。

幼儿在幼儿园新装修的园舍出现慢性中毒事故,家长要求幼儿园对此造成的伤害负全部责任,理由是充分的。

(1)幼儿园违背了《幼儿园管理条例》第八条"幼儿园的园舍和设施必须符合国家的卫生标准和安全标准"的规定;也违背了《学校卫生工作条例》第六条"新建、改建、扩建校舍,其选址、设计应当符合国家的卫生标准,并取得当地卫生行政部门的许可。竣工验收应当有当地卫生行政部门参加"的规定。

(2)《学生伤害事故处理办法》第九条第(一)项规定,"学校的校舍、场地、其他公共设施,以及学校提供给学生使用的学具、教育教学和生活设施、设备不符合国家规定的标准,或者有明显不安全因素的",造成的学生伤害事故,学校应当依法承担相应的责任。《幼儿园管理条例》第二十七条第(二)项也规定,"园舍、设施不符合国家卫生标准、安全标准,妨害幼儿身体健康或者威胁幼儿生命安全的",由教育行政部门视情节轻重,给予限期整顿、停止招生、停止办园的行政处罚。

鉴于上述规定,根据《民法典》第一千一百九十九条有关过错推定原则的规定,幼儿园应承担幼儿伤害的全部责任。

同时,幼儿园应当根据《产品质量法》和《中华人民共和国消费者权益保护法》的有关规定,向装修公司提出追偿,双方可以协商解决。如果装修公司不愿承担责任,幼儿园可以向人民法院提出诉讼,依法追究装修公司的法律责任,要求其赔偿相应的损失。

建议:

(1)幼儿园在装修前应向卫生行政部门递交申请报告和装修方案,征得卫生行政部门的许可和技术上的支持。

(2)对施工队的资格进行认真的审查后签订严格的施工合同,严把技术关、材料关,防止偷工减料。

(3)请质检和卫生行政部门做好质量验收和检测工作,并给出书面报告。

(4)没有经过检测验收或检测不合格的园舍严禁投入使用。

《幼儿园管理条例》第七条规定:"举办幼儿园必须将幼儿园设置在安全区域内。严禁在污染区和危险区内设置幼儿园。"第十九条规定:"幼儿园应当建立安全防护制度,严禁在幼儿园内设置威胁幼儿安全的危险建筑物和设施,严禁使用有毒、有害物质制作教具、玩具。"第二十一条规定:"幼儿园的园舍和设施有可能发生危险时,举办幼儿园的单位或个人应当采取措施,排除险情,防止事故发生。"第二十七条、第二十八条还规定,凡"园舍、设施不符合国家卫生标准、安全标准,妨害幼儿身体健康或者威胁幼儿生命安全的""使用有毒、有害物质制作教具、玩具的""在幼儿园周围设置有危险、有污染或者影响幼儿园采光的建设和设施的",由教育行政部门或者由教育行政部门建议有关部门对责任人员给予行政处分。情节严重,构成犯罪的,由司法机关依法追究刑事责任。

《幼儿园工作规程》第二十条规定："幼儿园应当建立卫生消毒、晨检、午检制度和病儿隔离制度，配合卫生部门做好计划免疫工作。幼儿园应当建立传染病预防和管理制度，制定突发传染病应急预案，认真做好疾病防控工作。幼儿园应当建立患病幼儿用药的委托交接制度，未经监护人委托或者同意，幼儿园不得给幼儿用药。幼儿园应当妥善管理药品，保证幼儿用药安全。幼儿园内禁止吸烟、饮酒。"

第二节　幼儿园教育工作

教育幼儿、促进其身心和谐发展是学前教育机构的主要任务，保育和教育幼儿也是设立学前教育机构的根本目的所在。幼儿的年龄特点决定了学前教育的独特性，主要体现在保育工作与教育工作相结合上，二者相互融合、同步进行，即保中有教、教中有保。学前教育机构正是通过保育、教育好幼儿来实现为家长服务的目的。

案例6-6

幼儿园应该教什么

幼儿园家长代表王女士讲述了教育两个孩子的故事：大女儿2岁时就能背诵90多位数的圆周率，4岁能认2000个字，5岁能认3000个字，并能背诵唐诗和安徒生童话，人称"小神童"。但是，上小学后出现了以下问题：厌学，上课不听讲，成绩在中等偏下；怕困难，不善与人交流，没朋友，冷漠。女儿已经7岁半了，当弟弟喝了她剩下的可乐，身为姐姐的她却哭了半个小时。

儿子出生后，王女士改变了教育方法。当孩子1岁多时，她拒绝了自称可以帮她培养神童的幼儿园，而是把孩子送到了不教识字，只培养习惯、能力的一所幼儿园。由于工作忙，她把培养孩子行为习惯融入生活点滴中，吃水果时，让孩子先分给家人，自己最后吃。一次，幼儿园发了一块巧克力，孩子在路上咬了一口后忽然想起要与家人分享，于是他把巧克力揣在包里带回家，给妈妈、姑姑、姐姐都分了一小块后，已经所剩无几，正准备吃时又想起了爸爸，结果他自己只吃了一点点。一块巧克力全家人一起分享，虽然这次的分享只是一件小事，但王女士认为这对孩子的一生意义重大。

问题：为什么人称"小神童"的姐姐在入小学后却出现问题了呢？相比之下，这所"不教识字，只培养习惯、能力"的幼儿园的教育方式为什么受到了王女士的青睐？

一、幼儿园教育工作的特点

与学校制度的其他阶段相比，幼儿园教育工作有以下特点。

①幼儿园教育是非义务性的。也就是说，幼儿去幼儿园接受教育是自愿而非强迫接受的。

②幼儿园教育不以传授系统知识为主要目标。幼儿园有组织、有计划、有目的的教育在于使幼儿的体力、智力、品德和情感都得到发展，为幼儿升入小学后较快地适应正式的学习生活打基础，而不以传授系统知识为主要目标。

③在法律上，幼儿园教育的对象虽然拥有与成人一样的权利，但他们无相应的行为能力和责任能力。按我国《民法典》的规定，不满八周岁的未成年人为无民事行为能力人，他们当然亦不对自己的行为承担相应的责任。因此，幼儿园教育特别强调保育与教育相结合，一切教育活动都是在保育的前提下进行的。

二、幼儿园教育工作的原则

幼儿园教育工作的原则是指幼教工作者在向幼儿进行教育时必须遵循的行为准则，它是法定的，在《幼儿园工作规程》第二十五条中有明确的规定。

幼儿园教育应当贯彻以下原则和要求：

①德、智、体、美等方面的教育应当互相渗透，有机结合。

②遵循幼儿身心发展规律，符合幼儿年龄特点，注重个体差异，因人施教，引导幼儿个性健康发展。

③面向全体幼儿，热爱幼儿，坚持积极鼓励、启发引导的正面教育。

④综合组织健康、语言、社会、科学、艺术各领域的教育内容，渗透于幼儿一日生活的各项活动中，充分发挥各种教育手段的交互作用。

⑤以游戏为基本活动，寓教育于各项活动之中。

⑥创设与教育相适应的良好环境，为幼儿提供活动和表现能力的机会与条件。

案例 6-7

幼儿超前学习的代价不可忽视

某市有一所名牌幼儿园，为了突出自己所谓的办园"特色"，力求开设多种课程，随意将一些尚无定论或不适合幼儿的教育研究课题以课程和学习的形式在幼儿园开展，过早地让幼儿学习十分专门的知识、技能。除此之外，该园几乎每学年为幼儿更换一套教材及辅助读物或练习册，甚至还经常为幼儿推荐参考读物。同时，该幼儿园还要求教师每月教会幼儿认识一定数量的汉字、背诵一定数量的古诗，并以此作为考核幼儿教师教学成绩的唯一标准。

评析：

该幼儿园的做法显然是不正确的，甚至是违法的。《幼儿园管理条例》规定："幼儿园的保育和教育工作应当促进幼儿在体、智、德、美诸方面和谐发展"。《幼儿园工作规程》把"促进幼儿身体正常发育和机能的协调发展，增强体质，促进心理健康，培养良好的生活习惯、卫生习惯和参加体育活动的兴趣"放在了保育和教育主要目标的首位。显然，智力的培养、知识的学习并不是幼儿园的主要任务。无论从生理机能还是心理发展来看，幼儿都无力承担繁多且专门的知识学习。过早、过多地向幼儿传授系统的知识，势必占用幼儿自主活动和游戏的时间与机会，限制了幼儿向自然学习、向社会学习、向同伴学习，妨碍了幼儿的和谐发展，造成了幼儿对学习的冷漠，长期下去对幼儿是有害无益的。

幼儿超前学习的代价不可忽视，幼儿园不应为迎合某些家长的要求而过分强调文化知识的传授。家长要遵循幼儿的认知发展规律，配合幼儿园做好学前教育，不要盲目攀比、跟风，一味要求孩子背诗、识字。

三、幼儿园教育工作的基本要求

贯彻以上原则，应该遵循哪些基本要求？《幼儿园工作规程》对幼儿园教育工作的基本要求也作出了相应的规定。

（一）科学、合理地安排和组织一日活动

科学、合理地安排和组织一日活动，不仅有利于各项活动有秩序地开展，而且有利于幼儿形成良好的作息规律，获得身心发展的有益经验。《幼儿园工作规程》第二十六条规定："幼儿一日活动的组织应当动静交替，注重幼儿的直接感知、实际操作和亲身体验，保证幼儿愉快的、有益的自由活动。"

首先，建立必要、合理的常规。《幼儿园工作规程》第二十七条提出："幼儿园日常生活组织，应当从实际出发，建立必要、合理的常规，坚持一贯性和灵活性相结合，培养幼儿的良好习惯和初步的生活自理能力。"

其次，要有目的、有计划地为幼儿提供丰富多样的教育活动。《幼儿园工作规程》第二十八条提出："幼儿园应当为幼儿提供丰富多样的教育活动。教育活动内容应当根据教育目标、幼儿的实际水平和兴趣确定，以循序渐进为原则，有计划地选择和组织。教育活动的组织应当灵活地运用集体、小组和个别活动等形式，为每个幼儿提供充分参与的机会，满足幼儿多方面发展的需要，促进每个幼儿在不同水平上得到发展。教育活动的过程应注重支持幼儿的主动探索、操作实践、合作交流和表达表现，不应片面追求活动结果。"

（二）将游戏作为对幼儿进行全面发展教育的重要形式

首先，要因地制宜地创设游戏条件，包括各种类型的游戏进行所需要的空间、场地、氛围、材料、时间等因素。《幼儿园工作规程》第二十九条第二款提出："幼儿园应当因地制宜创设游戏条件，提供丰富、适宜的游戏材料，保证充足的游戏时间，开展多种游戏。"

其次，尊重幼儿在游戏中的主体地位，随时观察和记录幼儿的游戏行为，适时地介入指导。《幼儿园工作规程》第二十九条第三款提出："幼儿园应当根据幼儿的年龄特点指导游戏，鼓励和支持幼儿根据自身兴趣、需要和经验水平，自主选择游戏内容、游戏材料和伙伴，使幼儿在游戏过程中获得积极的情绪情感，促进幼儿能力和个性的全面发展。"

（三）将环境作为重要的教育资源，激发幼儿学习的兴趣与探究的愿望

狭义的幼儿园环境是指幼儿园中对幼儿身心发展产生影响的物质与精神要素的总和。按其性质可以分为物质环境和精神环境两大类。幼儿园环境创设是幼儿教师的重要工作。《幼儿园工作规程》指出："幼儿园应当充分利用家庭和社区的有利条件，丰富和拓展幼儿园的教育资源。"

首先，物质环境方面。《幼儿园工作规程》第三十条第一款提出："幼儿园应当将环境作为重要的教育资源，合理利用室内外环境，创设开放的、多样的区域活动空间，提供适合幼儿年龄特点的丰富的玩具、操作材料和幼儿读物，支持幼儿自主选择和主动学习，激发幼儿学习的兴趣与探究的愿望。"

其次，精神环境方面。《幼儿园工作规程》第三十条第二款提出："幼儿园应当营造尊重、接纳和关爱的氛围，建立良好的同伴和师生关系。"

（四）将品德教育贯穿于幼儿生活以及各项活动之中

"国无德不兴，人无德不立。"新时代教育必须以立德树人为根本任务，这对幼儿园德育工作提出了更高的要求。2016年新修订的《幼儿园工作规程》进一步强调幼儿园要贯彻国家的教育方针，遵循幼儿身心发展特点和规律，实施德、智、体、美等方面全面发展的教育，促进幼儿身心和谐发展。

《幼儿园工作规程》第三十一条提出："幼儿园的品德教育应当以情感教育和培养良好行为习惯为主，注重潜移默化的影响，并贯穿于幼儿生活以及各项活动之中。"作为新时代的幼儿德育工作者，一要对幼儿有充分的耐心、细心、爱心、责任心，用爱作桥梁和纽带，连接教师与幼儿、幼儿与幼儿，让他们的情绪、情感得到充分释放；二要针对幼儿的年龄特点和学习需求，探索幼儿园德育的特点和规律，采取适宜的方法，真正做到"寓德育于生活"，从而达到"爱有心而育无痕"的效果。

（五）充分尊重幼儿的个体差异，注重培养幼儿良好的个性心理品质

幼儿来自不同的环境，有着不同的先天气质、性格特点，受到不同的家庭影响，行为习惯、价值观念、已有经验都不同。因此教师在教育过程中，一定要注重个体差异，因人施教。《幼儿园工作规程》第三十二条提出："幼儿园应当充分尊重幼儿的个体差异，根据幼儿不同的心理发展水平，研究有效的活动形式和方法，注重培养幼儿良好的个性心理品质。幼儿园应当为在园残疾儿童提供更多的帮助和指导。"

案例6-8

所有体罚都是违法

4岁男童冬冬比较好动，常常不按照老师的要求活动，因此班主任陈老师一直都不喜欢他。2004年10月12日，班里的小朋友都在一起玩玩具，冬冬与成成因为一部小汽车而争抢起来，冬冬将成成推倒在地，并将小汽车扔出了窗外。事后，陈老师将冬冬的小手绑住，将他放在教室里高高的柜子上，随即关上门离开教室。冬冬为了挣脱绳索，在扭动身体时不慎从柜子上掉下来，头部被摔成脑震荡，额头缝了三针。事后，冬冬的家长要求陈老师承担全部责任。

对这类体罚幼儿的教职工应如何处理？

评析：

本案例属于教师在日常教育、保育活动中体罚学生而引起的伤害事故。

教师体罚学生是违法行为。对于有缺点、犯错误的学生，要进行耐心细致的说服教育工作，不能采用简单粗暴的办法，更不得体罚和变相体罚学生，这是侮辱学生人格尊严的违法行为。这种体罚和侮辱人格的行为违反了《教师法》第三十七条、《未成年人保护法》第二十七条、《学生伤害事故处理办法》第九条和《幼儿园管理条例》第十七条中关于严禁体罚和变相体罚幼儿的规定，体罚幼儿是违法行为。

本案例中陈老师因为冬冬淘气，就体罚冬冬，这种错误的做法严重侵害了冬冬的人格尊严等人身权利。《未成年人保护法》第一百一十九条规定："学校、幼儿园、婴幼儿照护服务等机构及其教职员工违反本法第二十七条、第二十八条、第三十九条规定的，由公安、教育、卫生健康、市场监督管理等部门按照职责分工责令改正；拒不改正或者

情节严重的，对直接负责的主管人员和其他直接责任人员依法给予处分。"《教育行政处罚暂行实施办法》第十条规定，单位或个人、体罚或变相体罚幼儿的，由教育行政部门对直接责任人员给予警告、1000元以下的罚款或者由教育行政部门建议有关部门对责任人员给予行政处分；情节严重，构成犯罪的，由司法机关依法追究刑事责任。

因此，本案例中的被告陈老师应承担相应的法律责任。经法医鉴定，冬冬所受的伤为轻微伤，陈老师的行为尚未构成犯罪。由于陈老师管教幼儿的行为系职务行为，所以家长应向幼儿园索赔，幼儿园赔偿后可向陈老师追偿。同时，在本案例中，幼儿园平时对其教职工的教育督导不够，管理不力，出现体罚幼儿的事件，也应承担一定的责任。

建议：

（1）幼儿园的孩子年龄较小，自控能力较差，常有任性表现。对此教师应表现出更多的爱心，运用更多的方法去引导幼儿改正错误。不能运用体罚或变相体罚等手段强迫幼儿改正。这样不仅适得其反达不到教育的目的，还常常会因为一时的疏忽危害幼儿的人身安全。

（2）园长作为幼儿园的管理者除做好教师日常的管理工作外，还应对好动、任性的幼儿予以关注，在巡班过程中多指导教师运用科学的教育方法和教学手法，提高教师的保教水平，保证幼儿的人身安全。

（3）家长对于生性调皮好动的幼儿，平时应努力配合老师做好教育工作。但如果发现幼儿有被老师体罚、侮辱等现象时，则应及时与园方协商，要求园方立即采取措施，并注意保留证据。对于事实清楚、证据确凿的侵犯幼儿的行为，可依法追究其法律责任。

（六）科学地做好幼小衔接

幼小衔接指的是幼儿教育与小学教育的衔接。解决好幼儿教育与小学教育的衔接问题，对于促进人的可持续发展，提高教育质量都具有重要意义。《幼儿园工作规程》第三十三条规定："幼儿园和小学应当密切联系，互相配合，注意两个阶段教育的相互衔接。"

科学地做好幼小衔接，幼儿园和小学双方要协同合作。《教育部关于大力推进幼儿园与小学科学衔接的指导意见》提出："要进一步引导教师树立科学衔接的理念，大班下学期要有针对性地帮助幼儿做好生活、社会和学习等多方面的准备，建立对小学生活的积极期待和向往。要防止和纠正把小学的环境、教育内容和教育方式简单搬到幼儿园的错误做法。"《幼儿园工作规程》规定："幼儿园不得提前教授小学教育内容，不得开展任何违背幼儿身心发展规律的活动。"《教育部关于大力推进幼儿园与小学科学衔接的指导意见》还提出："小学实施入学适应教育。小学要强化衔接意识，将入学适应教育作为深化义务教育课程教学改革的重要任务，纳入一年级教育教学计划，教育教学方式与幼儿园教育相衔接。"

在幼小衔接的过程中，家长起着重要的作用。幼儿园应通过召开家长会、举办家长学校讲座等活动，做好幼小衔接工作。通过这些活动的开展来提高家长的认识，使家长了解幼儿园教育与小学教育的不同，幼儿园要帮助家长树立正确的幼小衔接观念，与家长进行有效的沟通与合作，让家长能够意识到幼儿的入学准备不仅是知识方面的准备，还包括身体和心理上的准备，通过家园合作形成教育合力，为实现幼儿的平稳过渡奠定基础。

四、《纲要》解读

《纲要》是根据党的教育方针和《幼儿园工作规程》制定的，是指导幼儿园教育工作的科学纲要。它立足于我国幼儿教育改革的现实，总结了近年来我国幼儿教育改革的经验，在充分吸纳世界范围内优秀学前教育思想和研究成果的基础上，阐明了幼儿教育的发展目标，力求体现终身教育、全面推进素质教育，倡导尊重幼儿的差异性、尊重幼儿身心发展规律、师生共同成长等先进理念。它的颁布对于全面提高幼儿园保教质量具有重要的意义，标志着我国学前教育改革迈进了一个新阶段。

《纲要》共分为四个部分，第一部分为总则；第二部分为教育内容与要求；第三部分为组织与实施；第四部分为教育评价。

（一）总则

总则共有五条，其精神贯穿全文。

第一条的关键词是"依据"。可以看出，《纲要》以《教育法》《幼儿园管理条例》和《幼儿园工作规程》为依据。其与《幼儿园工作规程》的关系更为紧密，《幼儿园工作规程》涉及保育教育、卫生保健、园舍设备等多方面内容，全面而宏观；《纲要》则只将《幼儿园工作规程》中"第五章 幼儿园的教育"这一部分展开、具体阐释，为《幼儿园工作规程》中宏观目标与理念的实现提供了实践引领。

第二条的关键词是"性质和根本任务"。即"幼儿园教育是基础教育的重要组成部分，是我国学校教育和终身教育的奠基阶段"，其根本任务是"从实际出发，因地制宜地实施素质教育，为幼儿一生的发展打好基础"。

第三条的关键词是"教育资源"。幼儿教育阶段可以选择、利用的资源丰富多样，既有幼儿园范围内的资源，也有家庭、社区、大自然、小学等园外资源；既有物质资源，也有精神资源。

第四条的关键词是"经验性"。幼儿园有不同于小学的特点，幼儿教师创设出良好的学习情境吸引幼儿进入主动、自愿的学习状态，幼儿是在健康、丰富的生活和活动环境中，通过与环境互动来获得直接经验；而不是像小学生那样，主要通过分门别类的学科学习获得间接知识。

第五条的关键词是"尊重"。幼儿园教育要尊重幼儿的人格和权利、尊重幼儿身心发展的规律、尊重幼儿以"游戏"为基本活动形式的学习特点、尊重幼儿的个体差异，促进每个幼儿富有个性的发展。

（二）教育内容与要求

本部分，《纲要》将幼儿学习的范畴相对划分为五大领域，分别是健康、语言、社会、科学、艺术，并同时强调"各领域的内容相互渗透，从不同的角度促进幼儿情感、态度、能力、知识、技能等方面的发展"。接下来，在对每一领域进行阐述时，都是从"目标""内容与要求"和"指导要点"三个层面展开的。

首先，"目标"部分主要表明该领域的重点追求和主要的价值取向。在目标表述中较多地使用了"体验""感受""喜欢""乐意"等词语，突出了对幼儿的情感、兴趣、态度、个性等方面的重视，着眼于培养幼儿终身学习的基础和动力。

其次，"内容与要求"部分。值得注意的是，《纲要》中没有列出一个幼儿"应该学"或教师"应该教"的知识、技能的清单，而是通过对教师提出"追求什么、做什么、怎样做"的要求，倡导教师创造适宜的环境、充分利用教育资源、着力组织适合幼儿的活动，将教育内容与教育环境、教师的任务、幼儿的活动及发展融合在一起。

最后，"指导要点"部分。一是点明该领域的教和学的特点，二是阐明应当注意的具有普遍性的问题。

以健康领域为例：

1.《纲要》中健康领域的目标

①身体健康，在集体生活中情绪安定、愉快。

②生活、卫生习惯良好，有基本的生活自理能力。

③知道必要的安全保健常识，学习保护自己。

④喜欢参加体育活动，动作协调、灵活。

从健康领域的目标表述中，我们能看出，幼儿的健康不仅指身体没有疾病，还包括心理健康，即情绪安定、愉快；不仅关注体育、发展幼儿的动作技能，还包括对生活卫生习惯的培养、安全保健常识的习得、参加体育活动的兴趣。《纲要》中健康领域的目标体现了新时代的大健康观，这与世界卫生组织对于"健康"的定义相吻合——健康包括身体、心理和社会适应三方面的完满状态，而不仅是没有疾病或虚弱现象。

2.《纲要》中健康领域的内容与要求

从健康领域的七条内容与要求中，比如，"与家长配合，根据幼儿的需要建立科学的生活常规""密切结合幼儿的生活进行安全、营养和保健教育""开展丰富多彩的户外游戏和体育活动"，我们可以感受到《纲要》提出的教育内容具有"生活化""活动化""经验化"的特征，以及从重静态的知识到重动态的活动，从表征性知识到重行动、习惯的培养，从重"掌握"知识到重"建构"知识的重大变革。通俗一点讲就是在传授知识的同时，一定要重视授之以渔，让幼儿自主参与学习，掌握学习方法，从而通过自身努力建构新的知识。

这里，值得关注的有以下几条：

①强调良好的师幼、同伴关系，重视精神环境的重要性。给出了实现目标"在集体生活中情绪安定、愉快"的办法。让幼儿在集体生活中感到温暖，是形成安全感、信赖感的重要前提。

②强调教师与家长的合作，这一理念渗透于《纲要》各领域之中。幼儿园和家庭是孩子们生活的两大主阵地，教师和家长是孩子们最亲近的人，这两者的合作是教育生活化、一贯化、一致化的要求和体现。

③密切结合幼儿的生活进行安全、营养和保健教育，即将健康教育渗透于一日生活中。五大领域的活动中，专门组织的活动是非常重要的，但同时都强调贯穿于幼儿一日生活之中的、潜移默化的教育。

④强调在幼儿健康教育的过程中，尊重、激发与培养幼儿的兴趣。主要的途径有开展丰富多彩的户外游戏和体育活动、用幼儿感兴趣的方式发展基本动作，强调游戏作为基本活动在健康领域中的重要性。

3.《纲要》中健康领域的指导要点

指导要点首先突出强调了"健康"在幼儿发展中的重要地位——"幼儿园必须把保护幼儿的生命和促进幼儿的健康放在工作的首位"，强调身体健康和心理健康同等重要。

其次，强调要处理好"保护"与"锻炼"，"照顾"与"自理"之间的关系。埃里克森的人格发展阶段理论告诉我们，幼儿期处于主动对内疚的冲突阶段。过度的保护和包办代替，不利于幼儿自理能力、自我保护意识及身体动作的发展，同时不利于幼儿人格中主动性的形成。

最后，强调要"充分尊重幼儿生长发育的规律"。在体育教育被高度重视的今天，有的培训机构喊出"增强体质、发展特长"的口号，进行高强度训练，为迎合家长的需求，组织幼儿进行比赛、表演，既损害了幼儿对体育活动的兴趣，更违背了幼儿生长发育的规律，对幼儿的身心发展造成了巨大的伤害。

案例6-9

其乐融融的独木桥

独木桥着重锻炼的是幼儿的平衡能力。然而对于很多胆小的孩子来说，在窄窄的板上保持平衡地向前行走让他们有些心惊胆战。因此，老师经常会伸出一只手让胆小的孩子扶着，帮助他们克服恐惧的心理，体验过独木桥的乐趣。

一天，幼儿园又开展了轮胎和独木桥游戏，淳淳伸平两个小手臂，摇摇晃晃地顺利通过长长的独木桥后，他看见乐乐小心翼翼地上了小桥，只见乐乐慢慢地伸出一只脚，随后身体便晃了几下。淳淳马上跑过去，伸出自己的小手让乐乐扶着，有了支持的乐乐胆子大了起来，迈开步子向前走，而淳淳一边慢慢跟随乐乐的速度往前走，一边贴心地说："你小心点啊!小心点。"顺利通过独木桥的乐乐甜甜地对他一笑："谢谢！"淳淳乐呵呵地又跑去扶别的同伴了。

结合《纲要》健康领域的要点，分析案例中的教师与幼儿在健康活动中的行为。

评析：

对于大部分的小班孩子来说，他们的自我中心意识比较强烈，他们会为了自己喜欢的玩具争抢不休，他们会为了好玩的秋千而插队。如果没有成人的引导，很少有孩子会想到主动去帮助别人。

然而"爱模仿"同样也是小班幼儿突出的年龄特征。他们喜欢模仿老师、家长和伙伴。小班幼儿正是在模仿中学习、成长的。淳淳今天的行为正是对教师行为的观察模仿，在之前的活动中他观察到老师是如何帮助胆小的孩子过独木桥的，于是他以同样的方式来帮助别人，且在模仿中学会了关心别人，也体验到了帮助别人的快乐。

案例中的教师对幼儿表现出了关心和呵护，这给幼儿树立了良好的榜样，有利于建立良好的师生、同伴关系，也让幼儿在集体生活中感到温暖、心情愉快，形成安全感、信赖感。另外，轮胎和独木桥游戏是幼儿喜爱的户外活动，在如此丰富多彩的活动中，培养了幼儿参加体育活动的兴趣和习惯，提高了动作的协调性、灵活性，增强了体质，同时也培养了幼儿坚强、勇敢、不怕困难的意志品质和主动、乐观、合作的态度。这些都是《纲要》中健康领域"内容与要求"的体现。

（三）组织与实施

《纲要》第三部分是组织与实施，共十一个条目，其中贯穿着尊重幼儿的权利，尊重幼儿在学习特点、发展水平和个性特征等方面的差异，尊重幼儿身心发展的客观规律，尊重教育教学的客观规律等理念与观点。

第一条指出了幼儿园教育的服务对象是全体幼儿，"要为每一个儿童，包括有特殊需要的儿童提供积极的支持和帮助"；第二条指出了幼儿园教育活动的含义；第三条指出了教师组织和实施幼儿园教育活动的原则，即要根据幼儿园的实际情况因地制宜、灵活变化；第四条指出了幼儿园教育活动目标确定的依据；第五条指出了幼儿园教育活动内容选择的依据和原则；第六条、第七条指出了幼儿园教育活动组织应遵循的规律和组织形式的选择；第八条指出了幼儿园物质环境、社会环境和心理环境的重要性，以及如何创设和利用，倡导幼儿园与家庭、社区密切合作；第九条指出了如何"科学、合理地安排和组织一日生活"；第十条指出教师在幼儿学习活动中应扮演的角色，即"支持者、合作者、引导者"；第十一条特别指出幼儿园教育"要与0～3岁儿童的保育教育以及小学教育相互衔接",做好托幼衔接和幼小衔接。

(四)教育评价

《纲要》第四部分是教育评价,共八条内容。第一条指出了教育评价的地位和意义,"是幼儿园教育工作的重要组成部分,是了解教育的适宜性、有效性,调整和改进工作,促进每一个幼儿发展,提高教育质量的必要手段"。第二条指明了评价的主体。第三至第六条指明了评价的原则。第七条强调了幼儿园教育评价工作的主要内容。第八条指明了幼儿园发展评价的原则。以上综合体现了教育评价中的发展性、合作性、标准的多元性以及多角度、多主体、多方法、重视过程、重视差异、重视质性研究等原则。

五、《指南》解读

为深入贯彻《国家中长期教育改革和发展规划纲要(2010—2020年)》和《国务院关于当前发展学前教育的若干意见》,指导幼儿教师和家长了解3~6岁幼儿学习与发展的基本规律和特点,实施科学的保育和教育,促进幼儿身心全面和谐发展,全面提高科学保教水平,教育部组织专家研究制定了《指南》,并于2012年10月9日正式印发。与此同时,教育部就《指南》的贯彻落实布置了以下工作:开展全员培训、建设一批实验区、抓好幼小衔接、加强社会宣传、加强组织领导。

(一)《指南》的内容结构(图6-1)

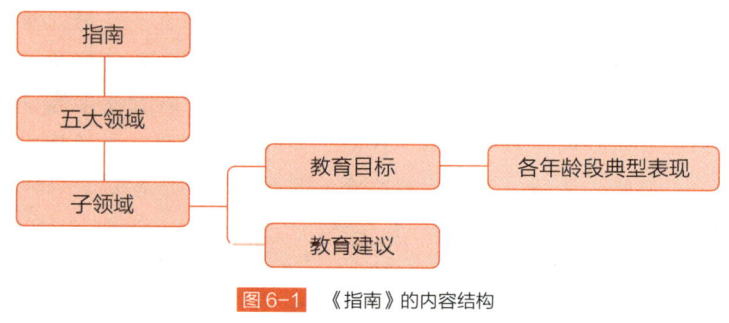

图6-1 《指南》的内容结构

《指南》包括说明与主体两部分内容。

1. 说明

说明共四条,分别说明《指南》制定的背景、目标和功能、内容结构、实施原则。

2. 主体

《指南》从健康、语言、社会、科学、艺术五个领域描述幼儿的学习与发展。每个领域按照幼儿学习与发展最基本、最重要的内容划分为若干子领域。每个子领域由学习与发展目标和教育建议两部分组成。《指南》五大领域的结构与《纲要》是一致的,便于广大幼儿教师在工作实践中的操作。

目标部分,又给出了各年龄段典型表现,即分别对3~4岁、4~5岁、5~6岁三个年龄段末期幼儿应该知道什么、能做什么、大致可以达到什么发展水平提出了合理期望,指明了幼儿学习与发展的具体方向;教育建议部分列举了一些能够有效帮助和促进幼儿学习与发展的教育途径与方法。

以社会领域为例(图6-2),我们来看以上结构是如何细化的。

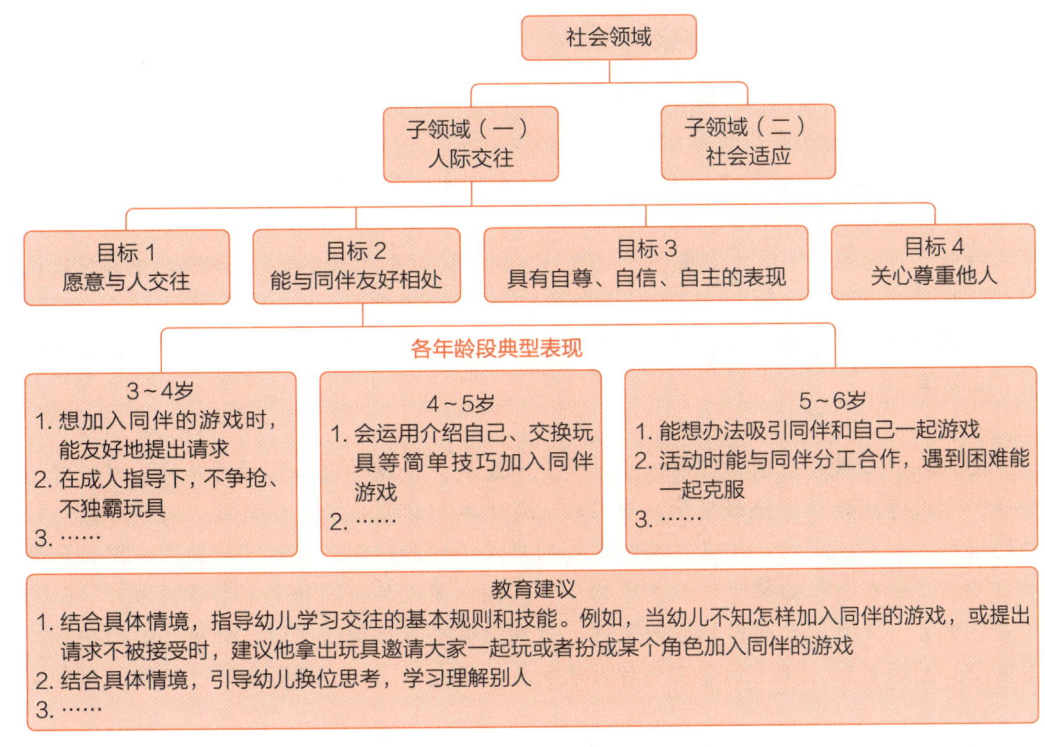

图 6-2 《指南》的主体结构——以社会领域为例

（二）《指南》的实施原则

1. 关注幼儿学习与发展的整体性

儿童的发展是一个整体，要注重领域之间、目标之间的相互渗透和整合，促进幼儿身心全面协调发展，而不应片面追求某一方面或某几个方面的发展。

拓展阅读 6-1

超前学技扼杀孩子想象力

美国一所著名早教机构曾在中国早期教育趋势论坛上发布了2012全球早期教育比较研究报告，该报告调研了包括中国在内的全球五大洲14个国家数千名儿童的生活状态、早期教育方法和各国的早期教育理念。调研显示，全球儿童最早开始学习识字的国家都在亚洲，中国排名第一，其次是韩国与日本。中国的家庭最喜欢用识字游戏、唐诗教育孩子；教授孩子第二门语言的意愿也居于全球前列。其中，北京家庭喜欢教孩子背诵唐诗、上海家庭偏向于提前让孩子学外语。"识字""背唐诗"和"学英语"是中国家长提及最多的几种早教方法。全球儿童开始识字的平均年龄为4.04岁，在中国，家长开始教授孩子识字的平均年龄为2.9岁。中国儿童平均在3岁前开始背诵唐诗宋词，排名全球第一。

本次报告还显示，在户外活动和睡眠时间方面，中国家庭明显落后于全球指标：全球儿童平均室外活动时间为3.41小时，中国儿童室外活动时间最少，为0.86小时，低于全球儿童平均水平2.55小时，中国儿童的平均户外活动时间在14个主要国家中排名倒数第一；中国0~6岁儿童的平均每天睡眠时间为9.29小时，全球儿童平均睡眠时间为10.14小时；在音乐、艺术、自然与科学启蒙方面，中国家庭的指标明显落后于欧美国家。

另外，作为早期教育中心角色的父母陪伴孩子的时间也居于末尾，67%的中国父母认为父母陪伴孩子非常重要，但是，长辈陪同孩子的较3年前的41%增长至53%，还有部分孩子由保姆陪同，父亲或母亲陪同孩子的时间（包括睡眠时间）平均为11.58小时，为全球最少的国家。

评析：

幼儿在身心健康、认知、个性等方面全面发展，是我们追求的教育目标。材料中，全球早期教育比较研究报告显示，中国的父母更看重记忆能力、语言能力的学习，即智力的培养，而忽视了对身体发育至关重要的户外活动和睡眠，忽视了对健康心理发展至关重要的父母陪伴。哈佛大学教育学博士、美国儿童发展研究协会会员王涛表示，0~7岁是儿童大脑发育最快的时期，如果这一时期能够丰富儿童的生活，针对儿童的年龄特点给予正确的教育，就能加速儿童智力的发展，为良好的行为习惯和个性品质的形成奠定基础。

"超前地让孩子学各种技能，而不是激发对知识的探索欲望，忽视对审美、音乐、人文知识方面的培养，这实际相当于给孩子加上十倍速的心脏发动机，最终是会扼杀想象力、创造力。"德国慕尼黑大学教育学、心理学、社会学硕士，儿童心理专家兰海呼吁，中国家庭需要转变学前教育理念，还儿童快乐童年。

2. 尊重幼儿发展的个体差异

幼儿的发展是一个持续、渐进的过程，同时也表现出一定的阶段性特征。每个幼儿在沿着相似进程发展的过程中，各自的发展速度和到达某一水平的时间不完全相同。要充分理解和尊重幼儿发展进程中的个体差异，支持和引导他们从原有水平向更高水平发展，按照自身的速度和方式到达《指南》所呈现的发展"阶梯"，切忌用一把"尺子"衡量所有幼儿。

案例6-10

一个哭闹的大班转园生

颖颖是一个转园的新生，虽然属于大班年龄段，但是由于对幼儿园环境不熟悉，每天来园总是不停地哭闹，尽管老师和小朋友都很友好、耐心地帮助她，但是她对老师和小朋友们的帮助很是抵触，拒绝参加班级的任何活动，经常大声哭泣，边哭边喊"找奶奶"。特别是在布置、开展一些需要父母共同参与的亲子活动时，颖颖的情绪反应更为强烈。平时她总是一个人静静地待着，只有傍晚见到奶奶来接的时候脸上才会露出笑容，也从来没有见过其父母来接送她。她的这种情况持续了将近2个月，是幼儿园其他孩子身上没有发生过的现象。

老师及时与颖颖的奶奶联系交流，得知颖颖在6个月大的时候父母就外出打工、把她留给了老人，颖颖的父母每年只有在春节的时候才能回家见孩子一面，而且时间很短暂。

但是颖颖对父母很依赖，每次妈妈离开的时候总是搂着妈妈，哭着说再让妈妈多住几天，可见孩子内心对父母的渴望。平时颖颖是由奶奶照顾，由于忙于生活，所以奶奶走到哪就将她带到哪，与其他人的接触也很少，因此颖颖来到幼儿园对所有的一切都很抵触。

对于这种情况老师采取了以下措施：首先与家长取得联系，在幼儿园的生活中有意识地安排更多小朋友跟颖颖一起玩，一起参与活动，当她遇到困难时主动去帮助。老师也给予了颖颖更多的关爱，花时间陪她聊天，一起和她制作亲子作品等。根据现有条件，利用班级电脑在放学后让颖颖与妈妈进行短暂视频，减少对妈妈的思念之情。同时也要求颖颖奶奶多一些时间带颖颖与其他小伙伴交往。

经过一段时间家园双方的共同努力，颖颖逐渐有了一定的进步：爱哭的现象几乎没有了，每天都很高兴，能和小伙伴快乐相处，能主动和老师交谈。

评析：

虽然，按照《指南》社会领域中的目标来看，大班的孩子应该喜欢与人交往、喜欢结交新朋友，能与同伴友好相处，具有自尊、自信、自主的表现等。但是，孩子们的成长环境不同、气质类型不同、接受的教育不同，因此个体差异也较大。案例中的教师耐心地帮助新转来的颖颖，尽可能提供一个温馨、有爱的环境；及时与孩子奶奶联系，了解孩子特殊表现的背后原因；理解并尊重孩子的差异，通过家园合作的方式支持和引导颖颖从原有水平向更高水平发展，是尽职尽责的体现。

3. 理解幼儿的学习方式和特点

幼儿的学习是以直接经验为基础，在游戏和日常生活中进行的。要珍视游戏和生活的独特价值，创设丰富的教育环境，合理安排一日生活，最大限度地支持和满足幼儿通过直接感知、实际操作和亲身体验获取经验的需要，严禁"拔苗助长"式的超前教育和强化训练。

案例6-11

为幼儿创设一个真实的学习情境

"高高的桂花树摇摇摆摆，向我们点头说小朋友早，桂花树桂花树我们爱您，让我们围着您唱歌舞蹈。高高的桂花树摇摇摆摆，向我们点头说小朋友好，桂花枝桂花树我们爱您，让我们一起唱桂花树好。"

多美的一首三拍子歌曲！这是幼儿园在教授主题"秋天的颜色"中的一节歌唱活动，主要让幼儿通过这样的歌唱活动，感受三拍子优美流畅的旋律，对大自然中的树木产生美好的情感。歌曲的原名是《白杨树》，由于幼儿园这边没找到白杨树，适逢中秋前后桂花开了，老师就把白杨树改为桂花树。

学完歌曲后，老师问小朋友："你们看见过桂花树吗？你们围着桂花树说了什么？做了什么？"对于老师的提问小朋友们显得很冷淡，举手的幼儿寥寥无几，有的小朋友东张西望，好像对这首歌曲一点都不感兴趣。

老师没有责怪小朋友们，而是带他们到实地去找一找、看一看、亲身去体验一下，在体验的基础上来回答问题。老师带小朋友们来到了路边的桂花树下，请他们围着桂花树做自己喜欢的事,对桂花树说一句话。小朋友们三五成群地围着桂花树,有的做拉拉手的游戏,有的做丢手帕的游戏,有的做绕来绕去跑的游戏。有的小朋友说:"桂花树,你真香!"有的说:"你的花真漂亮。"有的说:"我吃过桂花做的糕。"有的说:"幼儿园的点心里也放桂花。"……还有许多小朋友围着桂花树边唱歌、边跳舞,一开始课堂上孩子们的心不在焉一扫而光。

当幼儿对老师的提问不感兴趣,老师可为幼儿创设一个真实的学习情境,让幼儿在真实的生活学习情境中有感而发、积极探索、回答问题,从而真正参与到学习活动中,让学习成为一件快乐的事。

活动结束时,老师说:"这就是我们在桂花树下做的游戏,说的好听的话,公园里还有许多更高更大的桂花树,请小朋友们和你们的爸爸妈妈一起到桂花树下说说悄悄话,和你们的好朋友一起去玩这个游戏吧!"

评析:

桂花树虽然是人们身边常见的植物,但是在城市化、电子化时代背景下,孩子们却对它们没有多少了解,所以表现出冷淡和不感兴趣。案例中的教师对幼儿的学习特点有较好的把握——幼儿的学习是以直接经验为基础,在游戏和日常生活中进行的。教师充分利用环境中的资源,把课堂转移到了桂花树下,创设了丰富的教育环境。孩子们感受着扑面而来的桂花香,真正地参与到了学习活动中,让学习成了一件快乐的事。

4. 重视幼儿的学习品质

幼儿在活动过程中表现出的积极态度和良好行为倾向是终身学习与发展所必需的宝贵品质。要充分尊重和保护幼儿的好奇心和学习兴趣,帮助幼儿逐步养成积极主动、认真专注、不怕困难、敢于探究和尝试、乐于想象和创造等良好学习品质。忽视幼儿学习品质培养,单纯追求知识技能学习的做法是短视而有害的。

《指南》作为指导我国学前教育事业发展的纲领性文件,为新时期的学前教育发展指明了方向,而学习品质则成为其中最重要的新方向之一。

案例 6-12

提升幼儿学习品质发展的均衡性

卿卿和阳阳在科学区里做围裙,做完后,阳阳做的围裙短了一截,卿卿做的围裙就正好到阳阳膝盖,于是两个人开始商量起来。卿卿对阳阳说:"你再帮我做一条,我们一起做。"阳阳重新量,然后在皱纹纸上量出卿卿的尺寸。卿卿一边看,一边说:"阳阳,你的手没有撑到最开啊,这样纸上量出来会短的。"阳阳把手掌撑开,重新在皱纹纸上量,最后围裙做好了,卿卿穿上很合适,两个人很开心。

评析:

案例中的卿卿和阳阳在一起做围裙的过程中表现出了不同的学习风格:卿卿较为细致,阳阳表现出的细致程度和准确度不够。教师要及时发现幼儿在游戏中体现出的良好学习品质,同时要发现幼儿学习品质的"缺口",通过个别指导、集体活动、生活活动等方式进行补充和完善,促进幼儿的整体发展。

《指南》在描述健康、语言、社会、科学和艺术五大领域的幼儿学习与发展目标时，也充分体现了"重视学习品质"的精神。首先，在对各领域的目标、对各年龄段末期幼儿应达到的发展水平进行表述时，更多地使用了"体验""喜欢"等词汇，强调了幼儿的主动性和兴趣。其次，在对各领域学习的核心和成人的指导策略进行描述时，也凸显了对幼儿学习品质的关注和重视。

本章小结

教育幼儿、促进其身心和谐发展是学前教育机构的主要任务，保育和教育幼儿也就是设立学前教育机构的根本目的所在。幼儿的年龄特点决定了学前教育的独特性，主要体现在保育工作与教育工作相结合上，二者相互融合、同步进行，即保中有教、教中有保。

良好的保育工作，有利于促进幼儿身心健康发展；有利于促进家长对保育工作的科学认识。保育工作的基本要求：合理安排幼儿一日生活，培养幼儿良好的作息习惯；提供合理的饮食，培养幼儿良好的进餐习惯；积极开展体育活动，提高幼儿身体素质；完善各项保育制度，使保育工作有规可循。

与我国学制中其他阶段的教育相比较，幼儿园教育具有如下特点：幼儿园教育是非义务性的，不以传授系统知识为主要目标，幼儿园教育的对象虽然拥有与成人一样的权利，但他们无相应的行为能力和责任能力。幼儿园教育应当贯彻以下原则和要求：诸育应当互相渗透，有机结合；注重个体差异，因人施教；面向全体幼儿，坚持正面教育；渗透一日生活，充分发挥各种教育手段的交互作用；以游戏为基本活动，寓教育于各项活动之中；创设良好环境，提供活动和表现能力的机会与条件。《纲要》和《指南》虽然在对象、层次、内容、功能等方面是不同的，但都是当前指导中国学前教育发展的重要文件，有着共同的理念和教育观、儿童观、发展观，都是通过五大领域的活动促进幼儿的全面和谐发展。

思考与练习

1. 结合幼儿园工作实际，谈一谈幼儿园保育工作的意义。
2. 试举例论述幼儿园保育工作的原则。
3. 简述幼儿园教育工作的特点。
4. 简述幼儿园教育应当遵循的原则和要求。

实践活动

深入幼儿园认真观察各年龄段一日生活的开展情况，分析并讨论幼儿园教育原则是如何体现的。

拓展资源

1. 《幼儿园教育指导纲要（试行）》。
2. 《3~6岁儿童学习与发展指南》。

第七章 学前教育机构中幼儿的权利与保护

学习目标

1. 了解幼儿的法定权利。
2. 理解幼儿权利保护的主体,掌握幼儿权利保护的措施。
3. 了解侵权纠纷的解决途径。
4. 理解幼儿与幼儿园的法律关系。
5. 通过案例学习、知识的理解,逐步树立尊重与捍卫幼儿权利的观念。

本章导读

本章主要对学前教育机构中幼儿的权利与保护的基础知识予以介绍，包括幼儿的法定权利与义务，幼儿权利保护的主体、措施与侵权纠纷的解决途径，幼儿与幼儿园的法律关系等内容。本章内容旨在帮助读者理解与掌握幼儿的权利内容、幼儿与幼儿园的法律关系，明确幼儿权利保护的主体及相关措施。为后续章节中学习幼儿教师的法律地位、主要职责及专业要求等知识奠定基础，为学习者成长为一名具有法治思维、依法执教的合格幼儿教师奠定基础。

思维导图

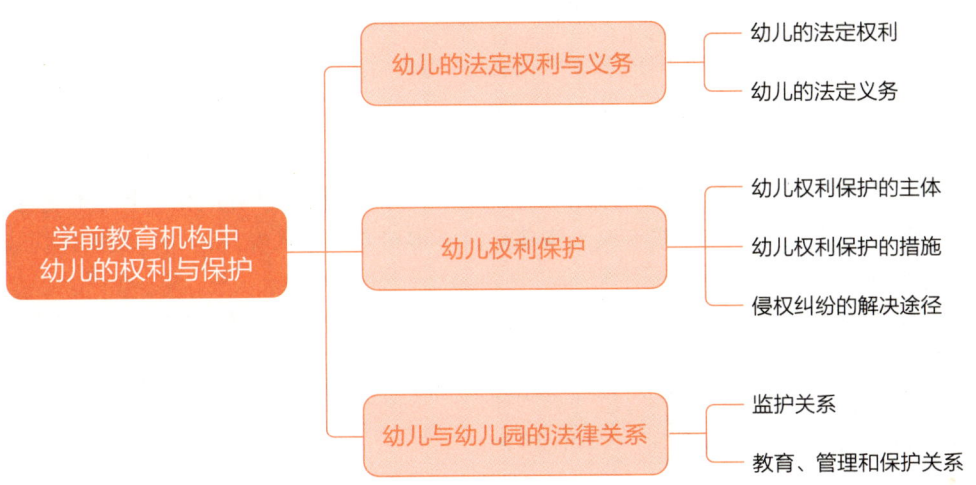

第一节　幼儿的法定权利与义务

近年来，幼儿在幼儿园因遭到人身侵害而引起诉讼的案例不断发生，这引发我们的思考：一是随着时代的发展与进步，人们的法律意识增强，如何用法律武器来维护自己及家人的合法权益；二是作为父母或者幼教工作者，必须了解幼儿有哪些法定的权利与义务，做到依法育儿、依法施教。对这些问题的思考有利于促进幼儿教育事业与日益完善的法律法规同步发展，推进我国学前教育的立法进程，推动学前教育质量的提升。

一、幼儿的法定权利

幼儿作为民事主体享有法定权利，依法享有法律法规规定的合法权益。改革开放以来，我国儿童权利保护已纳入国家法制轨道。国家以《宪法》为核心，制定了一系列有关儿童生存、发展与保护的法律法规、政策措施，形成了较为完备的幼儿权利及保护体系。本节仅将与幼儿园及幼儿生活紧密相关的权利进行梳理与总结，辅之以案例解析，与读者一起探讨。

（一）生命健康权

生命健康权，是指自然人享有维持生命、维护生命安全利益、维持生理机能正常、维护健康利益的权利。生命是自然人的最高人格利益，是其他人格权和人格利益的基础。《民法典》第一千零二条至第一千零四条对自然人享有的生命权、身体权、健康权进行了规定。自《中华人民共和国侵权责任法》于2010年施行以来，生命健康权逐渐被分离为独立的生命权和健康权，并被赋予独立的权利内容，这也已成为我国民法学的通说。

联合国《儿童权利公约》第六条规定：①缔约国确认每个儿童均有固有的生命权。②缔约国应最大限度地确保儿童的存活与发展。第十九条规定：缔约国应采取一切适当的立法、行政、社会和教育措施，保护儿童在受父母、法定监护人或其他任何负责照管儿童的人的照料时，不致受到任何形式的身心摧残、伤害或凌辱，忽视或照料不周，虐待或剥削，包括性侵犯。第二十四条规定：①缔约国确认儿童有权享有可达到的最高标准的健康，并享有医疗和康复设施；缔约国应努力确保没有任何儿童被剥夺获得这种保健服务的权利。②缔约国应致力充分实现这一权利，特别是应采取适当措施，以降低婴幼儿死亡率等。③缔约国应致力采取一切有效和适当的措施，以期废除对儿童健康有害的传统习俗。第三十二条规定：缔约国确认儿童有权受到保护，以免受经济剥削和从事任何可能妨碍或影响儿童教育或有害儿童健康或身体、心理、精神、道德或社会发展的工作。

我国《宪法》第四十九条明确规定禁止虐待儿童。《未成年人保护法》第二十七条规定："学校、幼儿园的教职员工应当尊重未成年人人格尊严，不得对未成年人实施体罚、变相体罚或者其他侮辱人格尊严的行为。"

学前教育机构应不断完善管理制度，加强对幼教工作人员的职业教育。在硬件设施建设上，要充分考虑幼儿的身心发展特点，避免可能发生的伤害事故；在幼儿园例会及师资培训中，要加强儿童权利内容的教育与渗透，使得每位幼教工作者，无论教师、保育员，还是后勤工作人员，都能成为幼儿各种基本权利实现的维护者和保障者。

案例 7-1

幼儿被遗忘在校车里致死的悲剧为何频现

2019年5月，几起幼儿被遗忘在校车里致死的悲剧再次刺痛公众神经：5月23日，湖北省通城县一名3岁女童被遗忘在校车后死亡；5月30日，海南省万宁市一名4岁半男童被遗忘在校车内，失去了生命。

中国青年报·中青在线记者梳理多起案例判决书及公开报道后发现，从2010年至今，这类悲剧几乎每年都有，并且有很多共同点：大多发生在夏季；幼儿被遗忘，均与随车照管员、司机、教师等相关人员的疏忽大意有关；被遗忘的幼儿，基本会因长时间处于密闭高温环境内中暑身亡。

悲剧为何不断发生？有专家分析多起案件判决结果后提出：对涉事者处罚过轻，不足以形成震慑，反思悲剧产生的根源、堵住制度漏洞已刻不容缓。

评析：

2012年4月，国务院发布实施《校车安全管理条例》，其中明确规定：随车照管人员应当核实学生下车人数，确认乘车学生已经全部离车后本人方可离车。《幼儿园工作规程》第六条规定："幼儿园教职工应当尊重、爱护幼儿，严禁虐待、歧视、体罚和变相体罚、侮辱幼儿人格等损害幼儿身心健康的行为。"幼儿园相关人员明知幼儿更需要关注、保护，而且稍加留心就可以避免悲剧发生，而几岁的幼儿闷死在车内，性质十分恶劣，使幼儿的生命健康权受到了极大的破坏，无论如何都无法评价为"情节较轻"。

湖北大学政法与公共管理学院副院长陈焱光提出，有关部门应制定出有效的部门规章，幼儿园内部也要形成合理的监督体系、建立健全的信息反馈机制，司机、随行照管员、班主任、幼儿园负责人、家长之间形成信息闭环，准确把握幼儿去向。应对当事人或涉事责任人采取刑事处罚、行政处罚等多重处罚手段。……比如，限制相关人员从业资格，取缔幼儿园办学资格等。

（二）受教育权

受教育权是指公民有在国家提供的各类学校和机构中学习科学文化知识的权利，是公民的一项基本权利。

《宪法》第四十六条规定："中华人民共和国公民有受教育的权利和义务。"《教育法》第九条规定："公民不分民族、种族、性别、职业、财产状况、宗教信仰等，依法享有平等的受教育机会。"《未成年人保护法》第十六条第（五）项规定父母或者其他监护人应当"尊重未成年人受教育的权利"。

尽管有如此多的法律、法规对幼儿的受教育权加以保护，但事实上这一权利也经常受到侵犯。比如，适龄幼儿因各种原因辍学在家；有些幼儿园任意停课，带领幼儿参加商业庆祝活动；有的幼儿教师让不听话的幼儿门外罚站等。

（三）姓名权

每个人从一出生就会拥有姓名，会登记在户口簿上。在法律上，姓名的意义主要体现在两个方面：一是姓名是使自然人特定化的社会标志。特定的姓名代表特定的民事主体，从而姓名成为民事主体资格的外在表现。二是姓名是自然人维持其个性所必不可少的要素，是自然人作为人所必须具备的人格利益。另外，姓名权保护的客体是权利人的姓名，姓名并不局限于公民在户籍机关正式登记的本名，也包括艺名、笔名、别号等。

《民法典》第一千零一十二条规定："自然人享有姓名权，有权依法决定、使用、变更或者许可他人使用自己的姓名，但是不得违背公序良俗。"这是我国法律对于公民姓名权内容的明确界定，所有人不得违反。幼儿园必须正确使用幼儿姓名，不经家长同意，不得任意改变或者利用幼儿的姓名进行民事活动。

案例 7-2

幼儿姓名权：老师抽奖，怎能用星星的名字

某幼儿园钟老师用自己班上10个幼儿的姓名，报名参加了某市某报刊举办的抽奖活动，结果幼儿星星被幸运抽中。因为领取奖品需凭幼儿的户口本，钟老师就把这件事告诉了星星的妈妈，并向她借户口本。可星星的妈妈却认为钟老师侵犯了星星的姓名权，要求钟老师交回兑奖凭条。

星星年龄还这么小，也享有姓名权吗？

评析：

这是一起因幼儿的姓名权受到侵害所引起的纠纷。案例中的钟老师在星星及其家长不知情的情况下使用星星的名字参与抽奖活动，侵犯了星星的姓名权。《民法典》第一千零一十四条规定："任何组织或者个人不得以干涉、盗用、假冒等方式侵害他人的姓名权或者名称权。"公民的姓名权受到侵害的，有权要求停止侵害、恢复名誉、消除影响、赔礼道歉，并可以要求赔偿损失。

（四）名誉权

名誉权，是自然人或法人就其自身特征所表现出来的社会价值而获得社会公正评价的权利。它是人格权的一种。这些被维护的名誉是指具有人格尊严的名声，是人格的重要内容，受法律的保护。我国《民法典》第一千零二十四条规定："民事主体享有名誉权。任何组织或者个人不得以侮辱、诽谤等方式侵害他人的名誉权。名誉是对民事主体的品德、声望、才能、信用等的社会评价。"

名誉权与生俱来，并无年龄上的区分，幼儿具有独立的人格，依法享有名誉权。任何侮辱、诽谤、捏造事实、散播流言蜚语损害幼儿名誉的行为，都是违法行为，同时伤害幼儿的人格尊严。

案例 7-3

发公开信称孩子有"特殊倾向"，幼儿园被判道歉并赔偿

2015年6月1日，5岁幼儿小健的母亲在微信公众号发表了《六一儿童节真的只有快乐吗？》一文，该文强烈抨击了小健所在的幼儿园老师长期对孩子的暴力殴打行为，并使用了"人间地狱""摧残""虐待""无耻抵赖""隐藏欺骗"等词汇。

之后幼儿园向百名家长送达公开信，称小健母亲微信公众号的文章内容不实。该公开信中，幼儿园描述小健使用了"具有特殊儿童倾向""他的异常""给予特殊看护""不断出现的异常""心理专家介入孩子的诊断"等语句。

为此，小健的母亲代小健将幼儿园起诉至人民法院，认为幼儿园故意捏造小健是特殊儿童的虚假事实，颠倒黑白，对小健进行污蔑和诽谤，并广而告之，给小健的名誉造成严重影响，请求法院要求幼儿园赔礼道歉并赔偿精神损失费5万元。在一审驳回诉讼请求后，小健母亲选择上诉。法院二审认为，幼儿园没有证据证明孩子存在异常，以公开信的形式向近百名家长发布不实言论，容易造成其他人对孩子的错误理解，构成名誉侵权。法院二审据此依法改判园方赔礼道歉，并赔偿小健精神损害赔偿金5万元。

评析：

在本案例中，涉事幼儿园是否构成侵权，关键在于对小健"特殊儿童倾向"一词的评价是否准确，而要准确判定一个幼儿是否具有心理特征意义上的"特殊倾向"，需要专业的鉴定机构对此作出结论。本案例中涉事的幼儿园既没有这方面的资质，又没有这方面的能力，为回应小健母亲指责园方对小健的暴力侵害，仅凭园方的主观臆测，就给年仅5岁的幼儿作出有"特殊倾向""需要特殊看护"的结论。

幼儿园的行为，明显违反了民法典"任何组织或者个人不得以侮辱、诽谤等方式侵害他人的名誉权"的规定。同时，涉事幼儿园还通过向近百名家长发布公开信的方式为自身辩解，无形中又在更大范围内将主观臆断的结论进行了传播，导致公众对小健的负面评价进一步蔓延，必然会在日后对其身心健康造成不可估量的伤害。涉事幼儿园的行为，已然侵犯了小健的名誉权，法院依法判决涉事幼儿园败诉，无疑给那些任性侵犯幼儿名誉权的违法行为敲响了法治警钟。

（五）肖像权

肖像，是指以一定的物质形式再现出来的自然人的形象。肖像权就是自然人所享有的在自己的肖像上所体现的以人格利益为内容的权利，也就是公民就自己的肖像上的利益所享有的权利。它直接关系到自然人的人格尊严及其形象的社会评价，是自然人所享有的一项重要权利。

《民法典》第一千零一十八条规定："自然人享有肖像权，有权依法制作、使用、公开或者许可他人使用自己的肖像。肖像是通过影像、雕塑、绘画等方式在一定载体上所反映的特定自然人可以被识别的外部形象。"第一千零一十九条规定："任何组织或者个人不得以丑化、污损，或者利用信息技术手段伪造等方式侵害他人的肖像权。未经肖像权人同意，不得制作、使用、公开肖像权人的肖像，但是法律另有规定的除外。未经肖像权人同意，肖像作品权利人不得以发表、复制、发行、出租、展览等方式使用或者公开肖像权人的肖像。"

幼儿的肖像权由其监护人代为行使，幼儿园应切实维护其权益，不经同意，不得将幼儿照片用以宣传或者转给厂商、报刊等使用，更不得非法毁损、玷污、丑化幼儿的肖像。信息化时代，幼儿园教师几乎每天都会拍照、记录幼儿在园一日活动各环节的表现，上传到家长群或用以写案例分析等。但是需务必时刻谨记，要保护幼儿的肖像权、隐私权，不随意将幼儿照片上传到社交网络平台，以免给幼儿带来不必要的伤害。

案例 7-4

幼儿肖像权：幼儿不同意，不能印她上挂历

某幼儿园拟请广告公司为幼儿拍摄照片，用于幼儿园的招生广告。

在家长会上征得了家长们的同意后，幼儿园就约了某广告公司到幼儿园为幼儿拍照。广告公司看见正在花园旁边玩耍的幼儿小霞，就请求幼儿园同意他们将小霞的照片用于广告公司的商业广告挂历，并答应支付给幼儿园相应的报酬。幼儿园同意了，并在事后得到了这笔报酬。某日，小霞的母亲外出办事，在街头的橱窗里发现印有女儿肖像的商业广告挂历，立即找幼儿园和广告公司交涉。双方协商未果，小霞的母亲便以小霞法定代理人的身份诉至人民法院，要求广告公司和幼儿园做出侵权赔偿。

小霞也有自己的肖像权吗？是否受法律保护？

评析：

本案例是一起因幼儿的肖像权受到侵害所引起的法律纠纷。

案例中所涉及的人物肖像摄影作品是具有双重法律属性的特殊客体，即摄影者所享有的是其创作作品的版权。同时因为该作品是以公民的个人形象为特定内容的创造，公民个人对该作品享有肖像权。摄影者所享有的版权受《中华人民共和国著作权法》（以下简称《著作权法》）保护，重点是保护它的形式，即摄影者对人物肖像的设计、构思、创作。而肖像者本人所享有的肖像权受民法保护。根据《民法典》的规定，公民享有肖像权，未经本人同意，不得以营利为目的使用公民的肖像。因为肖像是以特定的自然人为其表现对象的，并且是真实形象的表现和反映，因此肖像权与权利人的人格不可分，它要求任何人包括摄影肖像的作者对肖像人的意志要充分尊重，以维护公民的人格尊严。

本案例中，幼儿园未经小霞法定监护人同意，以有偿方式与广告公司达成使用小霞肖像的协议，广告公司又以营利为目的印制商业广告挂历，并且张贴在街头的橱窗。根据《民法典》的有关规定，这种以营利为目的，未经公民同意，利用其肖像作广告、商标、装饰橱窗等的行为，应当认定为侵犯公民肖像权的行为。因此案例中的幼儿园和广告公司应共同承担侵犯小霞肖像权的民事责任。

（六）著作权

著作权又称版权，是作者及其他著作权人对其创作的文学、艺术和科学领域内具有独创性并能以一定形式表现的智力成果依法享有的权利。著作权是民事权利，是知识产权的组成部分。《著作权法》第二条规定："中国公民、法人或者非法人组织的作品，不论是否发表，依照本法享有著作权。"第十条规定：著作权包括人身权和财产权，其中人身权包括作者对其作品的发表权、署名权、修改权和保护作品完整权；财产权指作者及其他著作权人对其作品依法所享有的复制、发行、出租等共十三项使用和获得报酬的权利。

毕加索有一句人们熟知的名言："每个孩子都是天生的艺术家。"幼儿能创作美术、摄影、音乐、舞蹈等作品，有着独特的视角和想象力。不能因为幼儿尚未成年而剥夺其著作权，只要其作品符合《著作权法》的有关规定，即形成著作权。幼儿园在使用幼儿作品时应征得幼儿监护人的同意，否则不得任意展览或向报刊投稿。

案例 7-5

幼儿著作权岂容侵犯

A幼儿园大班幼儿B从小就酷爱绘画，其作品多次在比赛中获奖。H出版社计划出版《幼儿园优秀美术作品选》一书，经该幼儿园教师推荐，幼儿B的两幅画被选中。但在出版后，书中却没有为幼儿B署名，只有"A幼儿园供稿"字样。幼儿B家长知道后，向H出版社索要稿酬。H出版社答复说选登儿B的绘画作品已征得A幼儿园同意，稿酬也已支付给了A幼儿园，所以不能支付给幼儿B稿酬。A幼儿园则认为幼儿B才5岁，不享有著作权，况且其绘画作品是在幼儿园教师指导下完成的，著作权应归幼儿园。

评析：

依据我国《著作权法》的规定，创作作品的公民就是该作品的作者。年龄的大小虽能影响人的行为能力但不能影响人的权利归属。所以，本案例中A幼儿园认为5岁的幼儿B不享有著作权，是错误的。由于幼儿B为完全无民事行为能力人，故该权利由其监护人代为行使。A幼儿园在未经幼儿B监护人许可的情况下，将幼儿B的作品提供给H出版社擅自发表，且没有为幼儿B署名，他们共同侵犯了幼儿B的署名权和发表权，理应将稿酬支付给其家长。而且，如果家长追究，出版社和幼儿园还应承担赔偿责任。

现实生活中，由于幼儿年龄小，其著作权常常会被忽视。经常有幼儿园将幼儿创作的绘画作品及诗歌、童话等文学作品集中投稿，幼儿园老师应及时征求家长的意见，写清楚孩子的姓名、地址，对稿酬更应该妥善处理，以避免不必要的纠纷。

（七）隐私权

隐私就是自己的个人私事，是个人信息等个人生活领域内的事情，也是与公共利益、群体利益无关，禁止他人干涉的纯个人私事。隐私权一般是指自然人享有的对自己的个人秘密和个人私生活进行支配并排除他人干涉的权利，主要包括个人生活安宁权、个人通讯秘密权和个人隐私使用权等。

《民法典》第一千零三十二条规定："自然人享有隐私权。任何组织或者个人不得以刺探、侵扰、泄露、公开等方式侵害他人的隐私权。隐私是自然人的私人生活安宁和不愿为他人知晓的私密空间、私密活动、私密信息。"《未成年人保护法》第四条第（三）项规定，"保护未成年人隐私权和个人信息"。联合国《儿童权利公约》第十六条明确指出："儿童的隐私、家庭、住宅或通信不受任意或非法干涉，其荣誉和名誉不受非法攻击。"

作为公民的一项人格权，隐私权在性质上是绝对权，是任何人都享有的不允许别人侵犯的权利。作为自然人中一个特殊群体的在园幼儿，理所当然应该享有隐私权，其权利也应该受到法律的保护。对幼儿隐私的尊重情况，反映了整个社会的儿童观念，甚至是文明程度。幼儿园应该尊重幼儿的隐私权，不得无视孩子的隐私，更不能把他们的隐私拿来开玩笑。不尊重幼儿隐私权的行为无论从促进幼儿的身心健康，还是从幼儿合法权益的维护角度来看，均是不应该的。因此，幼儿园教师应提高自身修养和法律意识，尊重和保护幼儿的隐私权。

案例 7-6

幼儿成长不需要"曝光量"

"优优妈妈正在闹离婚，优优这几天状态很不好。"休息室里，两名教师的聊天内容被没睡着的孩子听到了。随后几天，班里就有了"优优没妈妈了""优优妈妈要和别人结婚了"的说法。本来胆小的优优更沉默了。

两名教师或许只是随意说了几句闲话，却没意识到，这些信息属于孩子的个人秘密，更属于家庭的隐私。这么做，不但会让孩子受到伤害，而且还会给相关家庭造成压力。

日常生活中，成人不经意间"曝光"孩子隐私的案例有很多，比如家长在网络上泄露孩子的个人信息、教师在朋友圈晒孩子出糗的照片、应用程序和网站不经家长允许转发孩子的照片和视频……但是，幼儿成长并不需要"曝光量"，更为重要的是，这些做法已经侵犯了幼儿的隐私权。

评析：

案例中，父母离婚是属于优优的个人秘密，是其家庭私生活的范围。两名教师虽是随意闲聊，却侵犯了优优的隐私权，给优优带来了心理伤害。

我国《民法典》第一千零三十二条规定:"自然人享有隐私权。任何组织或者个人不得以刺探、侵扰、泄露、公开等方式侵害他人的隐私权。"以书面、口头形式宣扬他人的隐私,即使内容可能是真实的,并不存在捏造事实的问题,但却给公民的社会综合评价和个人正常生活带来不良影响,因此泄露和宣扬他人隐私的行为是一种侵权行为。

(八)财产权

财产权是指财产所有人依法对自己的财产享有的占有、使用、收益和处分的权利。《宪法》第十三条明确规定:"公民的合法的私有财产不受侵犯。国家依照法律规定保护公民的私有财产权和继承权。"

幼儿在幼儿园学习期间,其财产应该得到幼儿园的管理和保护。如果幼儿园没有尽到保护职责致使其财产受到损害,应当承担相应的民事责任。如幼儿经常会把自己家中的玩具带进幼儿园,教师应依法进行处理或管理,不得任意损坏、没收、抵押、占有、使用等。

(九)游戏权

游戏权是幼儿的一项基本社会权利。联合国《儿童权利公约》规定:"缔约国确认儿童有权享有休息和闲暇,从事与儿童年龄相宜的游戏和娱乐活动,以及自由参加文化生活和艺术活动。"

幼儿的游戏权是其他学习阶段无法比拟的。《幼儿园工作规程》指出,幼儿园应当将游戏作为对幼儿进行全面发展教育的重要形式,同时规定幼儿园要以游戏为基本活动,在一定程度上保障了幼儿的游戏权。结合国内外相关法律法规,可以将游戏权划分为游戏实施权、游戏自主权、游戏发展权和游戏安全权。

案例 7-7

幼儿游戏权利宝贵 需家园合作共同捍卫

在传统"精于勤,荒于嬉"的社会文化生态下,在当下"不能输在起跑线上"口号的煽动下,较多的家长仍秉持着重知识、技能的"功利化"教育价值取向,导致部分幼儿园为保留生源而开展"小学化"教育,严重挤占了幼儿的游戏时间。有的幼儿园取消大班幼儿的区域游戏时间,改成学习故事、算术、拼音等课程,让幼儿疲惫不堪,纷纷喊着"不想上幼儿园""不想上小学",产生厌学情绪。还有的幼儿园的游戏区角形同虚设,虽然布置精心、精美,但只是为了应付检查,因害怕幼儿损坏,就不让乱动乱碰。

评析:

自1990年中国签署联合国《儿童权利公约》的30余年来,保障儿童游戏权一直是我国政府和全社会义不容辞的责任。游戏权是儿童的基本权利之一,幼儿园是保障幼儿游戏权的重要执行主体。然而,目前仍有较多的幼儿园还缺乏保障游戏权的意识和能力。

保障幼儿权利是幼儿园教育的重要职能,园所管理者、教职工、家长等责任主体,应形成尊重幼儿游戏权的意识,通过切实行为保障幼儿的游戏权。

首先，完善园所管理，有效落实幼儿的游戏权。园所领导者应完善不合理的管理制度，为保障游戏权提供条件。其次，提升教师能力，科学提升游戏活动质量。教师是幼儿园中保障幼儿游戏权的直接主体，应不断提升个人素质，科学认识和保障幼儿的游戏权。再次，开展家长教育，凝聚共识保障游戏权。幼儿园应通过讲座、政策研读等形式对家长进行相关教育，提升家长保护幼儿游戏权的意识。最后，培养幼儿意识，提升幼儿自我保护能力。儿童权利意识是儿童对自我利益和自由的认知。幼儿作为游戏权的主体，其主体权利意识的觉醒是保障幼儿游戏权的重要内部力量。幼儿园应通过各种教育活动在幼儿心中种下"权利"的种子，如与幼儿分享和讨论与游戏权有关的法律法规，倾听幼儿关于"小学化"的想法，设计游戏活动帮助幼儿认识自身享有的游戏权，通过模拟情景演练获得维护自身游戏权的方法，以提升幼儿的自我保护意识和能力。

（十）获得公正评价的权利

幼儿在幼儿园有获得公正评价的权利。《教育法》第四十三条第（三）项规定，受教育者享有"在学业成绩和品行上获得公正评价"的权利。幼儿园教师应实事求是地对幼儿进行评定，不得以个人的好恶而失之偏颇。

案例 7-8

只选优秀的孩子参加公开课

某幼儿园大班的幼儿正在老师的带领下参加户外活动，隔壁班的老师过来挑选几个小朋友参加公开课。老师就对小朋友们说："谁想去上公开课啊？"20个小朋友都举起了手，可公开课只需从这个班挑选10个，老师就对小朋友们说："摸到头的小朋友可以去参加公开课。"这样，这个班级里就有10个小朋友失去了参加公开课的资格和机会。而且，老师不是随机抽取幼儿，被摸到头的大多是老师认为乖巧、聪明、会配合老师的幼儿。

老师在挑选幼儿上公开课时，已经给幼儿贴上了标签，那些听话、能干、机灵的幼儿是优秀的，而那些调皮的、多动的、能力差的幼儿是不优秀的。在老师们看来，如果让所有的幼儿去上公开课，那些不优秀的幼儿也许会在上课时给老师带来麻烦，让公开课的效果大打折扣，还可能会影响班级幼儿的整体水平甚至是幼儿园的声誉。如果仅仅本着为了达到良好的效果的目的，一些幼儿可能在该幼儿园永远无缘公开课。

评析：

案例中幼儿教师的做法，仅仅从乖不乖、听不听话的角度对幼儿进行不公正的评价，给幼儿贴标签，既剥夺了幼儿接受同等教育和表现自己机会的权利，也损害了幼儿获得公正评价的权利，还伤害了幼儿的情感，不利于幼儿身心的健康发展。

幼教工作者有什么样的儿童观就会有什么样的教育观，在教育观的指导下就会产生对应的教育行为。每个幼儿都享有平等受教育的权利，机会面前人人平等，教师对每个幼儿应该一视同仁，公平地对待每个幼儿。教师应该认识到幼儿的个体差异性，用赏识和发现的目光去看待幼儿，改变以往用一把尺子衡量所有幼儿的标准，促进其潜能的充分开发。

二、幼儿的法定义务

幼儿的权利与义务是同时存在的，享受一定的权利就应履行一定的义务。但是幼儿是无民事行为能力人，又是无刑事责任能力人，与成人有相当大的不同。根据《宪法》和《教育法》的规定，幼儿主要履行以下义务：

①遵守幼儿行为规范，尊敬师长，讲文明讲礼貌，养成良好的思想品德和行为习惯。
②热爱祖国，热爱家乡，有民族自豪感。
③尊重他人，关心他人，热爱班级和幼儿园，爱护集体荣誉。

第二节 幼儿权利保护

联合国《儿童权利宣言》明确指出："儿童因身心尚未成熟，在其出生以前和以后均需要特殊的保护和照料，包括法律上的适当保护。"少年强则国强，少年进步则国进步。少年儿童是祖国的希望，民族的未来，依法保障少年儿童的合法权益具有重要意义。

一、幼儿权利保护的主体

从根本上来讲，立法与司法保障是一种政府职能与政府行为，但是儿童权利的保护涉及社会生活的各个方面，也是每一个公民的责任和义务。因此，保护幼儿的权利不应该仅仅是法律的责任，更是社会、幼儿园、家庭的责任。

案例 7-9

幼童遭性侵，谁之过？

中国少年儿童文化艺术基金会女童保护基金根据每年公开报道的性侵幼童案件统计发现，截至2018年底近6年性侵儿童案年均300起以上，仅2018年曝光的性侵幼童（18岁以下）案例就有317起，受害儿童超过750人。而其中70%~80%都是熟人作案。

为什么侵害幼童案件频繁发生？这些案件有什么共性？家长、学校、社会如何联动进行幼童保护？

孙雪梅（"女童保护"基金主要发起人、负责人）：就我所接触到的案例中，共性一是受害者都是处于弱势的儿童；二是受到伤害后的儿童，都因为惧怕而不敢说，难以启齿，这也导致了施害者得以对他们进行长期逼迫。甚至有些案件当中，曾经的受害者后来变成施害者。

家长的监护当然是第一位，家长只有加强监护，这样如果孩子有任何异常才能及时发现；另一方面是提高孩子和家长双方的防范意识，家长有责任对孩子进行一定的防范教育，比如告诉孩子哪些是属于性侵的行为。同时也要告诉孩子，一旦发生这类事件，要及时告诉监护人，才有可能及时获得帮助。

评析：

《中华人民共和国刑法》（以下简称《刑法》）第二百三十七条明确规定，以暴力、胁迫或者其他方法强制猥亵他人或者侮辱妇女的，处五年以下有期徒刑或者拘役。聚众或者在公共场所当众犯前款罪的，或者有其他恶劣情节的，处五年以上有期徒刑。猥亵儿童的，处五年以下有期徒刑。

儿童离"兽行"有多远，取决于法律的威严有多大、执法的力度有多强。着眼于给孩子营造一个安全、美好的世界，我们必须要用更健全的制度、更有力的保护，让恶人的魔爪远离孩子。

首先，家长要营造安全的、温暖的家庭环境，和孩子建立良好的亲子互动，保持良性沟通，允许探讨任何孩子有疑惑（比如性教育）的话题；保护孩子远离危险的情境，不将孩子的日常照护轻易托付他人；家长要相信孩子说的话，发现异常时细心探究，不轻易责备和怪罪孩子等。

其次，学校是集中对儿童、对家长进行统一科普教育的最佳场所，在家庭性教育和保护知识欠缺的当下，学校也是弥补缺失的重要一环。学校不仅可以邀请专业的儿童保护机构和专业的师资来进行对于儿童和家长的科普，还可以对教职人员进行科普、监督教职人员是否遵守日常行为规范等。

最后，保护儿童全社会有责。对于日常的生活环境而言，我们所居住的社区和街道可以从社会管理的层面去看我们可以做什么。比如在孩子上下学的路上，是不是可以加强一些保护？一旦发现一些可疑的人，可以做些怎样的监管？政府的职能部门比如妇联、团委、公检法司等部门都应联动起来。儿童保护需要全社会联动，需要家长、学校、社区、政府部门等坐在一起认真讨论如何联手，从各方面出发去保护好孩子。

（一）家庭保护

家庭是以婚姻或血缘关系或收养关系为基础的一种社会生活组织形式。在社会这个庞大的有机体中，家庭只是一个"细胞"，它不仅具有繁衍后代的功能，而且还有教育后代、保护后代的社会职责。家庭保护是通过父母或其他监护人对幼儿依法行使监护权，履行对幼儿进行抚养教育、保护和法律规定的其他义务而完成的。家庭中的其他成人，有协助幼儿的监护人行使保护的责任。

父母或其他监护人要以健康的思想、文明的言行和正确的方法，教育影响幼儿，保护幼儿的合法权利，使其沿着健康的方向成长。为保护幼儿权利，幼儿监护人应重点做到以下几个方面。

第一，要提前了解幼儿的身心发展规律，虚心学习科学的育儿方法。

幼儿有其区别于成人的、独特的生理和心理发展特点。为人父母者，要提前了解幼儿的身心发展规律，虚心学习科学的育儿方法，且家庭中的成员要齐心协力、形成合力，用正确的方法行使作为监护人的系列权利与义务。

《未成年人保护法》第十五条规定："未成年人的父母或者其他监护人应当学习家庭教育知识，接受家庭教育指导，创造良好、和睦、文明的家庭环境。共同生活的其他成年家庭成员应当协助未成年人的父母或者其他监护人抚养、教育和保护未成年人。"第十六条第（二）项规定："关注未成年人的生理、心理状况和情感需求"。

第二，要尊重幼儿接受学前教育的权利。

幼儿监护人不应剥夺幼儿接受教育的权利，不得使在幼儿园的幼儿辍学。《未成年人保护法》第十六条第（五）项规定："尊重未成年人受教育的权利，保障适龄未成年人依法接受并完成义务教育"。

第三，要关心幼儿的日常生活。

幼儿监护人要增加对幼儿的高质量陪伴时间，多和幼儿走出去、亲近大自然，多些亲子共读、共玩、共画，不让幼儿接触不适合他们的视、听、读物，不带领幼儿进入不适合、不安全的活动场所，随机对幼儿进行安全教育。《未成年人保护法》第十六条第（四）项规定："对未成年人进行安全教育，提高未成年人的自我保护意识和能力"；第（六）项规定"保障未成年人休息、娱乐和体育锻炼的时间，引导未成年人进行有益身心健康的活动"。

第四，以身作则，引导幼儿养成良好的思想品德和行为习惯。

幼儿监护人要从自身做起，以身示范，遵守法纪、尊敬师长、诚实守信、与人为善，引导幼儿成长为具有正能量、对社会有贡献的人。《未成年人保护法》第十六条第（三）项规定："教育和引导未成年人遵纪守法、勤俭节约，养成良好的思想品德和行为习惯"。

第五，不能随意委托他人代为照护。

许多年轻父母因忙于工作，常常无暇顾及孩子，有的是聘请保姆，有的是交给祖辈或其他亲戚代为照管；在农村，更是有大量的留守儿童存在。《未成年人保护法》第二十二条规定："未成年人的父母或者其他监护人因外出务工等原因在一定期限内不能完全履行监护职责的，应当委托具有照护能力的完全民事行为能力人代为照护；无正当理由的，不得委托他人代为照护。"且规定了"未成年人的父母或其他监护人在确定被委托人时，应当综合考虑其道德品质、家庭状况、身心健康状况、与未成年人生活情感上的联系等情况，并听取有表达意愿能力未成年人的意见"。

第六，继父母必须依法履行抚养、教育保护的义务。

对于重新组合的家庭或非婚生幼儿，继父母必须依法履行抚养、教育保护的义务，不得歧视、虐待、辱骂乃至遗弃幼儿。《民法典》第一千零七十二条规定："继父母与继子女间，不得虐待或者歧视。"

（二）幼儿园保护

幼儿园是幼儿的第二个家，是专门从事幼儿教育的场所。作为幼儿园的教师、保育员等工作者，必须了解幼儿的权利，切实维护好幼儿的权益。幼儿园作为幼儿权利保护的主体，其需要履行的职责在《未成年人保护法》有明确的规定，现总结如下。

第一，坚持履行幼儿权利保护的主旨。

对于幼儿园而言，幼儿权利保护的主旨，体现在第二十六条，"幼儿园应当做好保育、教育工作，遵循幼儿身心发展规律，实施启蒙教育，促进幼儿在体质、智力、品德等方面和谐发展。"

第二，守护幼儿的身心健康。

第三十四条规定："学校、幼儿园应当提供必要的卫生保健条件，协助卫生健康部门做好在校、在园未成年人的卫生保健工作。" 第二十七条规定："学校、幼儿园的教职员工应当尊重未成年人人格尊严，不得对未成年人实施体罚、变相体罚或者其他侮辱人格尊严的行为。"

第三，帮助幼儿养成良好生活习惯。

第三十二条规定："学校、幼儿园应当开展勤俭节约、反对浪费、珍惜粮食、文明饮食等宣传教育活动，帮助未成年人树立浪费可耻、节约为荣的意识，养成文明健康、绿色环保的生活习惯。"

第四，保护幼儿的人身安全。

第三十五条规定："学校、幼儿园应当建立安全管理制度，对未成年人进行安全教育，完善安保设施、配备安保人员，保障未成年人在校、在园期间的人身和财产安全。学校、幼儿园不得在危及未成年人人身安全、身心健康的校舍和其他设施、场所中进行教育教学活动。学校、幼儿园安排未成年人参加文化娱乐、社会实践等集体活动，应当保护未成年人的身心健康，防止发生人身伤害事故。"

第三十六条规定："使用校车的学校、幼儿园应当建立健全校车安全管理制度，配备安全管理人员，定期对校车进行安全检查，对校车驾驶人进行安全教育，并向未成年人讲解校车安全乘坐知识，培养未成年人校车安全事故应急处理技能。"

第三十七条规定："学校、幼儿园应当根据需要，制定应对自然灾害、事故灾难、公共卫生事件等突发事件和意外伤害的预案，配备相应设施并定期进行必要的演练。"

第四十条规定："学校、幼儿园应当建立预防性侵害、性骚扰未成年人工作制度。对性侵害、性骚扰未成年人等违法犯罪行为，学校、幼儿园不得隐瞒，应当及时向公安机关、教育行政部门报告，并配合相关部门依法处理。学校、幼儿园应当对未成年人开展适合其年龄的性教育，提高未成年人防范性侵害、性骚扰的自我保护意识和能力。对遭受性侵害、性骚扰的未成年人，学校、幼儿园应当及时采取相关的保护措施。"

（三）社会保护

由人与环境形成的关系总和即谓之社会。社会保护，就是不同群体为幼儿的成长提供适宜的物质和精神环境，去除不利影响，具体包括以下内容。

第一，坚持贯彻社会保护幼儿权利的主旨。

社会保护幼儿权利的主旨，体现在《未成年人保护法》第四十二条，"全社会应当树立关心、爱护未成年人的良好风尚。国家鼓励、支持和引导人民团体、企业事业单位、社会组织以及其他组织和个人，开展有利于未成年人健康成长的社会活动和服务。"

第二，文化场所要为未成年人提供针对性服务。

《未成年人保护法》第四十四条规定：爱国主义教育基地、图书馆、博物馆、纪念馆等应当对未成年人免费或者优惠开放。国家鼓励以上场所开设未成年人专场，为未成年人提供有针对性的服务。

第三，文化传媒单位要提供适宜幼儿身心健康发展的精神产品。

《未成年人保护法》第四十八条至第五十一条规定：影视、出版以及其他有关单位和人员，要创作、出版、制作和传播有利于未成年人健康成长的图书、报刊、电影、广播电视节目、舞台艺术作品、音像制品、电子出版物和网络信息等。凡提供精神产品的单位和个人，都应对其内容负责，有不适宜幼儿身心健康发展的，禁止提供。包含可能影响未成年人身心健康内容的，应当以显著方式作出提示。

第四，社区要与幼儿园积极配合。

社区内的企事业单位要为幼儿园的教育工作提供人力或物质上的帮助，利用寒暑假，进行有益于身心健康的文体活动，并尽可能地降低收费或免费。

第五，各级工会、妇联等社会组织要关注幼儿的健康成长。

《未成年人保护法》第十条规定："共产主义青年团、妇女联合会、工会、残疾人联合会、关心下一代工作委员会、青年联合会、学生联合会、少年先锋队以及其他人民团体、有关社会组织，应当协助各级人民政府及其有关部门、人民检察院、人民法院做好未成年人保护工作，维护未成年人合法权益。"各级工会、妇联等社会组织应把保护幼儿的健康成长列为经常性的工作，经常会同教育部门建立家庭教育指导机构，提供幼儿教育的咨询服务，提供家庭教育的各种指导。

第六，网络产品和服务不得使幼儿沉迷。

《未成年人保护法》第七十四条规定：网络产品和服务提供者不得向幼儿提供诱导其沉迷的

产品和服务。以未成年人为服务对象的在线教育网络产品和服务，不得插入网络游戏链接，不得推送广告等与教学无关的信息。

（四）立法保护

有法可依是实行社会主义法治的前提，有了完备的法律体系作为保障，才能更好地引导、规范和约束家庭、幼儿园和社会其他群体及个人，使其依法办事，循章而为，为真正保护幼儿应有的权利创造良好的基础。在我国的社会主义法制不断健全的今天，运用立法手段来保护幼儿的权利，已经取得了很大的进步。

联合国《儿童权利公约》是第一部有关保障儿童权利且具有法律约束力的国际性约定。1990年8月29日，中国正式签署了该公约。1992年3月2日，中国常驻联合国大使向联合国递交了中国的批准书，从而使中国成为该公约的第110个批准国。同年4月1日，该公约正式在中国生效。该公约规定18岁以下儿童的基本权利有四种，即生存权、受保护权、发展权、参与权。由此，中国加快了对未成年人保护立法工作的步伐。

《宪法》是我国的根本大法，对儿童权利保护的规定具有最高法律效力。《宪法》明确儿童受国家保护，父母有抚养教育未成年子女的义务，禁止虐待儿童，国家发展社会主义教育事业，培养青年、少年、儿童在品德、智力、体质等方面全面发展等。

1991年9月4日全国人民代表大会常务委员会通过了《中华人民共和国未成年人保护法》，并在2020年进行了第二次修订。该法直接体现了联合国《儿童权利公约》的精神，对未成年人给予全面的保护，包括家庭保护、学校保护、社会保护、网络保护、政府保护、司法保护等。

1995年3月通过的《中华人民共和国教育法》明确了受教育者的权利。在《中华人民共和国残疾人保障法》中有相应条款对残疾幼儿的教育作了规定。

《幼儿园管理条例》和《残疾人教育条例》作为行政法规，对学前儿童的保护制定了相应的条款。

许多地方人民政府及地方人民代表大会，为了保护幼儿的合法权益也出台了不少地方政府规章和地方性法规如2021年6月1日起实施的《广州市幼儿园条例》，2013年6月2日起施行的《青岛市学前教育条例》。

由此可见，随着国家法制工作的不断健全与完善，有关幼儿权利保护的法规、规章也纷纷颁布实施，它们对幼儿合法权利的保护起了积极的作用。但是，与发达国家相比，我国对幼儿的保护还存在一定的差距。美国、英国、澳大利亚等都有专门的《儿童法案》或《学前教育法》详细规定了幼儿的法定权利及其保护措施，切实保障了幼儿的各项权利。在深入研究和调研的基础上，2023年6月2日召开的国务院常务会议讨论并原则通过《中华人民共和国学前教育法（草案）》，该法律的正式颁布与实施将进一步丰富我国现有有关儿童权利保护的法律体系。

二、幼儿权利保护的措施

为了切实保护幼儿的权利，防止幼儿园成为幼儿受侵害的地方，幼儿园可以从以下几个方面做好预防。

（一）建立健全相应的制度

1. 要建立突发事件应急预案管理制度

根据《中小学幼儿园安全管理办法》及相关规定，为了及时有效地处理可能发生的突发事故，把伤害后果降到最小，每个幼儿园都需要有突发事件应急预案管理制度，以应对自然性灾害

（包括地震、洪水、台风等）和人为性灾害（包括幼儿园交通、消防、房屋、食品卫生以及师幼人身安全等）。

制度建立的目的在于通过常规化的运作，对问题的处理程式化，避免人为的因素对意外伤害或是故意犯罪事件的处理产生不利影响。所以，制度建立之后不是一劳永逸，而是需要定期演练。

2. 要建立健全幼儿园各项安全工作制度

幼儿园各项安全工作制度包括安全学习制度、安全检查制度、安全接送制度、食品卫生安全制度等。安全工作是幼儿园工作的重中之重，安全工作关系到家庭幸福、社会稳定，幼儿园要恪守"安全第一"的办园准则，努力创建平安校园、和谐校园，始终要把安全工作作为幼儿园工作的生命线。制度要落实，责任要到人。要成立安全工作小组，对全园安全工作进行统筹安排，定期或不定期召开安全工作会议，定期或不定期检查园内的各种设施、设备，发现问题及时解决。

3. 要建立并完善家园沟通制度

合理的家园沟通制度，是以良好的沟通艺术搭建起家园合作的桥梁，能增强教师与家长之间的相互理解与信任，是改进和提高保教质量的重要举措，也是充分保障幼儿权利的重要举措。

家园沟通的内容，可以涉及幼儿园物质环境设施及材料的安全、幼儿园及家庭中的教育内容和教育方式、家园互动的有效性等方面。比如，家长可以向幼儿园反映幼儿园园舍安全或其他管理方面的问题，要求幼儿园方面予以回应和解决；家长可以针对幼儿教师的不当行为向幼儿园方面进行投诉并要求处理等。

4. 要完善相关的合同管理制度

合同管理是幼儿园管理的一项重要内容，为落实幼儿在园各项权利的保护，减少管理失误，需要完善相关的合同管理制度。幼儿园的合同管理制度主要包括两类：一是幼儿园与工作人员签订的劳动合同，是雇用关系的体现；二是幼儿园对外签订的合同，包括玩具、家具购买合同，食品供应合同，装修、安装合同等。

拓展阅读 7-1

××市实验幼儿园合同管理制度（办事服务）

为加强合同管理，避免失误，提高经济效益，根据《中华人民共和国合同法》及其他有关法规的规定，结合本园的实际情况，制定本制度。

第一条 幼儿园合理设置岗位，明确合同的授权审批和签署权限，妥善保管和使用合同专用章，严禁未经授权擅自以幼儿园名义对外签订合同，严禁违规签订担保、投资和借贷合同。

第二条 幼儿园对合同实施归口管理，实现合同管理与预算管理、收支管理相结合。

第三条 幼儿园加强对合同订立的管理，明确合同订立的范围和条件。幼儿园所有合同在讨论修改后全部交由法律顾问审核。涉及谈判的，批请有关专家参与，谈判过程的重要事项和参与谈判人员的主要意见，予以记录并妥善保管。

第四条 幼儿园对合同履行的情况实施有效的监控。合同履行过程中，因对方或单位自身原因导致可能无法按时履行的，要及时采取应对措施。

第五条 合同归口的管理部门加强对合同登记的管理，定期对合同进行统计、分类和归档，详细登记合同的订立、履行和变更情况，实行对合同的全过程管理。与幼儿园经济活动相关的合同应当同时提交财会部门作为账务处理的依据。

> 第六条　幼儿园加强对合同信息安全保密工作，未经批准，不得以任何形式泄露合同订立与履行过程中涉及的国家秘密、工作秘密或商业秘密。
>
> 第七条　幼儿园加强对合同纠纷的管理。合同发生纠纷的，幼儿园应在规定时效内与对方协商谈判。合同纠纷协商一致的，双方应当签订书面协议；合同纠纷经协商无法解决的，经办人员应向幼儿园有关负责人报告，并根据合同约定选择仲裁或诉讼方式解决。
>
> ××市实验幼儿园
××××年××月××日

5. 要注重相关保险制度的建立

幼儿园相关保险制度包括幼儿意外伤害保险制度、教师个人责任保险制度、幼儿园责任保险制度。现代社会是一个风险社会，难以预料的风险会在难以预料的时间和场合以难以预料的方式出现。对幼儿园、幼儿教师和幼儿来说，通过购买一定的保险，由保险公司来承担相应的风险，就成为一种不错的选择。对幼儿园来说，为预防因幼儿园方面原因造成幼儿伤害而给自己带来更多的负担，幼儿园可以鼓励家长为幼儿购买意外伤害保险，可以为幼儿教师购买个人责任保险、为幼儿园购买责任保险，并建立相关保险制度。在幼儿发生意外伤害时，由保险公司来赔付，就可以缓解幼儿园方面的压力。

（二）提高相关人员的安全意识

首先，幼儿教师及其他工作人员。落实幼儿园安全工作最关键的是培养幼儿教师的安全意识。要让教师在教育过程中能切实意识到安全的重要性，在每个活动环节都把幼儿的安全放在心头，时刻保持警惕；要提高教师、保育员、门卫、后厨工作人员等各个岗位人员对可能发生的幼儿意外伤害事故的预测性和敏感性，知道如何避免及应对意外伤害事故。

幼儿园应帮助教师理解保护幼儿安全与开展安全教育活动之间的关系，通过开展研讨会和提供相关培训，使教师学会如何为幼儿创造安全的环境，以及如何在安全的环境中开展安全教育。

其次，幼儿家长。家长是幼儿的监护人。家长应该在日常生活中根据环境和事件，随时对孩子进行安全指导和教育。

根据调查，绝大多数的家长（92.8%）期望自己也能获得有关安全防范与安全知识的培训与指导，尤其是在交通安全（65.9%）、饮食安全（54.6%）、运动安全（49.7%）等方面。因此，幼儿园需加强与家长的沟通，通过召开家长会、举办讲座等形式，宣讲安全知识及教育方式。

最后，幼儿。3～6岁的幼儿大脑皮层处于初级发育阶段，具有"兴奋能力强，控制能力弱"的特点，活泼好动，对外界充满好奇，不管什么东西都想看一看、摸一摸、尝一尝；同时，由于幼儿的认知水平不高、缺乏生活经验，容易发生安全事故。

安全教育不能将幼儿规约在狭窄的"笼子"里，而是需要用"导"的方式。加强对幼儿的安全教育，既要保证幼儿学习生活的安全，同时也必须促进幼儿的健康成长。在实施安全教育的过程中，重视幼儿的主体性和主动性，教师应为幼儿提供面对不同状况去思考的机会，培养幼儿自我保护意识和解决问题的能力。比如，在开展"食品安全教育"活动中，教师可提前联系社区超市，带领幼儿进超市，学习查看食品的外包装袋，查找生产日期、保质期，辨别垃圾食品与健康食品等。

三、侵权纠纷的解决途径

幼儿的合法权利受到侵犯后，监护人可以通过多种途径来解决，具体的方法有协商、调解、仲裁、复议、诉讼。幼儿监护人可以根据具体的侵权情况选择解决的途径。

（一）协商

幼儿的权利遭到侵害，其监护人可以根据我国法律的有关规定，向侵权人提出赔偿损失、赔礼道歉等合法请求，侵权方如认为合情合理合法，愿意接受对方提出的请求，并予履行，协商即告成功。

（二）调解

调解指发生纠纷后，在有关组织或人员的主持下，依据国家的法律法规及相关政策，根据双方当事人的请求及实际情况，运用说服教育的办法，劝导纠纷双方当事人通过自愿协商解决纠纷的方法。

主持调解人，可以是人民调解委员会，也可以是行政机关或司法机关；可以是当事人所在的单位、居委会、工会、妇联组织，也可以是接受委托的律师。

（三）仲裁

仲裁指双方当事人在争议发生前或争议发生后达成协议，自愿将争议交给仲裁庭作出裁决，并有义务执行仲裁裁决的方法。

仲裁必须建立在自愿基础上，仲裁的范围有一定的限制。依据《中华人民共和国仲裁法》规定，婚姻、收养、监护、扶养、继承纠纷，以及依法应由行政机关处理的行政争议不能仲裁。

（四）复议

这里主要指行政复议。当幼儿监护人认为行政机关的具体行政行为侵犯了孩子的合法权益时，可以向行政机关提出行政复议申请，行政机关依据《中华人民共和国行政复议法》受理复议申请，并作出行政复议决定。

（五）诉讼

简而言之，诉讼即上法院打"官司"，当事人一方向法院提出有关的诉讼请求，由法院作出判决。从我国现行法律制度来看，凡符合民事诉讼法、行政诉讼法和刑事诉讼法受案范围的，都可以通过诉讼途径解决侵权纠纷。根据案件的性质不同，诉讼分为民事诉讼、行政诉讼、刑事诉讼三大类。

（六）特殊情况的说明

如果幼儿受到监护人的虐待、拘禁、毒打等，造成一定的身体伤害及较坏的社会影响，那么儿童维权组织、街道、居委会、村委会、妇联、监护人所在工作单位，应该对监护人批评教育；制止其不法侵权行为，及时纠正；采取相应的措施对幼儿进行医治。如果其性质已经触犯刑律，那么就由检察机关提出公诉，追究监护人的刑事责任。

第三节　幼儿与幼儿园的法律关系

> **案例 7-10**
>
> 　　在幼儿园上课时，其他小朋友都在认真听讲，亮亮跷起小脚、脑袋后仰……突然从板凳上摔了下来，头上起了一个"大包"；幼儿园楼梯护栏突然倒塌，导致正在下楼梯的小朋友跌倒、踩踏，造成多名幼儿受伤；因争抢玩具被老师批评的小伟心有不甘，推倒对方小朋友，致使对方摔破头、缝了三针……

　　近年来，因幼儿在幼儿园受到伤害而引起的诉讼案件数量呈上升趋势，这引发了一个热点问题：幼儿与幼儿园之间存在什么样的法律关系？目前，对于这一问题，众说纷纭。无论是教育界还是法律界，都没有达成共识。一般来说，主要存在以下两种观点，我们将逐一分析。

一、监护关系

　　"幼儿与幼儿园之间存在监护关系"是第一种观点。监护，是指对无民事行为能力人和限制民事行为能力人的人身、财产及其他合法民事权益，进行监督和保护的法律制度。履行监护职责的人称为监护人，受到监督和保护的人是被监护人。

　　《民法典》第二十七条规定："父母是未成年子女的监护人。"由此看出，父母对未成年子女的监护责任，是从其出生之时就开始的，是基于亲权产生的一种法定的职责，无需经过任何法定程序。

　　若未成年人的父母已经死亡或者没有监护能力的，该由谁来担任监护人呢？《民法典》第二十七条作出了相应的规定："未成年人的父母已经死亡或者没有监护能力的，由下列有监护能力的人按顺序担任监护人：（一）祖父母、外祖父母；（二）兄、姐；（三）其他愿意担任监护人的个人或者组织，但是须经未成年人住所地的居民委员会、村民委员会或者民政部门同意。"第三十二条还规定："没有依法具有监护资格的人的，监护人由民政部门担任，也可以由具备履行监护职责条件的被监护人住所地的居民委员会、村民委员会担任。"

　　至此，我们可以得出结论，"幼儿与幼儿之间存在监护关系"是没有法律依据的。然而，基于幼儿在幼儿园接受保育和教育这一事实，有的学者提出的"幼儿在园的时段内，幼儿园是委托监护人，对于因管理不当导致幼儿自身受伤害，或者幼儿致使他人受伤害的事故应承担一定的民事法律责任。"这一观点同样是没有法律依据的。《学生伤害事故处理办法》第七条明确指出："学校对未成年学生不承担监护职责，但法律有规定的或者学校依法接受委托承担相应监护职责的情形除外。"由此可见，幼儿园不能成为幼儿暂时或临时的监护人，因为幼儿的父母并没有明确将监护职责委托给幼儿园。事实上幼儿园也不可能接受这种委托。

案例 7-11

委托监护：父母虽在外地，监护责任难辞

幼儿林力和赵军在同一所幼儿园上学。一天两人在下课后玩闹时，赵军抓起地上的一块小石头扔向林力，结果打中了林力的眼睛。老师发现后立即将林力送往医院治疗。经诊断林力右眼失明，要换装假眼，需治疗费、医药费等共计2万元。赵军的父母在外地工作，他由父母委托寄住在姑妈家。父母与姑妈之间订有委托协议，约定由于父母不在身边，对赵军的一切行为均由其姑妈负责。

林力的父亲先向赵军的姑妈要求赔偿，结果姑妈在已支付了1万元后，表示实在无力再承担医疗费。于是林父又找到幼儿园，要求幼儿园承担其余的医疗费用。

此案例中剩余的医疗费是否应由幼儿园来承担？

评析：

本案例涉及幼儿的过失行为所带来的法律责任在监护人、委托监护人及幼儿园三方之间的认定问题。

《民法典》第一千二百零一条规定："无民事行为能力人或者限制民事行为能力人在幼儿园、学校或者其他教育机构学习、生活期间，受到幼儿园、学校或者其他教育机构以外的第三人人身损害的，由第三人承担侵权责任；幼儿园、学校或者其他教育机构未尽到管理职责的，承担相应的补充责任。幼儿园、学校或者其他教育机构承担补充责任后，可以向第三人追偿。"本案例中的幼儿园在林力的伤害问题上，既无过错，亦无过失，而且在事发之后及时将林力送到医院治疗并通知赵军的姑妈，完全履行了其法定的义务，因此不应承担赔偿责任。

其实不仅幼儿园，赵军的姑妈也是没有赔偿责任的。本案例中的赔偿责任应由赵军的父母承担。《民法典》第一千一百八十九条规定："无民事行为能力人、限制民事行为能力人造成他人损害，监护人将监护职责委托给他人的，监护人应当承担侵权责任；受托人有过错的，承担相应的责任。"因此，赵军虽寄养在姑妈家，但其父母仍是法定的监护人，其监护责任不能因委托他人履行监护职责而免除。在民法中，委托监护是指监护人委托他人代行监护的职责。在委托监护中，委托人可以将部分监护职责委托给受托人行使，也可以将全部监护职责委托给受托人行使。委托监护当事人之间的委托协议一旦成立，受托人即负有依约定为委托人履行监护职责的义务，委托人负有依约定向受托人支付办理受托事务的费用和报酬的义务。但上述所有规定都没有否定这样一个事实：受托人毕竟不是监护人，作为监护人不能以其与受托监护的人之间有关于责任承担的约定为抗辩事由而主张免除责任或拒不承担责任。

因此，本案例中，对于赵军造成的损害应承担的民事责任并负责赔偿林力的全部损失的，不该是幼儿园，也不该是赵军的姑妈，而应该是赵军的父母。

建议：

（1）作为幼儿园应清楚了解幼儿的监护状况。

（2）幼儿家长不能把所有在幼儿园发生的幼儿伤害事故都归由幼儿园负责，这种观点是不可取的，应分清法律责任，实事求是地妥善处理。

二、教育、管理和保护关系

那么，幼儿在园发生安全事故，幼儿园就不需要承担责任了吗？《教育法》规定，学校对学生负有教育、管理和保护职责。因此，"幼儿与幼儿园之间存在教育、管理和保护关系"这一观点是有法律依据的。

《幼儿园工作规程》第三条规定："幼儿园的任务是：贯彻国家的教育方针，按照保育与教育相结合的原则，遵循幼儿身心发展特点和规律，实施德、智、体、美等方面全面发展的教育，促进幼儿身心和谐发展。"第四十二条规定，保育员"在教师指导下，科学照料和管理幼儿生活，并配合本班教师组织教育活动"。此外，第十七条至第二十四条涉及幼儿园的卫生保健，要求做好对幼儿生理和心理的保护工作；第二十五条至第三十三条涉及幼儿园教育工作的基本要求。《幼儿园管理条例》第十九条规定："幼儿园应当建立安全防护制度，严禁在幼儿园内设置威胁幼儿安全的危险建筑物和设施，严禁使用有毒、有害物质制作教具、玩具。"《未成年人保护法》第三章详细介绍了"学校保护"的具体要求，其中第二十五条规定："学校应当建立未成年学生保护工作制度，健全学生行为规范，培养未成年学生遵纪守法的良好行为习惯。"第三十五条规定："学校、幼儿园应当建立安全管理制度，对未成年人进行安全教育，完善安保设施、配备安保人员，保障未成年人在校、在园期间的人身和财产安全。"

《民法典》第一千一百九十九条规定："无民事行为能力人在幼儿园、学校或者其他教育机构学习、生活期间受到人身损害的，幼儿园、学校或者其他教育机构应当承担侵权责任；但是，能够证明尽到教育、管理职责的，不承担侵权责任。"这一规定说明，幼儿园在侵权责任认定中遵守的是"过错原则"，即只有因过错（故意或过失）侵害他人民事权益造成损害时，才应当承担侵权赔偿责任。

要正确认识幼儿与幼儿园之间的法律关系。在一般情况下，家长或监护人没有明确将监护职责委托给幼儿园时，幼儿园不承担监护职责，但法律有规定的或者幼儿园依法接受委托承担相应监护职责的情形除外。同时，幼儿园应认真全面、切实地履行对幼儿教育、管理和保护的职责，切实保障幼儿的合法权利，避免和减少事故的发生。

本章小结

幼儿依法享有法律法规规定的合法权益。幼儿的权利主要包括生命健康权、受教育权、姓名权、名誉权、肖像权、著作权、隐私权、财产权、游戏权、获得公正评价等权利。其中幼儿的生命健康权是其生存与发展的前提条件，在幼儿阶段处于首要地位，因此幼儿园应把安全工作放在首位。

在儿童权利的保护方面，国家、社会和家庭需要分别承担起各自的责任，片面地强调任何一方主体的责任，都难以全面地对儿童权利加以有效的保护，因此需要各方主体共同担负起自身的责任。此外，为了切实保护幼儿的权利，防止幼儿园成为幼儿受侵害的地方，幼儿园可以从建立健全相应的制度、提高相关人员的安全意识等方面做好预防。

幼儿与幼儿园的法律关系是确定幼儿园的权利与义务，以及处理幼儿园事故责任的基础。目前理论界对于这一问题存在着众多观点，相比较而言，幼儿与幼儿园的法律关系为教育、管理和保护关系，这一观点具有法律依据，且更具说服力。

思考与练习

1. 请结合实际案例，谈谈你对幼儿权利的理解。
2. 请说明为保护幼儿权利，幼儿园可以从哪些方面做好预防。

实践活动

观看公益视频"一个短片,了解《儿童权利公约》",思考作为未来的教师,你认为应如何保护幼儿的权利?

拓展资源

1. 张帆,尹星星,刘金松. 教育权利与义务的冲突与平衡[J]. 中国特殊教育,2022(5).
2. 薛前强. 企业保护儿童权利的体系建构与规则进阶[J]. 东北大学学报,2022(7).
3. 《儿童权利公约》。

第八章 学前教育机构中的工作人员

学习目标

① 了解学前教育机构园长的任职资格、主要职责、岗位要求、专业要求。

② 了解学前教育机构教师的法律地位,掌握幼儿教师的权利与义务、教师资格与任用制度及国家对幼儿教师专业素质的基本要求。

③ 了解学前教育机构其他工作人员的任职资格和职责要求。

④ 树立依法施教的理念。

本章导读

本章主要介绍法律法规中对学前教育机构中的工作人员的基本要求，主要包括园长的任职资格、主要职责、岗位要求、专业要求，幼儿教师的法律地位、权利和义务、资格与任用、主要职责、专业要求，学前教育机构中其他工作人员的任职资格和主要职责等内容。本章旨在帮助读者清晰地把握园长、教师、保育员、卫生保健人员等在学前教育机构中的职责要求，并树立依法施教的理念。

思维导图

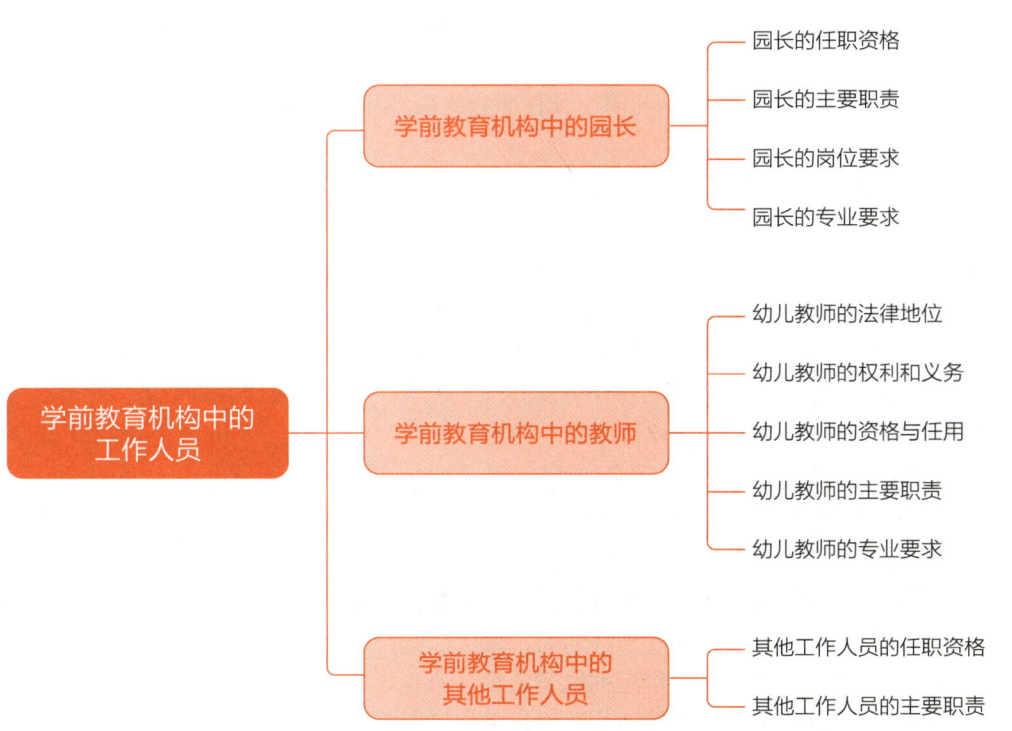

第一节　学前教育机构中的园长

学前教育机构中的园长是履行幼儿园领导与管理工作职责的专业人员，在学前教育质量提升中起着关键性作用。园长的地位和作用既赋予了其充分的权力，也对其工作提出了极大的挑战。园长作为幼儿园改革与发展的带头人，担负引领幼儿园和教师发展的重任，决定着学前教育机构的生存和发展。

> **案例 8-1**
>
> **给孩子一个快乐童年**
>
> 某幼儿园教师刘老师,在幼儿园工作了20多年,一步一个脚印地从一名普通幼儿教师成长为一名优秀的幼儿园园长。作为一名幼儿园园长,她多年来带领教学团队从实践中升华理论,力争为幼儿教育研究添砖加瓦;用理论指导实践,不断促进孩子们在游戏和快乐中成长。

案例中的刘老师在学前教育质量提升中起到了关键性作用,那么到底该如何正确地认识和定位一个学前教育机构中的园长呢?本节将详细解答上述问题。

一、园长的任职资格

任职资格是指为了保证工作目标的实现,任职者必须具备的知识、技能、能力和个性等方面的要求。

1996年1月26日发布的《全国幼儿园园长任职资格职责和岗位要求(试行)》对园长的任职资格进行了明确规定:

①拥护中国共产党的领导,热爱社会主义祖国,认真贯彻国家的教育方针。热爱幼儿教育事业。

②示范性幼儿园和乡镇中心幼儿园园长应具备幼儿师范学校(含职业学校幼教专业)毕业及其以上学历,有五年以上幼儿教育工作经历,并具有小学、幼儿园高级教师职务。其他幼儿园园长应具备幼儿师范学校(含职业学校幼教专业)毕业及以上学历或高中毕业并获得幼儿园教师专业考试合格证书,有一定幼儿教育工作经历,并具有小学、幼儿园一级教师职务。

③获得幼儿园园长岗位培训合格证书。

④身体健康,能胜任工作。

随着国家对幼儿园师资队伍要求的整体提升,对园长的要求也越来越高。2016年1月5日发布的《幼儿园工作规程》对幼儿园园长的任职资格进行了规定:

①应当贯彻国家教育方针,具有良好品德,热爱教育事业,尊重和爱护幼儿,具有专业知识和技能以及相应的文化和专业素养,为人师表,忠于职责,身心健康。

②应当具有《教师资格条例》规定的教师资格、具备大专以上学历、有三年以上幼儿园工作经历和一定的组织管理能力,并取得幼儿园园长岗位培训合格证书。

二、园长的主要职责

1989年9月11日发布的《幼儿园管理条例》规定,幼儿园园长负责幼儿园的工作。

《全国幼儿园园长任职资格职责和岗位要求(试行)》对园长的主要职责作了更加详细的规定。幼儿园实行园长负责制,园长全面主持幼儿园工作,其主要职责如下:

①贯彻执行党和国家有关幼儿教育的方针、政策以及教育法规、规章,坚持正确的办园方向。

②负责教职工的政治思想工作、职业道德教育,组织文化、业务学习;维护教职工的正当权益,关心并逐步改善教职工的生活和工作条件;发挥教职工(或教职工代表)代表大会在幼儿园

民主管理中的作用，调动和发挥教职工的主动性、积极性和创造性。

③主持幼儿园的保教工作、领导和组织安全保卫、卫生保健工作，贯彻有关的法规和规章确保幼儿在园安全、卫生和健康；领导和组织教育工作，贯彻执行国家幼儿园课程标准，促进幼儿身心和谐发展。

④领导和组织行政工作，包括工作人员的考核、任免和奖惩及园舍、设备和经费管理等。

⑤密切与家长和社区的联系。向家长和社区宣传正确的教育思想和科学育儿知识，争取家长和社区支持幼儿园工作。

《幼儿园工作规程》对幼儿园园长的主要职责规定如下：

①贯彻执行国家的有关法律、法规、方针、政策和地方的相关规定，负责建立并组织执行幼儿园的各项规章制度。

②负责保育教育、卫生保健、安全保卫工作。

③负责按照有关规定聘任、调配教职工，指导、检查和评估教师以及其他工作人员的工作，并给予奖惩。

④负责教职工的思想工作，组织业务学习，并为他们的学习、进修、教育研究创造必要的条件。

⑤关心教职工的身心健康，维护他们的合法权益，改善他们的工作条件。

⑥组织管理园舍、设备和经费。

⑦组织和指导家长工作。

⑧负责与社区的联系和合作。

拓展阅读 8-1

"我在给孩子们打地基"

2015年，天津市河东区第一幼儿园园长高歌今领回全国教书育人楷模的荣誉证书，一踏进幼儿园的大门，她立刻被教师们的鲜花和祝福环绕。

祝贺者的掌声响起，致敬她30年来在幼教领域的燃灯奉献；致敬她对幼儿生活教育模式的主张，在她搭建的儿童乐园中，孩子们顺从天性，在寓教于乐的生活中学习；致敬她大刀阔斧，探索优质公办园办分园、扩大公办资源的管理模式，在她的引领下，5所分园快速发展、齐头并进。

"好的学前教育，是让孩子身心和谐发展"

"我是先选择了这个职业，然后才逐渐热爱上这个职业的。"有着30年教龄的高歌今说，在与孩子们亲密接触后，自己才真正懂得了学前教育的真谛，成为一个好老师的梦想开始落地、生根、发芽。

高歌今提起教学生涯中印象最深的一个孩子："我是在一次社区走访时发现他的，他的父母从外地来天津务工，后来母亲丢下孩子跑了，父亲无暇照顾，每天就把孩子捆在椅子上。"高歌今见状心酸，将这个孩子收进了幼儿园的分园，并长期资助他学习。

"这个小朋友刚来幼儿园时，很恐惧与人交往，不敢直视其他人，但等到他上小学时，性格已经变得非常开朗了。"在幼儿园，高歌今和老师们有意识地引导其他幼儿帮助这个孩子，其他孩子的家长也纷纷伸出援手，在生活上予以相助。

高歌今认为，教会孩子如何"爱"，是学前教育的重要主题。每年六一儿童节，她都会带领孩子们到启智学校和社区与残障儿童、散居孩子联欢，带着礼物和祝福与他们共庆节日，送去友爱的温暖。

"好的学前教育，应该是教师用好的言行引导孩子，让他们学会做人、做事、合作，让他们身心和谐发展，为孩子以后的生活和学习打基础。"高歌今抱着这样的信念，"对于一个孩子未来的人格养成和身心发展，我们现在做的是打地基的工作和根的教育"。

"一个幼儿教育从业者要给予孩子们充分的关爱和尊重。"高歌今认为，幼儿园教师不应只是在生活起居上照料孩子，只有走近、研究、读懂孩子，才能发现每个孩子的价值，也才能抓住学前教育的真谛。

在其他教师看来，高歌今真正做到了走近孩子们。每天她早早来到幼儿园，从早上7点到晚上6点，在多所幼儿园间串园、听课，排查安全隐患，甚至连水龙头和空调的微小故障她都注意到了。

"走到孩子中间，高园长就转换了角色，给这个孩子提提裤子，给那个孩子擦擦鼻涕，在细节上，她总是能想到很多我们没有想到的地方。"康静说。

"从生活中择取幼儿教育内容"

在高歌今的教育理念中，著名儿童教育家、儿童心理学家陈鹤琴的"活教育"思想是她学习的范本。

"陈先生认为只有了解儿童的心理，真正认识儿童，才能谈教育儿童，这是'活的教育'，而不是死的教育。"高歌今说，在幼儿园，她有意识地贯行陈鹤琴的教育思想，以社会、大自然为教育孩子的出发点，让学生直接向社会、大自然学习。

幼儿园曾有一个有一只手先天残疾的孩子，之前这个孩子意识到自己的缺陷，总是长年穿着长袖。高歌今将此作为一个教育孩子们的机会，她和其他老师们有意识地教育孩子"每个人不管在身体、长相还是生活方面，都有不完美、残缺的地方"。孩子们本性天真，自然地和这个孩子玩耍游戏，并在他需要的时候关注他、帮助他。"儿童节节目会演，这个孩子上台表演敲鼓，他笑得可开心了，家长也很欣慰。"高歌今说，这正是她所秉承的教育方式——在幼儿园的实际生活中注重孩子们的情境感受，培养他们的同情心和爱心。

"我们应该从生活中择取教育内容，而不是强硬地给幼儿灌输知识。通过生活常识和游戏方式的教育，培养孩子们的社会交往和自我管理能力。"幼儿园课程里有一门社会生活大讲堂的课，高歌今鼓励教师们挖掘大量新颖有价值的生活素材，对孩子进行生活实践教育。"我们有欢庆中国传统节日的系列活动、在生活中探索科学奥秘主题活动、在生活中学会友好分享与合作的教育活动。"高歌今说，在这些源于生活又贴近儿童兴趣的活动中，生活教育文化就像无形的"营养液"滋润着儿童的心灵。

"生活教育"是高歌今的重点研究课题，她在此基础上编写的教材成了幼儿园的特色园本课程。这个长年扎根一线的教育工作者相信，教育，可以在平凡的生活中闪光，而一个好的幼儿教师，应该在生活教育过程中，突出幼儿的主体地位，发挥幼儿的主体作用，以全新的方式引导幼儿在生活中学习，在生活中成长。

"在管理上突围，创新集团化连锁办园模式"

在其他老师眼里，高歌今就像一位船长，带领幼儿园寻找自己的航线。

从2004年担任幼儿园的园长以来，如何让5所分园快速发展，让主园的优质公办资源全面辐射，成了高歌今经常思考的问题。5所分园相距较远，教师队伍又参差不齐，管理是制约发展的大问题。

"要发展就要创新，我首先想到的是如何在管理模式上突围。"高歌今逐渐为幼儿园找到了集团化连锁办园的模式。她是"船长"，为各分园的统筹管理"领航"，实行"走动式"项目管理。各执行园长有一定的自主权限，可以结合各自园所的实际进行创新，在统一的办园理念之下探索"分园—特色—品质"。

据主管教学的教师王春介绍，每个分园都开发了自己的园本课程，并在此基础上实现资源共享，"高园长提出要注重培养幼儿园的传统文化特色，5个分园开发了古诗词、水墨画、传统游戏、二十四节气等不同课程，教学各具特色"。

教学管理模式的创新使得幼儿园集团的办园成绩蒸蒸日上，先后荣获天津市示范园、天津市推动学前教育事业发展先进集体、天津市第四届教育改革成果一等奖等荣誉。

在康静眼里，高歌今不是一个说大话、喊口号的人，"她是一个干实事的人，说到做到，我们都信她"。不管是治园还是教学，事无巨细，高歌今都用自己的行动，调动全体"船员"的积极性。

三、园长的岗位要求

《全国幼儿园园长任职资格职责和岗位要求（试行）》对园长的岗位要求作出了规定。

（一）基本思想品德要求

对园长的基本思想品德要求如下：

①坚持党的基本路线，拥护党的十一届三中全会以来的方针政策。努力学习建设有中国特色社会主义理论。

②热爱幼儿教育事业，热爱幼儿，尊重、依靠、团结教职工。

③实事求是，公正廉洁，严于律己，以身作则，作风民主。

④敬业守职，努力学习，积极进取，勇于改革创新。

（二）岗位专业要求

对园长的岗位专业要求如下：

①正确领会和掌握国家的教育方针、政策和法规的基本精神，熟悉幼儿教育法规和规章，坚持依法办园。

②有一定的幼儿卫生、心理和教育的基本理论，了解和掌握幼儿身心发展和教育的基本规律，有正确的教育观念。正确掌握国家幼儿园课程的主要内容和基本精神，并能组织实施。

③有幼儿园科学管理的基本知识。

（三）岗位能力要求

对园长的岗位能力要求如下：

①能根据党和国家的有关方针、政策和法规、规章结合本园实际制定本园发展规划和工作计划并组织实施。

②有管理和指导保教工作的能力、能组织管理幼儿园卫生保健工作；指导教师制订适合幼儿发展水平的教育计划；正确评析保育教育工作；组织开展有效的教研工作，帮助保教人员提高业务水平，改进保教工作。

③有一定的组织协调能力。能调动教职工的积极性，善于依靠和动员家长、社区等各方面的力量参与和支持幼儿园建设。

④有一定的撰写文稿和口语表达能力、能拟定工作计划，撰写工作经验和研究报告，并指导教师撰写文稿。

四、园长的专业要求

为促进幼儿园园长专业发展，建设高素质幼儿园园长队伍，深入推进学前教育改革与发展，2015年，教育部制定了《幼儿园园长专业标准》，为各级教育行政部门的幼儿园园长队伍建设和管理提供了重要依据，是幼儿园园长培训机构组织园长培训的主要依据，还是园长实现自身专业发展的基本准则。《幼儿园园长专业标准》包括办学理念、专业要求和实施意见三个部分的内容，其中，专业要求是最核心的部分（表8-1）。

表8-1 园长的专业要求

专业职责		专业要求
规划幼儿园发展	专业理解与认识	①坚持学前教育的公益性、普惠性，充分认识学前教育对幼儿身心健康、习惯养成、智力发展具有重要意义 ②重视幼儿园发展规划的制定和实施，凝聚教职工智慧，建立共同发展愿景，明确发展目标，形成办园合力 ③尊重幼儿教育规律，继承优良办园传统，立足幼儿园实际，因地制宜办好幼儿园
	专业知识与方法	①掌握国家的教育方针和相关的法律法规，熟悉《幼儿园工作规程》《幼儿园教育指导纲要（试行）》《3~6岁儿童学习与发展指南》等学前教育的相关政策 ②了解国内外学前教育改革发展的基本趋势，学习优质幼儿园的成功经验 ③掌握幼儿园发展规划制定、实施与测评的理论、方法与技术
	专业能力与行为	①把握幼儿园发展现状，分析幼儿园发展面临的问题和挑战，形成幼儿园发展思路 ②组织专家、教职工、家长、社区人士等多方力量参与制定幼儿园发展规划 ③依据发展规划指导教职工制订并落实学年、学期工作计划，提供人、财、物等条件支持 ④监测幼儿园发展规划实施过程与成效，根据实施情况修正幼儿园发展规划，调整工作计划，完善行动方案
营造育人文化	专业理解与认识	①把文化育人作为办园的重要内容与途径，促进幼儿体、智、德、美各方面的协调发展 ②重视幼儿园文化潜移默化的教育功能，将中华优秀传统文化融入幼儿园文化建设 ③将尊重和关爱师幼、体现人格尊严、感受和谐快乐作为幼儿园育人文化建设的核心，陶冶幼儿情操、启迪幼儿智慧
	专业知识与方法	①具备一定的自然科学、人文社会科学知识，具有良好的品德和艺术修养 ②了解幼儿园文化建设的基本理论，掌握促进优秀文化融入幼儿园教育的方法和途径 ③掌握幼儿身心发展特点，理解和欣赏幼儿的特有表达方式

续表

专业职责		专业要求
营造育人文化	专业能力与行为	①营造体现办园理念的自然环境和人文环境，形成积极向上、宽容友善、充满爱心、健康活泼的园风园貌 ②营造陶冶教师和幼儿情操的育人氛围，向教师推荐优秀的精神文化作品和幼儿经典读物，防范不良文化的负面影响 ③根据幼儿身心发展特点和接受能力，将爱学习、爱劳动、爱祖国教育融入幼儿园一日生活和游戏活动之中 ④凝聚幼儿园文化建设力量，鼓励幼儿积极参与，发挥教师的主导作用，鼓励社会（社区）和家庭参与幼儿园文化建设
领导保育教育	专业理解与认识	①坚持保教结合的基本原则，把幼儿的安全与健康放在首位，对幼儿发展有合理期望 ②珍视游戏和生活的独特价值，尊重和保护幼儿的好奇心和学习兴趣，重视幼儿良好的学习品质培养。将人际交往和社会适应作为幼儿良好社会性发展的重要内容。不得以任何形式提前教授小学内容，防止和克服幼儿园教育"小学化"倾向 ③尊重教师的保育教育经验和智慧，积极推进保育教育改革
	专业知识与方法	①掌握国家关于幼儿不同年龄阶段的发展目标和幼儿园保育教育目标 ②熟悉幼儿园环境创设、幼儿园一日生活、游戏活动等教育活动组织与实施的知识和方法 ③了解国内外幼儿园保育教育的发展动态和改革经验，了解教育信息技术在幼儿园管理和保育教育活动中应用的一般原理和方法
	专业能力与行为	①落实国家关于保育教育的相关规定，立足本园实际，组织制定并科学实施保育教育活动方案 ②具备较强的课程领导和管理能力，指导幼儿园教师根据每个幼儿的发展需要，制定个性化的教育方案，组织开展灵活多样的教育活动 ③建立园长深入班级指导保育教育活动制度，利用日常观察、观摩活动等方式，及时了解、评价保育教育状况并给予建设性反馈 ④领导和保障保育教育研究活动的开展，提升保育教育水平
引领教师成长	专业理解与认识	①尊重、信任、团结和赏识每一位保教人员，促进保教人员的团结合作 ②重视园长在教师专业发展过程中的引领作用，积极创设条件，激励教师的专业发展 ③具有明确的建立教师专业发展共同体的意识
	专业知识与方法	①把握保教人员的职业素养要求，明确幼儿园教师的权利和义务 ②熟悉幼儿园教师专业发展各阶段的规律和特点，掌握指导教师开展保育教育实践与研究的方法 ③掌握园本教研、合作学习等学习型组织建设的方法以及激励教师主动发展的策略
	专业能力与行为	①了解教师专业发展的需求，鼓励支持教师积极参加在职能力提升培训，为教师创造并提供专业发展的条件和环境 ②建立健全教师专业发展激励和评价制度，构建教研训一体的机制，落实每位教师五年一周期不少于360学时的培训要求 ③培养优良的师德师风，落实教师职业道德规范要求和违反职业道德行为处理办法，引导支持教师坚定理想信念、提高道德情操、掌握扎实学识、秉持仁爱之心，不断提升教师的精神境界。增强保教人员法治意识，严禁歧视、虐待、体罚和变相体罚等损害幼儿身心健康的行为 ④维护和保障教职工合法权益和待遇，关爱教职工身心健康，建立优教优酬的激励制度

续表

专业职责	专业要求	
优化内部管理	专业理解与认识	①坚持依法办园,自觉接受教职工、家长和社会的监督 ②崇尚以德治园,注重园长榜样示范、人格魅力、专业引领在管理中的积极作用 ③尊重幼儿园管理规律,实行科学管理与民主管理
	专业知识与方法	①掌握国家对幼儿园管理的法律法规、政策要求和园长的职责定位 ②熟悉幼儿园管理的基本知识,了解国内外幼儿园管理的先进经验 ③掌握幼儿园园舍规划、卫生保健、安全保卫、教职工管理、财务资产等管理方法与实务
	专业能力与行为	①形成幼儿园领导班子的凝聚力,认真听取党组织对幼儿园重大决策的意见,充分发挥党组织的政治核心作用 ②建立健全幼儿园管理的各项规章制度,严格落实教师、保育员、保健医、保安、厨师等岗位职责,提高幼儿园管理规范化、科学化水平 ③建立教职工大会或教职工代表会议制度,推行园务公开,尊重和保障教职工参与幼儿园管理的民主权利,有条件具备的幼儿园可根据需要建立园务委员会 ④建立和完善幼儿园应急机制,制定相应预案,定期实施安全演练,指导教职工正确应对和妥善处置各类自然灾害、公共卫生、意外伤害等突发事件
调适外部环境	专业理解与认识	①充分认识家庭是幼儿园重要的合作伙伴,积极争取家长的理解、支持和主动参与,促进家园共育 ②重视利用自然环境和社会(社区)的教育资源,扩展幼儿生活和学习的空间 ③注重引导幼儿适当参与社会生活,丰富生活经验,发展社会性
	专业知识与方法	①掌握幼儿园与家长、相关社会机构及部门有效沟通的策略与方法 ②熟悉社会(社区)教育资源的功能与特点 ③指导教师了解幼儿家庭教育的基本情况,掌握家园共育的知识与方法
	专业能力与行为	①建立幼儿园对外合作与交流机制,开放办园,形成幼儿园与家庭、社会(社区)及园际间的良性互动 ②面向家庭和社会(社区)开展公益性科学育儿的指导和宣传,利用家长学校、家长会、家长开放日等形式,帮助家长了解幼儿园保教情况。开展家庭教育指导,注重通过多种途径,转变家长教育观念,提高家长科学育儿能力 ③加强幼儿园与社会(社区)的联系,利用文化、交通、消防等部门的社会教育资源,丰富幼儿园的教育活动 ④引导家长委员会及社会有关人士参与幼儿园教育、管理工作,吸纳合理建议

> **拓展阅读 8-2**
>
> **幼儿园园长任期结束综合督导评估参考要点**
>
> 1. 党建工作。主要包括履行"一岗双责"、基层党组织建设、传达学习上级党组织的决策部署、党建与业务融合、党风廉政建设等方面的情况。
>
> 2. 规范办园。主要包括招生、收费、资金管理使用、内部管理、文化建设、办园条件等方面的情况。
>
> 3. 队伍建设。主要包括师德师风,教师持证上岗,教师专业发展,教师和保育员配备,保育员、卫生保健人员、炊事员、保安等人员资质审核,聘用人员管理,教职工待遇保障,教师激励机制等方面的情况。

> 4. 科学保教。主要包括落实《纲要》《指南》，确立科学教育理念，坚持以游戏为基本活动，在教育活动组织、师幼互动、环境支持、幼小衔接、克服"小学化"等方面开展的情况。
> 5. 安全卫生。主要包括落实安全责任、健全安全卫生制度、配备安全设备设施、安全风险管控、膳食营养、健康检查、卫生消毒、疾病防控、食品饮水安全、安全教育、心理行为保健等方面的情况。
> 6. 家园共育。主要包括建立常态化机制，推进家庭教育和在园教育紧密结合，以及家长参与、科学育儿指导等方面的情况。
> 7. 家长满意度。通过适当方式，开展家长满意度调查。

第二节 学前教育机构中的教师

一、幼儿教师的法律地位

根据《教师法》和《教育法》的规定，"教师"具有特定的法律含义。法律意义上的"教师"是指履行教育教学职责的专业人员，承担着教书育人，培养社会主义事业建设者和接班人，提高民族素质的使命。学前教育机构教师的法律地位，可以从教师作为一个履行学前教育职责的专业人员和他们所具有的特定权利义务两个方面来探讨。

（一）幼儿教师是履行学前教育职责的专业人员

幼儿教师是履行学前教育职责的专业人员，这是幼儿教师地位的本质特征，也是幼儿教师概念的内涵。这一内涵可以从两个方面来加以把握。

①履行教书育人职责是幼儿教师的职业特征。只有直接承担教育工作职责的人，才能称得上幼儿教师的最基本的条件。学前教育机构中，不直接从事教育工作，未履行教育职责的行政管理人员、校办产业公司人员、教育辅助人员（包括后勤服务人员等），都不能认为是教师，而分属于教育职员或其他相应的专业技术职务系列。

②专业人员是教师的身份特征。同医生、律师等一样，教师是一种从事专门职业活动的专业人员，即教师必须具备专门规定的从事教育教学活动的资格，符合特定的要求。这里的"专业人员"包括三层含义：一是教师要达到符合规定的相应学历；二是教师要具备相应专业知识；三是教师要符合与其职业相称的其他有关规定，如语言表达能力、性格、身体健康状态等。对于本职工作不是教师，而临时到学前机构承担一些课程的人员，不能视为教师。

（二）幼儿教师具有特定的权利义务

在法律上，幼儿教师具有两种身份，一方面他们是普通公民；另一方面，他们是从事学前教育工作的专业人员。幼儿教师的权利和义务是基于特定的职业性质而产生和存在的，具有如下特点。

①幼儿教师的权利与义务在教育教学活动中产生并由教育法律规范所设定。幼儿教师的基本

权利和义务既不同于宪法赋予每个公民的政治权利和义务，也不同于教师作为普通公民所具有的民事权利和义务。它是基于教育活动而产生，并由教育法律法规所设定的权利和义务，是一种职业特定的法律权利和职业特定的法定义务。

②幼儿教师的权利和义务与教师职务和职责紧密相连。它具有两层含义：一是教师的权利和义务始于其取得教师资格并在学校或其他教育机构任职，终于解聘，未取得教师资格而任职的，不具有此项基本权利和义务；二是教师的权利和义务是其履行教育教学职责的要求和基本保证。当教师以教育者身份出现时，其与职责相关的权利和义务从某种意义上说是代表国家和社会利益，带有一定的"公务"性质，是不能随意放弃的。如果教师随意放弃指导幼儿的学习和发展，实际上是没有履行教师的职责。

③教师的权利和义务根本上由一定社会物质生活条件所决定，任何国家关于教师基本权利和义务的规定，都是该国当时的社会、经济发展水平和文化传统等所需要并能予以保证的权利和义务。随着社会的发展，必然会从法律上对教师的权利、义务产生新的要求，并通过制定或修改法律来加以实现。

二、幼儿教师的权利和义务

（一）幼儿教师的权利

幼儿教师的权利是指幼儿教师依法享有的自由与权益。一般来讲，幼儿教师的权利包括两类：一类是其作为公民享有《宪法》规定的公民的基本权利，如宗教信仰自由、人身与人格权、监督权、社会经济权利、社会文化权利等；另一类主要是对教师这一职业群体，除了作为公民应享有的权利以外的权利所作的特殊规定，教师享有的特殊权利是与其职业特点相联系的，是从事其他职业的人员所不能享有的。依据《教育法》《教师法》等法律的规定，我国幼儿教师具有以下基本权利。

1. 教育教学权

幼儿教师有进行保育教育活动、开展教育教学改革和实验的权利，这项权利简称教育教学权，是幼儿教师的核心权利。其主要含义包括以下几点：

①幼儿教师有权依据本园的课程计划、工作量等具体要求，并结合本班的情况，因地制宜地开展教育活动。

②幼儿教师有权从本班幼儿实际情况出发，按照课程大纲的要求，确定其教育内容和进度，并灵活地执行，不断完善教学内容。

③幼儿教师可以通过教学改革和实验去探索教学规律，寻找符合幼儿身心发展规律的教学形式、方法和内容等，从而提高教学质量。

幼儿教师进行教育教学活动，开展教学改革和实验的权利不得被侵犯和非法剥夺。与此同时，为了保证教师享有这一权利，《教师法》第九条还相应规定了各级人民政府、教育行政部门、有关部门、学校和其他教育机构应当"提供符合国家安全标准的教育教学设施和设备""提供必需的图书、资料及其他教育教学用品""对教师在教育教学、科学研究中的创造性工作给以鼓励和帮助"。

此外还需说明的是，不具备教师资格的人不得行使该权利，或具有教师资格尚未受聘或已辞聘，这一权利处于停顿状态；一旦受聘担任教师工作时，其权利才恢复正常状态。合法的解聘或待聘不等于侵犯教师的这一权利。

2. 学术研究权

幼儿教师有从事科学研究、学术交流、参加专业的学术团体、在学术活动中充分发表意见的权利，这项权利简称学术研究权。学术研究权是教师作为专业技术人员所享有的一项基本权利。其基本含义包括以下几点：

①幼儿教师在完成保教工作任务的前提下，有权从事科学研究、论文撰写、著书立说等创造性活动。幼儿教师可以依据幼儿教育的研究方法以及已有的研究结果确立自己的研究课题、研究方法。

②为了交流知识、经验、成果，共同分析讨论解决问题的办法，幼儿教师有参加相关的学术交流以及参加专业的学术团体并在其中兼任工作的权利。

③幼儿教师有权在学术活动中发表自己的观点，开展学术争鸣。需强调的是，在教育教学活动过程中，幼儿教师要严格按照国家规定的教学大纲来开展活动，不得发表不利于幼儿身心健康发展且与教学内容无关的观点、意见。

3. 管理幼儿权

幼儿教师有指导幼儿的学习和发展、评定幼儿的品行和学业成绩的权利，这项权利简称管理幼儿权，是幼儿教师在教育过程中居于主导地位的基本权利。其基本含义包括以下几点：

①在保教过程中，幼儿教师有权依据幼儿的身心发展特点对幼儿进行适宜的指导从而协助幼儿主动、有效地学习。

②幼儿教师有权依据幼儿的行为表现以及所积累的作品对幼儿进行科学的、适当的评价，避免用划一的标准评价不同的幼儿。

③幼儿教师有权运用正确的指导思想和科学的教育方法，促进幼儿的个性和能力得到充分发展。

4. 获取报酬待遇权

幼儿教师有按时获取工资报酬、享受国家规定的福利待遇以及寒暑假期的带薪休假的权利，这项权利简称获取报酬待遇权，是幼儿教师应当享有的一项维持自身和家庭生存和发展的基本的物质权益。其基本含义包括以下几点：

①幼儿教师有权要求与之形成人事关系的学前教育机构根据国家法律的规定和教师聘用合同的约定，按时、足额地支付工资报酬。所在学前教育机构及其主管部门根据法律的、幼儿教师聘用合同的规定，按时、足额支付教师基础工资、职务工资、课时报酬、奖金、教龄津贴、班主任津贴及其他各种津贴在内的工资报酬。教师的工资不得非法拖欠、克扣。

②幼儿教师有享受国家规定的医疗、住房、退休等各种福利待遇以及寒暑假期的带薪休假的权利。

5. 民主管理权

幼儿教师有对幼儿园教育教学、管理工作和教育行政部门的工作提出意见和建议，通过教职工代表大会或者其他形式，参与学校的民主管理的权利，这项权利简称民主管理权。其基本含义包括以下几点：

①幼儿教师有对幼儿园及教育行政部门的工作提出意见和建议的权利，这是公民的一项基本权利，《宪法》规定"中华人民共和国公民对于任何国家机关和国家工作人员，有提出批评和建议的权利"。

②幼儿教师可以通过教职工代表大会、工会组织等多种形式参与幼儿园的民主管理，讨论幼儿园发展、改革等方面的重大事项，进一步发挥主动性、积极性，树立主人翁意识，以保障自身的民主权利和切身利益，推进园内的民主建设，提高幼儿园管理的效率和水平。

6. 进修培训权

幼儿教师有参加进修或者其他方式的培训的权利，这项权利简称进修培训权。进修培训权是幼儿教师不断接受教育、获得自我充实和提高的基本权利和必要手段。主要内容包括以下几点：

①幼儿教师有权参加进修和接受其他多种形式的培训，以提升教育理念和专业素养，从而保障教育教学的质量。

②幼儿教师有权参加达到法定学历标准和达到高一级学历水平的进修或以拓宽知识为主的继续教育培训等权利。

（二）幼儿教师的义务

幼儿教师的义务，是指幼儿教师依照《教育法》《教师法》及其他有关法律、法规，从事教育教学工作而必须履行的责任，表现为幼儿教师在教育活动中必须做出一定行为或不得做出一定行为的约束。它是由法律规定，并以国家强制力保障其履行。我国现行法律规定幼儿教师应履行以下义务。

1. 遵守宪法、法律和职业道德，为人师表

"遵守宪法、法律和职业道德，为人师表"主要包括以下几个方面的含义：

①幼儿教师在自己的工作中，必须以《宪法》和其他法律法规为准则，正确行使《宪法》和法律赋予的公民的权利并履行相应的义务。在保教过程中，培养幼儿初步的法律意识，使每个幼儿都成为遵法守法的好公民。

②除了遵守法律的相关规定，幼儿教师还应该遵守职业道德。我国幼儿教师职业道德的基本要求是：爱国守法、爱岗敬业、关爱幼儿、教书育人、为人师表、终身学习。

③为人师表是对幼儿教师的特定要求。因为幼儿教师的一言一行都对幼儿产生潜移默化的影响，所以幼儿教师本人必须作出表率。为人师表对幼儿教师提出了多方面的要求，主要包括思想品质、政治素质、工作态度、钻研业务、生活作风、服饰打扮、言谈举止等方面。它要求幼儿教师时时、处处、事事严格要求自己，言行一致、表里一致，堪为幼儿和社会其他成员的楷模和表率。

2. 贯彻国家的教育方针，遵守规章制度，执行幼儿园的教学计划，履行教师聘约，完成保育教育工作任务

"贯彻国家的教育方针，遵守规章制度，执行幼儿园的教学计划，履行教师聘约，完成保育教育工作任务"这一义务包括以下几个方面的含义：

①幼儿教师在工作中，必须贯彻《教育法》第五条所规定的教育必须为社会主义现代化建设服务、为人民服务，必须与生产劳动和社会实践相结合，培养德智体美劳全面发展的社会主义建设者和接班人的教育方针。

②幼儿教师要遵守各级人民政府、教育行政部门以及学前教育机构制定的各项规章制度并执行保教工作计划，完成保教任务。

③幼儿教师应依法履行教师聘约中约定的教育教学工作职责和完成规定的教育教学任务，否则将依法追究其责任。

3. 对幼儿进行宪法所确定的基本原则的教育和爱国主义、民族团结的教育，法制教育以及思想品德、文化、科学技术教育，组织、带领幼儿开展有益的社会活动

具体来说，幼儿教师履行这项义务应该做到以下几个方面：

①幼儿教师要对幼儿进行爱国主义、民族团结的教育，激发幼儿爱集体、爱家乡、爱祖国的情感，培养幼儿良好的思想品德的行为习惯。

②幼儿教师要对幼儿进行文化、科学技术的启蒙教育，使幼儿感受到祖国文化的博大精深，激发幼儿的好奇心和求知欲望。

③幼儿教师要带领幼儿参加有益的社会活动，培养幼儿学习互助、合作和分享、有同情心的良好品质。

4. 关心、爱护全体幼儿，尊重幼儿人格，促进幼儿德智体美劳全面发展

"关心、爱护全体幼儿，尊重幼儿人格，促进幼儿德智体美劳全面发展"这一义务包括以下几个方面的含义：

①关心、爱护全体幼儿是每一名幼儿教师的天职和美德，严禁虐待、歧视、体罚和变相体罚、侮辱幼儿人格等损害幼儿身心健康的行为。幼儿年龄小、缺乏自我保护能力，更需要教师的关心和爱护，幼儿教师要把保护幼儿的生命健康放在保教工作的首位。

②幼儿有自身的独立人格，他们像成人一样需要得到尊重。幼儿教师应不分性别、民族、种族，平等地对待每一个幼儿。尊重幼儿意味着要尊重幼儿的身心发展特点、尊重幼儿的个性特点、尊重幼儿的意愿和想法。在教育教学活动中，一切从幼儿出发，以幼儿为本。

③对幼儿实施德智体美劳全面发展的教育，促进其身心和谐发展是幼儿教师最主要的任务之一。与此同时还应尊重幼儿的个性发展，坚持个性发展和全面发展相统一原则。

5. 制止有害于幼儿的行为或者其他侵犯幼儿合法权益的行为，批评和抵制有害于幼儿健康成长的现象

具体来说，幼儿教师履行这项义务应该做到以下几个方面：

①幼儿教师主要负责制止在幼儿园工作和保教活动中，侵犯其所负责管理的幼儿合法权益的行为。

②保护幼儿的合法权益和身心健康，是全社会的责任。幼儿教师自然更有义务保护幼儿身心健康成长，有义务抵制和批评有害于幼儿身心健康成长的不良现象。

6. 不断提高思想政治觉悟和保育教育业务水平

保育教育工作是一项较强的专业性工作，为了更好地促进幼儿的发展，提高国民素质，幼儿教师需要不断提升自身思想政治觉悟，练就过硬的政治素质；同时也需要不断学习专业知识，提升自身保教业务水平，掌握保育教育规律以适应教育教学工作的需要。

三、幼儿教师的资格与任用

（一）幼儿教师资格

1. 幼儿教师的资格条件

根据《中华人民共和国教师法（修订草案）（征求意见稿）》第十五条规定，国家实行教师资格制度。中国公民或者取得中国永久居留权的外国人，遵守宪法和法律，热爱教育事业，思想品德良好，有完全民事行为能力，具备从事教育教学工作的身体和心理条件，具备本法规定的条件，通过国家教师资格考试，经认定合格的，可以取得教师资格。第十六条规定，取得幼儿园教师资格，应当具备高等学校学前教育专业专科或者其他相关专业专科毕业及其以上学历。

2. 幼儿教师的资格认定

1995年12月12日发布的《教师资格条例》，对幼儿园教师的资格认定要求如下：

①具备教师法规定的学历或者经教师资格考试合格的公民，可以依照本条例的规定申请认定其教师资格。

②幼儿园、小学和初级中学教师资格，由申请人户籍所在地或者申请人任教学校所在地的县级人民政府教育行政部门认定。

③认定教师资格，应当由本人提出申请。教育行政部门和受委托的高等学校每年春季、秋季各受理一次教师资格认定申请。具体受理期限由教育行政部门或者受委托的高等学校规定，并以适当形式公布。申请人应当在规定的受理期限内提出申请。

④申请认定教师资格，应当提交教师资格认定申请表和下列证明或者材料：身份证明；学历

证书或者教师资格考试合格证明；教育行政部门或者受委托的高等学校指定的医院出具的体格检查证明；户籍所在地的街道办事处、乡人民政府或者工作单位、所毕业的学校对其思想品德、有无犯罪记录等方面情况的鉴定及证明材料。申请人提交的证明或者材料不全的，教育行政部门或者受委托的高等学校应当及时通知申请人于受理期限终止前补齐。教师资格认定申请表由国务院教育行政部门统一格式。

⑤教育行政部门或者受委托的高等学校在接到公民的教师资格认定申请后，应当对申请人的条件进行审查；对符合认定条件的，应当在受理期限终止之日起30日内颁发相应的教师资格证书；对不符合认定条件的，应当在受理期限终止之日起30日内将认定结论通知本人。非师范院校毕业或者教师资格考试合格的公民申请认定幼儿园、小学或者其他教师资格的，应当进行面试和试讲，考察其教育教学能力；根据实际情况和需要，教育行政部门或者受委托的高等学校可以要求申请人补修教育学、心理学等课程。教师资格证书在全国范围内适用。教师资格证书由国务院教育行政部门统一印制。

3. 幼儿教师资格的丧失

《教师法》第十四条规定：受到剥夺政治权利或者故意犯罪受到有期徒刑以上刑事处罚的，不能取得教师资格；已经取得教师资格的，丧失教师资格。

《教师资格条例》规定有下列情形之一的，由县级以上人民政府教育行政部门撤销其教师资格：弄虚作假、骗取教师资格的；品行不良、侮辱学生，影响恶劣的。被撤销教师资格的，自撤销之日起5年内不得重新申请认定教师资格，其教师资格证书由县级以上人民政府教育行政部门收缴。

（二）幼儿教师的任用

《教师法》第十七条规定，学校和其他教育机构应当逐步实行教师聘任制。教师的聘任应当遵循双方地位平等的原则，由学校和教师签订聘任合同，明确规定双方的权利、义务和责任。实施教师聘任制的步骤、办法由国务院教育行政部门规定。

《幼儿园管理条例》规定幼儿园的教师由幼儿园园长聘任，也可由举办幼儿园的单位或个人聘任。

《幼儿园工作规程》规定幼儿园教师实行聘任制。《幼儿园工作规程》还对幼儿园教师的任职资格进行了规定，幼儿园教师必须具有《教师资格条例》规定的幼儿园教师资格，并应当贯彻国家教育方针，具有良好品德，热爱教育事业，尊重和爱护幼儿，具有专业知识和技能以及相应的文化和专业素养，为人师表，忠于职责，身心健康。

四、幼儿教师的主要职责

此处仅重点介绍幼儿园教师的主要职责。

《幼儿园工作规程》规定幼儿园教师对本班工作全面负责，其主要职责如下：

①观察了解幼儿，依据国家有关规定，结合本班幼儿的发展水平和兴趣需要，制订和执行教育工作计划，合理安排幼儿一日生活。

②创设良好的教育环境，合理组织教育内容，提供丰富的玩具和游戏材料，开展适宜的教育活动。

③严格执行幼儿园安全、卫生保健制度，指导并配合保育员管理本班幼儿生活，做好卫生保健工作。

④与家长保持经常联系，了解幼儿家庭的教育环境，商讨符合幼儿特点的教育措施，相互配

合共同完成教育任务。

⑤参加业务学习和保育教育研究活动。

⑥定期总结评估保教工作实效，接受园长的指导和检查。

五、幼儿教师的专业要求

此处仅重点介绍幼儿园教师的专业要求。幼儿园教师是履行幼儿园教育教学工作职责的专业人员，需要经过严格的培养与培训，具有良好的职业道德，掌握系统的专业知识和专业技能。《幼儿园教师专业标准（试行）》是国家对合格幼儿园教师专业素质的基本要求，是幼儿园教师实施保教行为的基本规范，是引领幼儿园教师专业发展的基本准则，是幼儿园教师培养、准入、培训、考核等工作的重要依据。《幼儿园教师专业标准（试行）》共分为基本理念、基本内容、实施建议三个部分，其中，基本内容部分对幼儿园教师的专业要求作出了明确的规定（表8-2）。

表8-2 幼儿园教师的专业要求

维度	领域	基本要求
专业理念与师德	职业理解与认识	①贯彻党和国家教育方针政策，遵守教育法律法规 ②理解幼儿保教工作的意义，热爱学前教育事业，具有职业理想和敬业精神 ③认同幼儿园教师的专业性和独特性，注重自身专业发展 ④具有良好职业道德修养，为人师表 ⑤具有团队合作精神，积极开展协作与交流
	对幼儿的态度与行为	①关爱幼儿，重视幼儿身心健康，将保护幼儿生命安全放在首位 ②尊重幼儿人格，维护幼儿合法权益，平等对待每一位幼儿。不讽刺、挖苦、歧视幼儿，不体罚或变相体罚幼儿 ③信任幼儿，尊重个体差异，主动了解和满足有益于幼儿身心发展的不同需求 ④重视生活对幼儿健康成长的重要价值，积极创造条件，让幼儿拥有快乐的幼儿园生活
	幼儿保育和教育的态度与行为	①注重保教结合，培育幼儿良好的意志品质，帮助幼儿养成良好的行为习惯 ②注重保护幼儿的好奇心，培养幼儿的想象力，发掘幼儿的兴趣爱好 ③重视环境和游戏对幼儿发展的独特作用，创设富有教育意义的环境氛围，将游戏作为幼儿的主要活动 ④重视丰富幼儿多方面的直接经验，将探索、交往等实践活动作为幼儿最重要的学习方式 ⑤重视自身日常态度言行对幼儿发展的重要影响与作用 ⑥重视幼儿园、家庭和社区的合作，综合利用各种资源
	个人修养与行为	①富有爱心、责任心、耐心和细心 ②乐观向上、热情开朗，有亲和力 ③善于自我调节情绪，保持平和心态 ④勤于学习，不断进取 ⑤衣着整洁得体，语言规范健康，举止文明礼貌
专业知识	幼儿发展知识	①了解关于幼儿生存、发展和保护的有关法律法规及政策规定 ②掌握不同年龄幼儿身心发展特点、规律和促进幼儿全面发展的策略与方法 ③了解幼儿在发展水平、速度与优势领域等方面的个体差异，掌握对应的策略与方法 ④了解幼儿发展中容易出现的问题与适宜的对策 ⑤了解有特殊需要幼儿的身心发展特点及教育策略与方法

续表

维度	领域	基本要求
专业知识	幼儿保育和教育知识	①熟悉幼儿园教育的目标、任务、内容、要求和基本原则 ②掌握幼儿园各领域教育的学科特点与基本知识 ③掌握幼儿园环境创设、一日生活安排、游戏与教育活动、保育和班级管理的知识与方法 ④熟知幼儿园的安全应急预案，掌握意外事故和危险情况下幼儿安全防护与救助的基本方法 ⑤掌握观察、谈话、记录等了解幼儿的基本方法和教育心理学的基本原理和方法 ⑥了解0~3岁婴幼儿保教和幼小衔接的有关知识与基本方法
	通识性知识	①具有一定的自然科学和人文社会科学知识 ②了解中国教育基本情况 ③具有相应的艺术欣赏与表现知识 ④具有一定的现代信息技术知识
专业能力	环境的创设与利用	①建立良好的师幼关系，帮助幼儿建立良好的同伴关系，让幼儿感到温暖和愉悦 ②建立班级秩序与规则，营造良好的班级氛围，让幼儿感受到安全、舒适 ③创设有助于促进幼儿成长、学习、游戏的教育环境 ④合理利用资源，为幼儿提供和制作适合的玩教具和学习材料，引发和支持幼儿的主动活动
	一日生活的组织与保育	①合理安排和组织一日生活的各个环节，将教育灵活地渗透到一日生活中 ②科学照料幼儿日常生活，指导和协助保育员做好班级常规保育和卫生工作 ③充分利用各种教育契机，对幼儿进行随机教育 ④有效保护幼儿，及时处理幼儿的常见事故，危险情况优先救护幼儿
	游戏活动的支持与引导	①提供符合幼儿兴趣需要、年龄特点和发展目标的游戏条件 ②充分利用与合理设计游戏活动空间，提供丰富、适宜的游戏材料，支持、引发和促进幼儿的游戏 ③鼓励幼儿自主选择游戏内容、伙伴和材料，支持幼儿主动地、创造性地开展游戏，充分体验游戏的快乐和满足 ④引导幼儿在游戏活动中获得身体、认知、语言和社会性等多方面的发展
	教育活动的计划与实施	①制定阶段性的教育活动计划和具体活动方案 ②在教育活动中观察幼儿，根据幼儿的表现和需要，调整活动，给予适宜的指导 ③在教育活动的设计和实施中体现趣味性、综合性和生活化，灵活运用各种组织形式和适宜的教育方式 ④提供更多的操作探索、交流合作、表达表现的机会，支持和促进幼儿主动学习
	激励与评价	①关注幼儿日常表现，及时发现和赏识每个幼儿的点滴进步，注重激发和保护幼儿的积极性、自信心 ②有效运用观察、谈话、家园联系、作品分析等多种方法，客观地、全面地了解和评价幼儿 ③有效运用评价结果，指导下一步教育活动的开展
	沟通与合作	①使用符合幼儿年龄特点的语言进行保教工作 ②善于倾听，和蔼可亲，与幼儿进行有效沟通 ③与同事合作交流，分享经验和资源，共同发展 ④与家长进行有效沟通合作，共同促进幼儿发展 ⑤协助幼儿园与社区建立合作互助的良好关系
	反思与发展	①主动收集分析相关信息，不断进行反思，改进保教工作 ②针对保教工作中的现实需要与问题，进行探索和研究 ③制定专业发展规划，积极参加专业培训，不断提高自身专业素质

拓展阅读 8-3

幼儿教师要有爱心更要有耐心

常常听到一些家长对幼儿园教师表达不满,这些家长抱怨比较多的就是幼儿园教师缺乏耐心。是家长们对这些幼儿教师都不满意吗?一位家长对笔者说,幼儿园教师都很好,教得也好,孩子也喜欢,但由于缺乏耐心,有时候无意中对孩子的呵斥和不当教育,会给孩子造成心理上的伤害。

其实,这位家长的担忧和顾虑不是多余的。作为一名幼儿教师,首先应具备的品质就是要有爱心。幼儿教师面对的是3~6岁的孩子,对这些孩子进行教育,需要教师首先要扮演好的就是父母角色,其次才是教师这个角色。孩子小,各种习惯没有养成,有的还很调皮捣蛋,有时候,可能说许多遍都没有效果。有的孩子可能还有各种不良的习惯,面对他们,幼儿教师首要的就是充满爱心,用像父母一样的爱,去爱这些孩子。

从爱出发,教育就自然而然变成了有爱的教育。因此,有爱心,是幼儿教师必备的素质之一,也是最为重要的品质。面对这么小的孩子,如果没有足够的爱心,仅仅从教育出发,从教师出发,那么在教育这些幼小的孩子过程中,肯定会遇到各种各样的问题。

然而,作为一名幼儿教师,有爱心仅仅是基础。仅仅有爱心,还远远不够。除了遵循幼儿教育规律进行教学,让幼儿在学习过程中,掌握该掌握的行为习惯等之外,对待孩子的耐心则是不可缺少的重要素质之一。

对幼儿来说,心智远未成熟,很多方面都缺乏自我控制能力。在这样的情况下,幼儿教师的耐心就显得尤为重要。如果失去耐心,处理问题往往会变得简单粗暴,甚至不顾后果。结果,往往会导致不该发生的事情发生了。

从近年来发生在幼儿园里的一些体罚幼儿的案例不难发现,很多时候都是因为幼儿教师缺乏耐心造成的。幼儿教师一旦失去耐心,就会采取一些过激行为,或者不当行为,对幼儿进行体罚或者打骂,给幼儿身心造成严重伤害。

那么如何让幼儿教师更有耐心呢?笔者认为,要有意识地对幼儿教师进行这方面的培养培训,通过培训,让幼儿教师树立起耐心意识,要让幼儿教师意识到耐心在幼儿教育中的重要性;幼儿园应建立健全管理制度,引导幼儿教师树立起耐心意识;对经过培训和教育,发现仍然不具备耐心的教师,应该调离幼儿教师岗位,避免由于其耐心缺乏导致体罚幼儿的情况发生;幼儿园在招聘教师时,应该严把入口关,关注教师的耐心情况,避免缺乏耐心的教师进入幼儿教师队伍。鼓励幼儿教师加强学习和自我修养,让他们真正爱上幼儿教育事业。

作为一名幼儿教师,具有耐心十分重要。这对幼儿的健康成长也很关键。希望广大幼儿教师,积极主动在这方面进行提升,加强自我约束和管理,努力学习幼儿教育知识,遵循幼儿教育规律,在幼儿教育实践中做一名既有爱心又有耐心的合格的幼儿教师。

第三节　学前教育机构中的其他工作人员

《幼儿园工作规程》规定幼儿园按照国家相关规定设园长、副园长、教师、保育员、卫生保健人员、炊事员和其他工作人员等岗位，配足配齐教职工。本节主要对保育员、卫生保健人员的任职资格及主要职责进行介绍。

一、其他工作人员的任职资格

《幼儿园工作规程》对保育员和卫生保健人员的任职资格分别作出了规定。

1. 保育员

幼儿园保育员应当贯彻国家教育方针，具有良好品德，热爱教育事业，尊重和爱护幼儿，具有专业知识和技能以及相应的文化和专业素养，为人师表，忠于职责，身心健康，并应当具备高中毕业以上学历，受过幼儿保育职业培训。

2. 卫生保健人员

幼儿园卫生保健人员应当贯彻国家教育方针，具有良好品德，热爱教育事业，尊重和爱护幼儿，具有专业知识和技能以及相应的文化和专业素养，为人师表，忠于职责，身心健康。医师应当取得卫生行政部门颁发的《医师执业证书》；护士应当取得《护士执业证书》；保健员应当具有高中毕业以上学历，并经过当地妇幼保健机构组织的卫生保健专业知识培训。

幼儿园其他工作人员的资格和职责，按照国家和地方的有关规定执行。

二、其他工作人员的主要职责

1. 保育员

《幼儿园工作规程》规定幼儿园保育员的主要职责如下：
①负责本班房舍、设备、环境的清洁卫生和消毒工作。
②在教师指导下，科学照料和管理幼儿生活，并配合本班教师组织教育活动。
③在卫生保健人员和本班教师指导下，严格执行幼儿园安全、卫生保健制度。
④妥善保管幼儿衣物和本班的设备、用具。

2. 卫生保健人员

《幼儿园工作规程》规定幼儿园卫生保健人员对全园幼儿身体健康负责，其主要职责如下：
①协助园长组织实施有关卫生保健方面的法规、规章和制度，并监督执行。
②负责指导调配幼儿膳食，检查食品、饮水和环境卫生。
③负责晨检、午检和健康观察，做好幼儿营养、生长发育的监测和评价；定期组织幼儿健康体检，做好幼儿健康档案管理。
④密切与当地卫生保健机构的联系，协助做好疾病防控和计划免疫工作。
⑤向幼儿园教职工和家长进行卫生保健宣传和指导。
⑥妥善管理医疗器械、消毒用具和药品。

> **拓展阅读 8-4**
>
> 2010年9月6日，卫生部、教育部令发布的《托儿所幼儿园卫生保健管理办法》规定，招收0~6岁儿童的各级各类托儿所、幼儿园卫生保健工作包括以下内容：
> ①根据儿童不同年龄特点，建立科学、合理的一日生活制度，培养儿童良好的卫生习惯。
> ②为儿童提供合理的营养膳食，科学制订食谱，保证膳食平衡。
> ③制订与儿童生理特点相适应的体格锻炼计划，根据儿童年龄特点开展游戏及体育活动，并保证儿童户外活动时间，增进儿童身心健康。
> ④建立健康检查制度，开展儿童定期健康检查工作，建立健康档案。坚持晨检及全日健康观察，做好常见病的预防，发现问题及时处理。
> ⑤严格执行卫生消毒制度，做好室内外环境及个人卫生。加强饮食卫生管理，保证食品安全。
> ⑥协助落实国家免疫规划，在儿童入托时应当查验其预防接种证，未按规定接种的儿童要告知其监护人，督促监护人带儿童到当地规定的接种单位补种。
> ⑦加强日常保育护理工作，对体弱儿进行专案管理。配合妇幼保健机构定期开展儿童眼、耳、口腔保健，开展儿童心理卫生保健。
> ⑧建立卫生安全管理制度，落实各项卫生安全防护工作，预防伤害事故的发生。
> ⑨制订健康教育计划，对儿童及其家长开展多种形式的健康教育活动。
> ⑩做好各项卫生保健工作信息的收集、汇总和报告工作。

本章小结

本章主要对学前教育机构中工作人员的任职资格、主要职责等方面进行了介绍。《全国幼儿园园长任职资格职责和岗位要求（试行）》和《幼儿园工作规程》对园长的任职资格从政治立场、证书要求、个人经历、健康状况等方面进行了规定。幼儿园实行园长负责制，园长全面主持幼儿园的各项工作。

幼儿教师的法律地位可以从他们是履行学前教育职责的专业人员和他们所具有的特定权利义务来探讨。我国幼儿教师享有《教师法》规定的权利并需要履行《教师法》所要求的义务。

此外，《幼儿园工作规程》对学前教育机构中保育员、卫生保健人员的任职资格与主要职责也进行了规定。

思考与练习

1. 请结合具体的实例，谈一谈一个好的幼儿园园长应该具备哪些基本的个人素养。
2. 请结合具体的实例，谈谈你对《幼儿园教师专业标准（试行）》中所规定的教师专业要求的理解。

实践活动

观看由中宣部、教育部联合主办的《闪亮的名字——2021最美教师》发布仪式"最美教师——王隽枫"视频片段，了解幼儿园教师的法律地位，理解幼儿园教师的专业要求和职业素养。

🎯 **拓展资源**

1. 何浩. 我国幼儿园教师法律身份研究［D］. 重庆：西南大学，2014.
2. 《中华人民共和国教师法》《中华人民共和国教师法（修订草案）(征求意见稿)》。

第九章 学前教育机构中的法律责任

学习目标

1. 了解与学前教育机构相关的法律责任。
2. 了解与幼儿教师相关的法律责任。
3. 了解与幼儿相关的法律责任。
4. 能有效运用法律保护学前教育法律关系主体的合法权益。
5. 形成依法执教的意识,具备维护自身权益的能力。

本章导读

教育法律责任存在于各种教育法律之中,是教育实施的必要保证,当人们受法律保护的教育权益受到侵害时,法律则强制侵害人承担一定的责任,以弥补被损害者的合法权益,以维护法律的权威性。

根据违法主体的法律地位和违法行为的性质,本章所探讨的违反相关教育法律要承担的法律责任有三种主要方式,即刑事法律责任,民事法律责任和行政法律责任。

学前教育机构、幼儿、幼儿教师以及其他人员之间存在多种不同的法律关系,本章主要根据权利主体的类型,从权利保护的角度出发区分不同违法行为和法律责任,分别从与学前教育机构相关的法律责任、与幼儿教师相关的法律责任和与幼儿相关的法律责任三个方面加以阐述。

思维导图

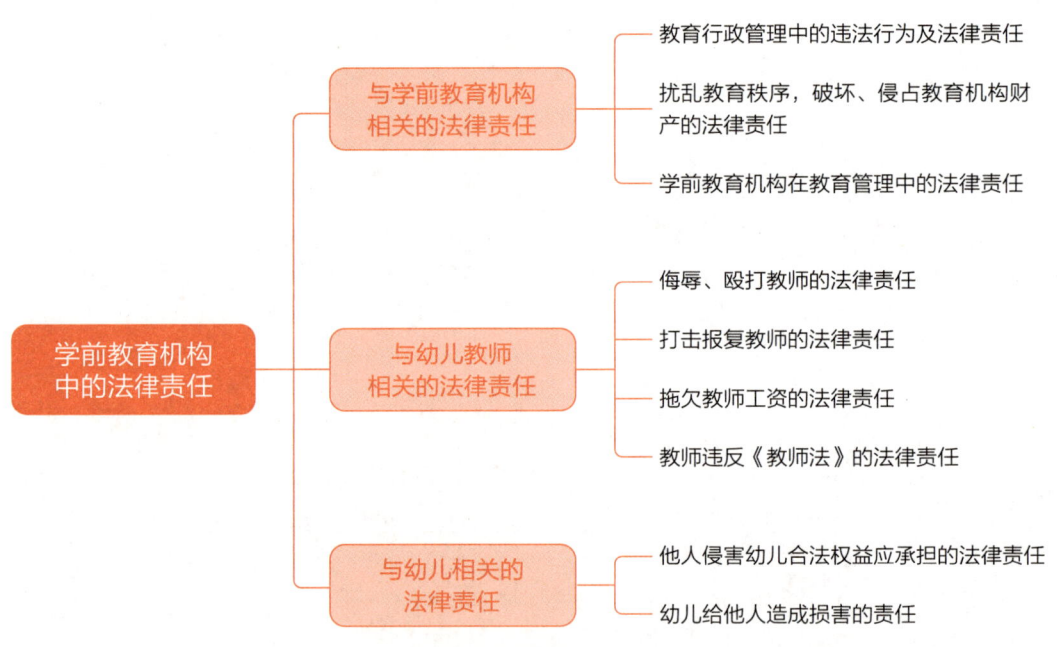

第一节　与学前教育机构相关的法律责任

根据我国有关法律规定,凡经合法手续设立的幼儿园,具有自行招收幼儿、自主管理幼儿园、开展保育教育活动、管理设施和经费等方面的权利。同时,作为法人组织机构,幼儿园也应遵守国家的法律法规和教育法律规范,维护受教育者和教育者的合法权益,按照国家规定合理收费并向社会公开收费项目,接受社会监督等,依法办园,依法管理,依法维权,办社会满意、群众放心的学前教育。

一、教育行政管理中的违法行为及法律责任

（一）违反国家有关规定，不按照预算核拨教育经费的法律责任

教育经费是教育发展的前提条件，是公办学校、学前教育机构及其他教育机构进行正常教育教学活动的保障，是教师工资的主要来源。违反国家有关规定，不按照预算核拨教育经费的行为，具体表现为不按照本级人民代表大会审查和批准的本级人民政府的预算内容向教育行政部门、学前教育机构核拨相应的教育经费，或者擅自调整更改教育预算支出的行为，违反了《教育法》和《中华人民共和国预算法》的相关规定。

法律责任主体：主要包括参与教育经费预算核拨的各级人民政府及其财政部门、教育行政机关及其负责人等。

法律责任的承担：根据行为情节和危害后果，应依法作出以下处理。

①由同级人民政府限期核拨。

②情节严重的，对直接负责的主管人员和其他直接责任人员，依法给予行政处分。

上述"情节严重"，是指不及时足额核拨教育经费，造成严重后果，或者拒绝、拖延执行同级人民政府限期核拨的要求等情况的，应当对直接负责的主管人员和其他经手、参与的直接责任人员由主管部门或单位给予相应的行政处分。

（二）违反国家财政制度、财务制度，挪用、克扣教育经费的法律责任

违反国家财政制度、财务制度等行为，主要表现为利用管理、经手或其他职务上的便利，挪用教育经费归个人或集体进行其他活动或非法活动等，克扣教育经费私分或归个人所有。其中，利用职务上的便利，侵占、克扣教育经费集体私分或为个人非法占有的，是贪污行为；违反有关规定，将教育经费挪作他用，不论是公用还是私用，都属于挪用行为。挪用教育经费数额较大不退还的，属于贪污罪。此类行为违反了《教育法》以及相关行政法律规范，性质严重的还将触犯《刑法》。

法律责任主体：主要包括各级人民政府的行政部门、学校、学前教育机构及企事业单位等社会组织，或者上述部门、组织的负责人以及其他经手、管理教育经费的人员。

法律责任的承担：根据具体情节，分别作如下处理。

①由上级机关责令限期归还被挪用、克扣的教育经费。

②对直接负责的主管人员和其他直接责任人员，由有关部门和单位依法给予行政处分。在认定和把握是否给予行政处分和给予何种行政处分中，适用相关行政法律法规的相关规定，由司法机关对行为人以贪污罪或挪用公款罪追究刑事责任。

（三）违反国家规定向学前教育机构收费和乱摊派的法律责任

违反国家有关规定向学前教育机构收取费用和乱摊派的行为，主要表现为一些地区和部门的单位和个人，在国家法律法规和有关收费管理规定之外，无依据或违反有关收费标准、范围、用途和程序的要求，向学前教育机构乱收费、乱罚款和进行各种摊派活动。此外，有关部门不执行国家对有关学校、学前教育机构及其他教育机构的税收减、免政策，随意征收应当减免的税款或应当依法返还而不予返还的，也属于违法收费范围。这种行为违反了《教育法》及其他法律、法规，是对教育机构财产的一种变相非法剥夺，自是无效。

法律责任主体：主要包括实施上述行为的部门、社会组织，如教育行政部门、税务部门、财政部门、居民委员会等。

法律责任的承担：分别不同主体，予以以下处理。

①由政府责令退还所收取的费用。教育行政部门、财政税务部门违法收取的各种不合理费用，由同级或上一级人民政府责令退还给学前教育机构。

②由主管部门按干部管理权限对直接负责的主管人员和其他直接责任人员，依法给予行政处分。

二、扰乱教育秩序，破坏、侵占教育机构财产的法律责任

（一）结伙斗殴、寻衅滋事、扰乱学前教育机构教育教学秩序的法律责任

结伙斗殴、寻衅滋事、扰乱学前教育机构教育教学秩序的行为，主要表现为在学前教育机构内或周围结伙斗殴、寻衅滋事。所谓结伙斗殴，是指出于私仇宿怨、争霸一方或者其他动机而成帮结伙地进行殴斗。所谓寻衅滋事是指在学前教育机构无事生非、肆意挑衅、起哄捣乱，进行破坏骚扰等。

学前教育机构内部工作人员实施上述行为，一般是因与领导或同事闹矛盾、起纠纷或者因对工资、待遇等方面不满引起的。其他单位的人员实施上述行为，有的是因为个人私怨，有的是因单位与学校及其他教育机构之间闹纠纷，还有的纯属无理取闹。扰乱教育教学秩序的行为违反了《教育法》《中华人民共和国治安管理处罚法》（以下简称《治安管理处罚法》）或《刑法》。

法律责任主体：主要是实施上述违法行为的公民个人，包括社会人员和学前教育机构的工作人员或者是其他单位的直接责任人员。

法律责任的承担：根据情节轻重及危害后果，分别给予以下处理。

①情节较轻，危害后果和影响不大，可由主管部门给予批评教育直至行政处分。

②情节较重，致使学前教育机构的教育教学秩序、工作秩序遭到严重破坏，影响恶劣，致使学前教育机构的正常工作无法进行或者造成其他危害后果的，由当地公安机关给予治安管理处罚。

③情节严重，构成犯罪的，由司法机关依法追究其刑事责任。

（二）破坏园舍、场地及其他财产的法律责任

破坏园舍、场地及其他财产的行为，主要表现为毁损学前教育机构房屋、设备、教学器材或其他物资，使园舍、场地及其他财产的价值或使用价值部分或全部地丧失。情节较轻的，是一般违反治安管理行为；情节较重构成犯罪的，系故意毁坏财物罪。

法律责任主体：主要是实施上述违法行为的公民个人。

法律责任的承担：根据情节轻重及危害后果，分别给予处理，具体执法机关及处理同前一行为所述。

📖 拓展阅读 9-1

把音乐关掉，影响我家孩子睡觉

2022年3月9日，在安徽某市的一所幼儿园大门外，一位老人用尽全部力气使劲摇晃和踢踹幼儿园的大铁门。据了解，这位老人是不满幼儿园孩子跳舞做操时的外放音乐，在他的拼命摇晃下，现场发出刺耳的咣咣撞击声。

正在带领孩子玩游戏的幼儿园老师见状赶紧过来询问，老人冲着老师大声斥责道："你把这音乐关掉！"幼儿园老师与老人进行了交流，原来是老人自己家的孩子正在睡觉，

> 老人认为幼儿园的音乐影响了自家孩子睡觉。沟通无果之后，老人的情绪仍然十分激动，脾气也很暴躁，再次使劲地踢踹和摇晃铁门。
>
> 在上述案例中，老人已经影响到幼儿园正常的教学秩序，也给孩子们尽情享受校园时光造成了影响，更重要的是，对学校大门进行破坏性操作，是违反治安管理行为，幼儿园可以报警来维权，以维护正常的教学秩序。

（三）侵占学前教育机构的园舍、场地及其他财产的法律责任

侵占学前教育机构园舍、场地及其他财产的行为，主要表现为偷窃、抢夺或哄抢、勒索学前教育机构的教学器材或其他物资，非法占用学前教育机构的房屋、场地。这种行为轻则扰乱了正常保育教育秩序，重则使保育教育工作不能正常进行。该行为的实质是民事侵权，在性质上，不仅违反了《教育法》，也违反了《民法典》《治安管理处罚法》或《刑法》，具有多重违法性。

法律责任主体：可以是自然人，也可以是法人。自然人是指公民个人，法人是指实施该违法行为的组织和单位。

法律责任的承担：根据行为情节和危害后果，应依法作出以下处理。

①情节和危害后果较轻的由公安机关和教育行政部门，对直接责任者和有关责任人员给予行政处分，并责令单位和个人退回侵占的园舍、场地和设备。造成损失的，应当依法赔偿。

②对单位侵占园舍、场地及设备的直接责任者以及其他个人实施上述违法行为情节和危害后果较重，触犯《治安管理处罚法》的，由公安机关给予治安管理处罚，并责令退回侵占的园舍、场地、设备或赔偿造成的损失。

③对情节和危害后果严重构成犯罪的，依照《刑法》视情节轻重，司法机关分别依照盗窃罪、抢劫罪、抢夺罪、故意毁坏财物罪等罪名进行处理。

三、学前教育机构在教育管理中的法律责任

（一）使用危险教育设施造成人员伤亡或重大财产损失的法律责任

使用危险教育设施进行教育教学活动的行为，违反了《教育法》，同时违反了《未成年人保护法》。明知园舍或者教育教学设施有危险，而不采取措施，造成人员伤亡或重大财产损失的，构成犯罪，属于教育设施重大安全事故罪。该罪的犯罪主观方面，是明知有危险却放任或者轻信能够避免危害后果发生；该罪的犯罪客观方面，是责任主体的行为一般表现为严重不负责任，不履行或不正确履行职责，即不采取任何措施，听之任之，漠不关心，或者认为可以侥幸避免危险。主要情形有：

①负责房屋维修及保育教育设施的购买、保管、维护的单位和个人，不认真履行职责，发现隐患不及时报告或通知有关人员的。

②设计、建筑园舍及设计、生产保育教育设施的单位及个人，在设计、建筑、生产过程中因设计失误、粗制滥造及偷工减料造成不安全的隐患，已发现、察觉有危险而不及时采取补救措施或故意隐瞒真相，欺骗学前教育机构及有关人员的。

③学前教育机构的负责人、教师及其他员工，已经知道或发现园舍、教育教学设施不安全，可能发生危险事故，不及时报告或未采取有效措施进行预防和修缮的。

④教育及其他有关主管部门、当地人民政府的有关负责人员、学前教育机构的举办者，在得知有关事故隐患或险情报告后，推脱搪塞，久议不决或有其他玩忽职守及严重官僚主义的。

该种犯罪行为破坏了学前教育机构的正常保育教育活动，侵犯了受教育者的人身权利，使公共财产、国家和人民的利益造成重大损失。司法实践中造成人员伤亡或者重大财产损失，一般是指：死亡1人以上或者重伤3人以上的；直接经济损失5万元以上的情形。

法律责任主体：包括教育主管部门、基层人民政府、学前教育机构的举办者、学前教育机构的负责人或其他负责人员。

法律责任的承担：对明知园舍或者保育教育设施有危险，而不采取措施或者不及时报告，致使发生重大伤亡事故的，对直接负责人，处3年以下有期徒刑或者拘役；后果特别严重的，处3年以上7年以下有期徒刑。

（二）违法向受教育者收费的法律责任

学前教育机构违反国家有关规定向受教育者收取费用的行为，主要指违反国家有关收费范围、收费项目、收费标准以及有关收费事宜的审批、核准、备案以及收费的减免等方面的规定，自立收费项目或超过收费标准，非法或不合理向受教育者收取费用。这种行为不仅给受教育者的财产权益带来损害，有时也给其受教育权益带来损害，是《教育法》明令禁止的行为。

法律责任主体：包括国家、社会力量和个人举办的学前教育机构。

法律责任的承担：由主管的教育行政部门责令其退还所收费用，并对直接负责的主管人员和其他直接责任人员，依法追究行政法律责任，给予行政处分。

> **拓展阅读 9-2**
>
> **幼儿园违规收取家长观看监控费**
>
> 2022年5月27日，全国治理教育乱收费部际联席会议办公室印发《关于学校以教育信息化为名违规收费典型问题查处情况的通报》（以下简称《通报》），对5起学校以教育信息化为名违规收费典型问题查处情况进行了通报，其中包括江苏省盐城市24所幼儿园违规收取家长观看监控费问题，涉及3397名学生，24所幼儿园已清退违规收费45.34万元。
>
> 2021年，盐城市24所幼儿园存在家长付费在线观看监控视频的问题，共涉及3397名学生。上述24所幼儿园违反了"学校不得擅自设立服务性收费和代收费项目"的规定。目前，24所幼儿园已清退违规收费45.34万元；盐城市教育局、市场监管局对上述情况予以全市通报。
>
> 《通报》强调，各地教育行政部门和各级各类学校（含幼儿园）要从上述典型问题中吸取教训，学校不得以服务性收费和代收费项目向学生及家长收取任何费用。各地教育行政部门要对乱收费问题，进行摸排核查，制定整改方案，推动问题整改到位；要严肃追究相关人员责任，切实保持治理教育乱收费的高压态势。

第二节　与幼儿教师相关的法律责任

一、侮辱、殴打教师的法律责任

侮辱教师的行为，具体是指公然贬低教师的人格，破坏教师的名誉。所谓"公然"，就是在众多的人面前。公然侮辱并不一定要求被害人在场，关键是侮辱被害人的内容已被众多的人知道，从而使被害人的人格、名誉受到损害。侮辱主要包括三种方式：一是行为侮辱，即对被害人施以一定行为而使其人格、名誉受到损害，如强制被害人作出某些损害其自身人格或名誉的举动。二是言词侮辱，即对被害人进行嘲笑、辱骂而使其人格、名誉受到损害。三是图文侮辱，即以漫画、大小字报等图文形式对被害人进行侮辱。殴打教师的行为，具体是指以暴力方法侮辱教师，或故意非法伤害教师人身健康。在一般情况下，侮辱教师的行为可能会单独实施，而殴打教师的行为往往同侮辱教师的行为同时并存。侮辱、殴打教师是侵犯人身权利的违法行为。

法律责任主体：实施上述行为的公民个人。

法律责任的承担：对侮辱、殴打教师的行为，应根据不同情况，依法追究其相应的法律责任。

①对于国家机关工作人员或者企事业单位、社会团体等社会组织的人员侮辱、殴打教师的，应由其所在单位给予相应的行政处分。

②对于侮辱、殴打教师，造成损害的应当按照《民法典》的规定，承担损害赔偿责任。其中造成人身伤害的应当赔偿医疗费、因误工减少的收入等费用；造成教师的姓名权、肖像权、荣誉权受到损害的，应当停止侵害，恢复名誉，消除影响，赔礼道歉并应赔偿相应的精神损失。

③对于侮辱、殴打教师，情节严重，构成犯罪的，由司法机关依法追究刑事责任。

> **拓展阅读 9-3**
>
> **家长因孩子床位被调整，暴打幼儿园教师**
>
> 2018年11月13日11时，金沙县公安局城东派出所接到报警称：辖区红岩社区小红星幼儿园老师被一学生家长殴打。接警后民警迅速赶到现场，首先将伤者送往医院医治，同时迅速展开调查。
>
> 经调查，2018年11月13日10时30分，崔某（男，家住鼓场街道新城社区）由于不满小红星幼儿园宋老师调整其孩子在幼儿园的床位，到幼儿园办公室与宋老师理论，此过程中，崔某不听校方及在场老师的耐心解释，在情绪激动的情况下，用办公室内的一根金属扫把杆殴打老师，致幼儿园宋老师头部、手臂等多处部位受轻微伤。
>
> 崔某的行为既给宋老师带来了伤害，也造成了恶劣的社会影响。金沙县公安局根据《治安管理处罚法》的规定，对崔某处以15日行政拘留并处500元罚款的处罚。

二、打击报复教师的法律责任

申诉、控告、检举是教师的一项公民权利。对依法提出申诉、控告、检举的教师进行打击报复的行为，具体是指国家工作人员、学前教育机构和其他社会组织的负责人以及其他行使一定职权的人员，故意滥用自己的职权对依法提出申诉、控告、检举的教师实施报复陷害，致使教师的合法权益蒙受损害的违法行为。

法律责任主体：主要包括学前教育机构负责人、教育行政部门工作人员及其他国家工作人员。

法律责任的承担：对打击报复教师的，由所在单位或上级机关责令其改正；情节严重的，由所在单位或上级机关根据具体情况给予行政处分。对国家工作人员打击报复教师情节严重构成犯罪的，依照刑法规定，追究刑事法律责任。

三、拖欠教师工资的法律责任

拖欠教师工资的行为，具体是指未按时、足额地支付教师的工资性报酬，包括基础工资、岗位职务工资、奖金、津贴和其他各种政府补贴等。拖欠工资有两种情况：一是地方人民政府违反有关法律规定，拖欠教师工资；二是有关人员违反国家财政制度、财务制度，挪用国家财政用于教育的经费，拖欠教师工资。拖欠教师工资，是违反《教师法》侵害教师合法权益的违法行为，不仅侵害了教师获取劳动报酬的基本权利，危及教师及其家庭的生计，还严重影响教师队伍的稳定和保育教育工作的正常运行，损害了党和政府的威信。

法律责任主体：主要是地方人民政府或挪用教育经费的有关人员。

法律责任的承担：根据不同情况，分别给予以下处理。

①对违反《教师法》规定，拖欠教师工资的，无论是政府及其有关部门，还是学校及其他教育机构，无论是公办学校还是民办学校，均由地方人民政府责令其限期改正；当地人民政府拖欠教师工资的，由上一级人民政府责令其限期改正。

②对于违反国家财政制度、财务制度，挪用国家财政用于教育的经费，拖欠教师工资的，由上级机关责令限期归还挪用的经费，并根据具体情况对直接责任人员给予行政处分。情节严重，构成犯罪的，由司法机关追究刑事责任。

> **拓展阅读 9-4**
>
> **如果幼儿园不给老师发工资怎么办？**
>
> 在我国用人单位拖欠工资，可以收集好一些相关证据，到当地的人力资源社会保障部门进行投诉，也可以到税务机关进行投诉处理。
>
> 一、如果幼儿园不给老师发工资怎么办
>
> 用人单位拒不支付劳动者的工资，达到相应的数额则涉嫌了恶意欠薪罪。劳动者不是应直接报警，而是应向当地人力资源社会保障部门投诉，对于拒不执行人力资源社会保障部门的支付要求的，由人力资源社会保障部门向公安机关移送案件。
>
> 二、幼儿园拖欠工资上哪投诉
>
> 用人单位拖欠劳动者工资，劳动者可找劳动监察部门投诉。用人单位不发放工资，劳动者可以申请劳动仲裁，要求用人单位支付工资和赔偿金。各级劳动行政部门有权监察用人单位工资支付的情况。用人单位不发放或者拖欠工资从而侵害劳动者合法权益行为的，由劳动行政部门责令其支付劳动者工资和经济补偿，并可责令其支付赔偿金。
>
> 三、在试用期被幼儿园辞退工资不给够怎么办
>
> 试用期被幼儿园辞退工资不给够的，可以向劳动行政部门投诉，也可以申请劳动仲裁。

《工资支付暂行规定》第十八条规定，各级劳动行政部门有权监察用人单位工资支付的情况。用人单位有下列侵害劳动者合法权益行为的，由劳动行政部门责令其支付劳动者工资和经济补偿，并可责令其支付赔偿金：克扣或者无故拖欠劳动者工资的；拒不支付劳动者延长工作时间工资的；低于当地最低工资标准支付劳动者工资的。经济补偿和赔偿金的标准，按国家有关规定执行。

第十九条规定，劳动者与用人单位因工资支付发生劳动争议的，当事人可依法向劳动争议仲裁机关申请仲裁。对仲裁裁决不服的，可以向人民法院提起诉讼。

四、教师违反《教师法》的法律责任

教师违反《教师法》应承担法律责任的情况主要有以下三种：

①故意不完成保育教育任务给保育教育工作造成损失的行为，具体是指教师明知自己的行为会给保育教育工作造成损失，而追求这种损失后果的发生。这里所说的保育教育任务，是指依照聘任合同的约定岗位职责所明确的教师应当完成的保育教育任务。

②体罚幼儿的行为，具体是指教师以暴力的方法或以暴力相威胁，或以其他强制性的手段，侵害幼儿的身体健康的侵权行为。

③品行不良，影响恶劣的行为，具体是指教师的人品或行为严重有悖于社会公德和教师的职业道德，严重有损为人师表的形象和身份，在社会上和幼儿中产生恶劣影响的行为。

法律责任主体：实施违法行为的教师本人。

法律责任的承担：根据行为情节和危害后果，应依法作出以下处理。

①学前教育机构教师凡有上述三种违法行为之一的，按现行教师管理权限，由学前教育机构或者教育行政部门分别给予行政处分或解聘。解聘包括解除岗位职务聘任合同，由学前教育机构另行安排其他工作；也包括解除教师聘任合同，被解聘者另谋职业。

②教师有上述三种违法行为中的后两种行为情节严重构成犯罪的，由司法机关依法追究刑事责任。

③教师有上述违法行为之一，对学前教育机构和幼儿造成损失或损害的，还应当按照《民法典》的有关规定赔偿损失，消除影响，恢复名誉。可由学前教育机构或教育行政部门处理，也可由人民法院强制执行。

拓展阅读 9-5

幼师投毒 25 名幼儿，被执行死刑

2019年3月26日，王云在"萌萌学前教育"幼儿园工作期间，因学生管理问题与同事孙某某发生矛盾，遂决定实施报复。3月27日早晨，王云将之前购买的亚硝酸钠携带至幼儿园内。当日9时，王云趁幼儿园厨房内无人看管时，将亚硝酸钠投放到孙某某所在中班学生加餐的八宝粥内，导致包括被害人王某某（男，5岁）在内的25名幼儿在食用八宝粥后出现亚硝酸盐中毒症状。其中，王某某因亚硝酸盐中毒致多器官功能衰竭，于2020年1

月28日经医治无效死亡，薛某某等21名幼儿损伤程度均为轻伤二级，李某某等2名幼儿损伤程度均为轻微伤，张某某损伤程度不构成轻微伤。

王云为报复同事，在其任职的幼儿园内故意向幼童的食物中投放亚硝酸钠毒害性物质，致1人死亡，20余人受伤，是严重危害公共安全的行为，已构成投放危险物质罪。王云所犯投放危险物质罪的性质、动机、情节恶劣，后果特别严重，社会影响极坏，应依法惩处。依照《刑法》的规定，以投放危险物质罪判处罪犯王云死刑，剥夺政治权利终身；以故意伤害罪，判处有期徒刑九个月；决定执行死刑，剥夺政治权利终身。

王云不服一审判决，提出上诉，经河南省高级人民法院终审裁定，驳回上诉，维持原判，并依法报请最高人民法院核准，经最高人民法院核准判处王云死刑，剥夺政治权利终身。法院遵照最高人民法院院长签发的执行死刑命令，已于2023年7月13日将王云验明正身，押赴刑场，执行死刑。

第三节　与幼儿相关的法律责任

根据《民法典》《教育法》《未成年人保护法》《学生伤害事故处理办法》等法律法规的相关规定，与幼儿相关的法律责任主要存在两种类型：一是他人侵害幼儿合法权益的，二是幼儿给他人造成损害的。

一、他人侵害幼儿合法权益应承担的法律责任

侵害幼儿合法权益的行为以及相应的法律责任，根据相关法律规定，主要包括以下情形：

①民事责任。侵害幼儿的合法权益，对其造成财产损失或者其他损失、损害的，应当依法承担赔偿损失等民事责任。

②行政责任。学前教育机构及其工作人员侵害幼儿合法权益的，依照法律规定承担相应的行政责任。如学前教育机构的工作人员对幼儿实施体罚或者变相体罚，经教育屡教不改的，由其单位或者上级机关给予行政处分。

③刑事责任。如学前教育机构的工作人员对幼儿实施体罚或者变相体罚，情节严重的，依法承担刑事责任。明知园舍有倒塌危险或者其他教学设施有危害而不采取措施，情节严重的，追究直接人员和主管人员的刑事责任。教唆幼儿违法犯罪的，依法从重处罚。

> **拓展阅读 9-6**
>
> **江西幼儿园行凶伤人事件**
>
> 据江西省吉安市安福县公安局通报，2022年8月3日10时22分，安福县发生一起命案。一歹徒戴鸭舌帽及口罩持械窜至安福县城某私立幼儿园行凶伤人，造成3死6伤。

在本案中涉及哪些法律责任？

鉴于本案情节和危害后果的严重性，根据我国刑法的相关规定，行凶者的行为已经构成犯罪，应当依法追究其刑事责任。

同时，行凶者的行为已经构成对幼儿的侵权，根据我国民事法律的相关规定，行凶者应当对被伤害的幼儿承担民事赔偿责任，其中包括精神损害赔偿和其他财产赔偿责任。

至于幼儿园是否应当承担相应的法律责任，则需要根据具体案件情节来加以判断。如果幼儿园在安全保卫方面没有尽到相应的义务，则需要承担补充赔偿责任。

经侦查，犯罪嫌疑人刘晓辉持械作案后逃离，当日被抓获。该案件情节严重，影响恶劣，2022年8月4日，江西省教育厅在官网紧急发布《关于进一步加强校园安全防范工作的通知》，要求各地各校排查整治校园安全隐患。

二、幼儿给他人造成损害的责任

不满八周岁的未成年人为无民事行为能力人，由其法定代理人代理实施民事法律行为，无民事行为能力人的监护人是其法定代理人。因此，对于幼儿来说，当其对他人造成损害时，应由其监护人承担相应的民事赔偿责任。父母一般是幼儿的法定监护人，应由父母承担当事幼儿的民事责任。《民法典》第一千一百八十八条规定："无民事行为能力人、限制民事行为能力人造成他人损害的，由监护人承担侵权责任。监护人尽到监护职责的，可以减轻其侵权责任。"

拓展阅读9-7

2020年4月，原告魏某（6个月大的婴儿）由保姆魏某抱着前往潍坊市高新区某医院接种疫苗。被告董某（7岁）在奶奶黄某照看期间，用婴儿车将照看原告的保姆绊倒，致使保姆魏某及抱在怀中的原告受伤，后住院治疗18天。原告监护人认为未成年人董某侵犯了原告的健康权，应当赔偿相应损失，遂诉至法院，要求董某及其监护人赔偿原告医疗费、护理费、伤残赔偿金、交通费等各项损失共计近12万元。在法院审理案件过程中，原告魏某申请伤残等级鉴定，经人民法院依法委托，司法鉴定所出具司法鉴定意见，魏某构成十级伤残，伤后一人护理90天（含住院期间及出院后），营养期为60天，无后续治疗费。原告主张的医疗费、住院伙食补助费、护理费、伤残赔偿金、伤残鉴定费、精神损害抚慰金等各项费用，经法院依法认定，被告应赔偿数额共计10万余元。

根据《民法典》的规定，无民事行为能力人造成他人损害的，由监护人承担侵权责任。被告董某将原告保姆魏某绊倒致其受伤，因被告董某是未成年人，责任应由其监护人承担。考虑到事故发生时，原告系六个月的婴儿，原告的监护人在看护原告的过程中，更应尽到严格的谨慎、注意义务。因此，综合考虑案情、双方的过错程度、原告受伤时的年龄、身体等因素，法院酌情认定被告董某对原告魏某因本次事故造成的损失承担80%的赔偿责任，该赔偿由被告董某监护人承担。一审判决后，双方均服判诉，被告主动履行赔偿义务，实现案结事了。

本章小结

根据我国现有法律，合法设立的学前教育机构具有自行招收幼儿、自主管理幼儿园、管理设施和经费及拒绝对保教活动进行干预的权利，同时，作为一级法人组织机构，也须遵守国家的法律法规和教育法律规范。本章主要介绍了学前教育机构在教育行政管理中的法律责任，扰乱教育秩序，破坏、侵占教育机构财产的法律责任，以及在教育管理中的法律责任，以维护受教育者、教师及其他工作人员的合法权益。

本章与幼儿教师相关的法律责任的介绍包括侵害教师合法权益应承担的法律责任和幼儿教师违反有关法律法规应承担的法律责任。分别是侮辱、殴打教师的法律责任，打击报复教师的法律责任，拖欠教师工资的法律责任，以及教师违反《教师法》的法律责任。

本章与幼儿相关的法律责任主要存在两种类型：一是他人侵害幼儿合法权益的，二是幼儿给他人造成损害的。

思考与练习

1. 请结合实例谈谈你对与学前教育机构相关的法律责任的理解。
2. 请搜集1个"幼儿给他人造成损害"的案例，并分析其中所涉主体的法律责任。

实践活动

请阅读以下案例，运用本章知识，分析案例中学前教育机构、教师及幼儿监护人应承担的法律责任。

未满5周岁的辰辰就读于嘉定南翔某幼儿园，2019年5月某日下午3时，辰辰和小朋友午睡后在老师和保育员的带领下一起来到户外做游戏。考虑到幼儿们尚无充分的自理能力，老师选择了在铺设塑胶地毯的场地上进行活动，并在游戏开始前详细讲解了游戏的规则。随后，辰辰与小朋友们围坐成圆圈开始做"丢手绢"的游戏，当辰辰手持手绢起身向其他幼儿走去时不慎摔倒，辰辰左手受伤当即疼痛不止。幼儿园一边通知辰辰的家长一边随即将辰辰送往最近的上海市嘉定区南翔医院急诊，经诊断，辰辰左肘关节肱骨髁上骨骨折。之后，辰辰又被转送至上海市新华医院进行住院治疗。

辰辰出院后，其父母委托华东政法大学司法鉴定中心对辰辰的伤残等级及营养、陪护期限进行了鉴定。经鉴定，辰辰因外力作用致左肘关节肱骨髁上骨骨折累及骨骺，现左肘关节活动受限，评定十级伤残，酌情给予（含二期取内固定术）伤后营养3个月，陪护3个月。后因双方对赔偿事宜协商不成，辰辰由其父母代理向嘉定区人民法院提起诉讼。

拓展资源

1. 徐凤. 幼儿园体育活动伤害事故的法律责任与防治对策［D］. 武汉：华中师范大学，2018.
2. 童宪明. 美日加中幼儿园事故法律责任的比较研究［J］. 早期教育（教师版），2009（04）：21-22.
3. 《中华人民共和国民法典》。

参考文献

[1] 魏真,华灵燕. 学前教育政策与法规[M]. 北京:北京大学出版社,2015.
[2] 何杰,等. 学前教育法规理论与实务[M]. 北京:北京师范大学出版社,2017.
[3] 黄正平,阎玉珍. 教育法律法规教程[M]. 南京:南京大学出版社,2011.
[4] 李红霞,朱萍,范文明,等. 学前教育政策法规[M]. 2版. 北京:高等教育出版社,2019.
[5] 赵倩,李保民,祁净玉,等. 幼儿教育政策与法规[M]. 长沙:湖南师范大学出版社,2019.
[6] 林雪卿. 幼儿教育法规[M]. 北京:科学出版社,2014.
[7] 刘冬梅,张亚莉. 教育权利与义务的冲突与平衡[J]. 河南师范大学学报(哲学社会科学版),2017,44(2).
[8] 雷艳平. 幼儿园在幼儿人身伤害中的民事责任研究[D]. 长沙:湖南大学,2009.
[9] 蔡连玉. 教育政策与法律[M]. 北京:高等教育出版社,2012.
[10] 蔡迎旗. 幼儿教育政策法规[M]. 北京:高等教育出版社,2014.
[11] 洪秀敏. 幼儿园教师必知的60条教育政策与法规[M]. 北京:中国轻工业出版社,2018.
[12] 孙绵涛. 教育政策学[M]. 北京:中国人民大学出版社,2009.
[13] 唐淑. 学前教育史[M]. 北京:人民教育出版社,2007.
[14] 何晓夏. 简明中国学前教育史[M]. 3版. 北京:北京师范大学出版社,2015.
[15] 黄人颂. 学前教育学[M]. 北京:人民教育出版社,1989.
[16] 虞永平,王春艳. 学前教育学[M]. 北京:高等教育出版社,2012.
[17] 宋丽博,刘翠萍,李长伟,等. 学前教育政策法规[M]. 北京:航空工业出版社,2018.
[18] 周小虎. 学前教育政策法规[M]. 上海:华东师范大学出版社,2017.
[19] 张利洪. 学前教育政策法规与职业道德[M]. 重庆:西南大学出版社,2022.
[20] 王成栋. 政府责任论[M]. 北京:中国政法大学出版社,1999.
[21] 梁慧娟. 改革开放40年来我国学前教育事业发展的回望与前瞻[J]. 学前教育研究,2019(1).
[22] 熊子瑞,胡劲松. 公办民办共举:学前教育发展中的政府职能探析[J]. 教育科学论坛,2016(14).
[23] 张宪冰. 论学前教育的公益性与政府责任[J]. 东北师大学报(哲学社会科学版),2012(5).
[24] 焦彩丽. 我国当代学前教育功能探微[J]. 天中学刊,2005(6).
[25] 吴志宏,冯大鸣,周嘉方. 新编教育管理学[M]. 上海:华东师范大学出版社,2000.
[26] 范明丽,洪秀敏. 我国学前教育管理体制改革的历程与方向[J]. 学前教育研究,2019(1).
[27] 魏军. 对我国学前教育管理体制政策的回顾及其特点分析[J]. 内蒙古师范大学学报(教育科学版),2013(2).
[28] 王海英. 新中国70年我国学前教育管理变革的回顾与反思[J]. 南京师大学报(社会科学版),2019(4).
[29] 庞丽娟,范明丽. 当前我国学前教育管理体制的主要问题、挑战与改革方向[J]. 学前教育研究,2013(6).
[30] 庞丽娟,范明丽. "省级统筹 以县为主"完善我国学前教育管理体制[J]. 教育研究,2013,34(10).
[31] 庞丽娟,范明丽. 当前我国学前教育管理体制面临的主要问题与挑战[J]. 教育发展研究,

2012, 32 (4).

[32] 张乐天. 学前教育政策与法规 [M]. 北京：中央广播电视大学出版社，2011.

[33] 张春炬，尚军，栗艺文. 幼儿园常见法律问题案例及解析 [M]. 北京：北京师范大学出版社，2018.

[34] 张爱勤. 民办幼儿园与地方教育行政机关关系的研究 [D]. 上海：华东师范大学，2003.

[35] 何善平. 民办幼儿园法律地位探讨 [J]. 陕西学前师范学院学报，2015，31（1）.

[36] 周天枢. 老师和家长需要知道的100个幼儿园法律问题 [M]. 广州：中山大学出版社，2005.

[37] 孙葆森，刘惠容，王悦群. 幼儿教育法规与政策概论 [M]. 北京：北京师范大学出版社，2004.

[38] 孙小红. 幼儿德育的意义及实施策略 [J]. 教师博览，2022（18）.

[39] 杨莉君，李洋. 学前教育政策法规 [M]. 长沙：湖南大学出版社，2015.

[40] 周倩岚，朱文华. 静观童趣 巧释童心——基于游戏案例探寻培养幼儿良好学习品质的策略 [J]. 华夏教师. 2018（7）.

[41] 马里奥·希森. 热情投入的主动学习者——学前儿童的学习品质及其培养 [M]. 霍力岩，房阳洋，孙蔷蔷，译. 北京：教育科学出版社，2016.

[42] 朱娟娟. 幼儿被遗忘在校车里致死的悲剧为何频现 [N]. 中国青年报，2019-06-06（1）.

[43] 张志杨. 特殊儿童受教育权保障状况案例研究 [J]. 中国校外教育，2020（19）.

[44] 刘智成. 幼儿著作权岂容侵犯 [J]. 早期教育（教师版），2013（3）.

[45] 杨菊孝. 幼儿成长不需要"曝光量" [J]. 幸福家庭，2019（8）.

[46] 孙蔷蔷. 保障幼儿游戏权 [N]. 中国教育报，2020-06-14（3）.

[47] 童宪明. 幼儿教育法规与政策 [M]. 上海：复旦大学出版社，2013.

[48] 王晓宇，于浩，高俊霞. 异化与回归：幼儿园安全教育的个案研究 [J]. 教师教育学报，2022，9（2）.

[49] 刘馨，成利新. 幼儿常见的安全问题及家长对其认知的调查 [J]. 学前教育研究，2006（09）.

[50] 罗超. 安全教育要变堵为疏 [J]. 中国教育学刊，2015（7）.

[51] 李红霞，朱萍，周玲玲. 幼儿教育政策法规 [M]. 北京：高等教育出版社，2015.

[52] 张乐天. 教育政策法规的理论与实践 [M]. 3版. 上海：华东师范大学出版社，2015.

[53] 李生兰，等. 学前教育法规政策的理解与运用 [M]. 南京：南京师范大学出版社，2012.

[54] 吕鹤云，黄新民. 法学概论 [M]. 3版. 北京：高等教育出版社，2014.

[55] 张文显. 法学概论 [M]. 北京：高等教育出版社，2007.

[56] 汤毅平，刘新国. 法学概论 [M]. 长沙：湖南人民出版社，2009.

[57] 姚建宗. 法理学 [M]. 北京：中国政法大学出版社，2006.

[58] 卫建国. 教育法规与教师道德 [M]. 北京：北京师范大学出版社，2013.

[59] 陈孝彬，高洪源. 教育管理学 [M]. 3版. 北京：北京师范大学出版社，2008.

[60] 唐淑. 我国第一个幼稚园课程标准简介 [J]. 学前教育研究，1995（2）.

[61] 中国学前教育史编写组. 中国学前教育史资料选 [M]. 北京：人民教育出版社，1989.

[62] 张利洪. 改革开放40年我国学前教育政策法规的历程、成就与反思 [J]. 陕西师范大学学报（哲学社会科学版），2019，48（1）.

[63] 裴培，张更立. 我国学前教育法律体系的现状、问题及优化路径 [J]. 教育评论，2019（2）.

[64] 唐惠珍，曹小瑾. 幼儿园法规与教师道德案例评析 [M]. 南宁：广西人民出版社，2006.

[65] 庞丽娟，胡娟，洪秀敏，等. 论学前教育的价值 [J]. 学前教育研究，2003（1）：18-23.

[66] 王晓宇，于浩，高俊霞. 异化与回归：幼儿园安全教育的个案研究 [J]. 教师教育学，2022（3）.